Die spirituellen Heiler- und Meisterseelen sind die Brückenbauer

zwischen

1. *der Heilkraft der göttlichen Präsenz in jedem lebenden Wesen, die niemals räumlich von ihm getrennt ist, aber in der höchsten göttlichen Dimension weilt,*

2. *sowie deren Seele, den Hort der Erkenntnis aus Erfahrung, die einen Anteil ihres Bewusstseins in die Erfahrungen der polaren, materiellen Welt gesandt hat, um die Gesetzmäßigkeiten von Ursache und Wirkung, von Licht und Dunkel, Liebe und Unliebe, auf der Ebene des Fühlens kennenzulernen und*

3. *dem materiellen Körper der sich jetzt, der Wendezeit ins Wassermannzeitalter, zwischen der 3. bis 5. Dimension bewegt und gerade dabei ist, sich körperlich an die 5. Dimension anzupassen.*

Heilung kann durch uns erfolgen, weil wir genau so beschaffen sind, wie jene, die Hilfe suchen, weil uns die göttliche Gegenwart in uns bewusst ist, weil wir wissen, dass wir Söhne und Töchter Gottes sind, geboren aus der Urquelle allen Seins, wie alle unsere Brüder/Schwestern im Erdenkleid. Daher kann es uns gelingen, eine Atmosphäre des Vertrauens aufzubauen, die es dem Hilfesuchenden ermöglicht, die Verbindung zu seiner eigenen, inneren, göttlichen Heilkraft herzustellen.

Das Erkennen von Gott in uns, von unserem Geist, der wir sind, öffnet uns den göttlichen Bauplan für unseren Körper in absoluter Gesundheit der göttlichen Vaterqualität und die Heilströme der göttlichen Mutterqualität, um die Ordnung und Harmonie im Körper wieder herzustellen. Heilung auf allen Seinsebenen kommt aber niemals von uns. Sie ist die Essenz der bedingungslosen Liebe der Gottheit, die aus Wahrheit, Bewusstsein und Glückseligkeit besteht, die absolut frei ist, ewig existent und voller Frieden, die erstrahlt in überirdischem Glanz und Licht und in jedem Wesen vorhanden ist, das aus Gott geboren ist, also Leben und Bewusstsein in sich trägt.

Rosi Behringer

INHALT

Vorwort

„Was ihr seid, das begegnet euch. Was ihr wollt, im tiefsten Inneren wollt, das wird euch zuteil. Was in euch ruht, das wird von außen an euch herangetragen, durch äußeren Anlass erweckt, und ist doch nur das Wachwerden eures eigenen Seins, das sich den ihm zugehörenden Umkreis und Ausdruck schafft. Bei allem, was ihr seht, erlebt, erleidet, sagt euch: „Das bin ich"! Denn wäret ihr nicht, wie ihr seid, könnte die Umwelt, die nach eurem Bilde sich geformt hat, nicht die Macht über euch besitzen, die sie hat. Dies sei euch gewünscht auf eurem Weg und sei euer Bemühen in den Begebnissen: Nicht dass ihr erlebt, dass ihr an Erlebnissen euch erkennt und euch selbst findet, das ist des Erlebens Zweck...,

EPHIDES * Anm. 2)

Mit diesen Worten leitete der Jenseits-Dichter Ephides einen Gedichts-Zyklus ein, den er „Weltenwanderer Mensch" betitelte. Immer wieder fordert er uns auf, ermutigt er uns über seine Mittlerin Hella Zahrada, in uns selbst zu suchen, was uns heil und glücklich macht. „Seid König im Reich eurer Seele“, ein oft von ihm gebrauchter Satz, soll das Leitthema dieses zweiten Bandes der Serie „Alle Heilkraft liegt in dir“ sein.

Hinweis im Sinne des Heilpraktiker-Gesetzes und ähnlicher Rechtsvorschriften

Wenn in diesem Buch der Begriff **Heilung** verwendet wird, ist damit eine Aktivierung der Selbstheilungskräfte gemeint, nicht wie im Sinne der Medizin, das Ausheilen von Krankheiten. Da sich die Aktivierung der Selbstheilungskräfte bei jedem Menschen sehr unterschiedlich gestalten kann, werden von der Autorin auch keine Heilungsversprechen oder Erfolgsversprechen für die genannten Verfahren gegeben. Alle Angaben in diesem Buch sind ohne Gewähr und unverbindlich. Die Autorin haftet nicht für eventuelle Nachteile und Schäden, die aus den nachfolgenden gemachten Aussagen resultieren. Die gemachten Ratschläge ersetzen weder die Untersuchung noch die Betreuung durch einen Heilpraktiker oder Arzt.
Jeder, der sich von den Aussagen des Buches angesprochen fühlt und sie anwendet, handelt in Eigenverantwortung.

Es ist nicht im Sinne der spirituellen Welt, der Schulmedizin Konkurrenz zu machen. Schön wäre es natürlich, wenn Ärzteschaft und alternative Heiler verschiedenster Couleur zusammenarbeiten würden, zum Wohle des Hilfesuchenden. Es ist dann letztendlich völlig egal, welche Methode am meisten zum Erfolg geführt hat, Hauptsache, der Patient gesundet. Wenn wir von diesem idealen Zustand auch noch weit entfernt sind - das wird die Medizin der Zukunft sein.

Der innere König und sein Reich

Weil ich das Vertrauen in meine Leser habe, über Symbole in alten Märchen nachdenken und so ihre Deutung in den Tiefen ihrer Seele finden zu können, eines dieser Schätze aus Jahrtausenden Menschheitserfahrungen zur Einstimmung auf das Leitthema:

***Alle Heilkraft liegt in dir - Sei König im Reich deiner Seele*.**

Es war einmal ein weiser König, den der König der Könige über viele Untertanen gesetzt hatte, auf dass er sie führe und leite. Und weil er zwar weise, aber nicht allwissend war und seine Weisheit in dem ihm gesetzten Rahmen erst auszuüben lernen musste, machte er viele Fehler. Er war zu hart, wo er mit Milde und Güte das erreicht hätte, was seine Härte nicht zu erreichen vermochte, er war zu weich, wo er führen und herrschen hätte sollen; er war bald zu schwach, bald zu schroff. Und seine Untertanen wurden unzufrieden. Sie verstanden ihn nicht, sondern ließen ihn oft im Stich, wenn er sie gebraucht hätte.

Auch seine Diener begannen, zu murren. Weil er schwach erschien, beschlossen seine Diener, sich an seiner Stelle auf den Thron zu setzen und das Reich des Königs zu regieren. Da war der stolze Diener Herr Egomanus, der für das leibliche Wohl des Königs hätte sorgen müssen – er diente fortan nicht mehr, sondern herrschte und verdrängte den König. Auch die beiden Berater namens Intellektophus und Emotianus wollten sich dem König nicht mehr unterordnen, sondern bekämpften sich gegenseitig und versuchten, die Alleinherrschaft über den König und sein Reich zu erringen. Das Reich verfiel mehr und mehr.

Dem König missfiel all das sehr, er suchte nach einer Lösung, den friedlosen Zustand in seinem Reich zu beenden. Er befragte andere Könige, die er für weise hielt, die ihm aber keinen Weg zum Erfolg verraten konnten. Er suchte in allen Fernen, befragte die Sterne, doch niemand konnte ihm den guten Weg zum Frieden in seinem Reich zeigen.

Da wandte seine Sehnsucht sich nach innen und siehe da, er entdeckte in sich, was er so lange im Außen gesucht hatte – die Verbindung zum König der Könige, der ihm einstmals das Königreich, das er regieren sollte, anvertraut hatte. Und dieser König antwortete auf seine Fragen in der Sprache der Seele, indem er ihn Bilder sehen ließ und ihm, der nun selber diese Bilder deuten musste, eine große Chance eröffnete: die Chance, die Weisheit, die die Bilder bargen, zum eigenen Seelenschatz der Erkenntnis zu wandeln, der ihm nie mehr verloren gehen würde.

So beobachtete der König eines Tages von seinem Turmfenster aus, wie ein Hirte eine Herde Kühe, von der Weide kommend, durch die Stadt treiben wollte, an deren anderem Stadtrand der Stall der Tiere war. Doch die Leitkuh fürchtete sich, durch das enge dunkle Stadttor zu gehen. Der Hirte hieb daraufhin mit seinem Stock wie wild auf die Tiere ein, die sich weigerten, durch das Stadttor zu gehen, so dass sie nach allen Seiten davonstoben und zurück liefen auf die Weide. Da kam ein kleiner Junge, trat zur aufgeregten, schwer atmenden Leitkuh und redete leise mit ihr, was sie beruhigte. Er streichelte sie vorsichtig und lockte die übrigen Rinder mit sanfter, aber bestimmter Stimme zu sich. Ohne Probleme führte der kleine Junge, immer an der Seite der Leitkuh gehend, durch klare Anweisungen die Herde durch die Stadt, zu ihrem Stall.

Da erkannte der König, was ihm mangelte und was er fortan entwickeln wollte: Die Harmonie, die harmonische und die ausstrahlende, umfassende Kraft der bedingungslosen Liebe. Und er spürte, er hatte diese Liebe in sich: Liebe zu sich selbst und zu seinen Untertanen, unendliche Liebe zur Quelle allen Seins. Er erkannte, dass er diese Liebe war, Geist aus Geist, Bewusstsein aus der Urquelle allen Bewusstseins, bedingungslose Liebe aus der Quelle aller göttlichen Liebe, die er Gott über alle Götter nannte.

Der Diener Herr Egomanus aber nahm treu seinen Dienst am König wieder auf, ebenso räumten die Berater namens Intellektophus und Emotianus den Königsthron und dienten ihrem Herrn, so wie es ihre Aufgabe war. Und so wurde der König ein guter und gerechter Herrscher und in seinem Reich war Frieden und Wohlstand, sein ganzes Leben lang.

Sei König im Reich deiner Seele

König sollten wir sein im Reich unserer Seele, denn in unserem Inneren wohnt der Sohn, die Tochter Gottes, unser Geist, der wir sind. All unsere verschiedenen, auf unterschiedlichen Bewusstseinsstufen stehenden Seelenteile, Energieebenen und Körperzellen wollen in Weisheit und Liebe geführt werden von unserem göttlichen Bewusstsein, unserem „ICH BIN". Sie wollen sich mit uns emporheben, emporentwickeln und nach und nach unser gottgegebenes geistiges Potential zur Vollkommenheit bringen. Jeder Mensch muss diese Kunst des Herrschens in sich selbst lernen und jeder kann sie von dem lernen, der bedingungslose Liebe ist – Vater-Mutter-Gott, die Urquelle allen Seins, innig verbunden mit uns durch Gott in uns, der wir sind, denn diesen Weg müssen wir nicht alleine gehen. Es genügt, die Bitte zu äußern und die göttliche Hilfe anzunehmen. Doch der Wunsch, König im Reich der eigenen Seele zu sein, muss zum Ausdruck gebracht werden, denn die göttliche Präsenz in uns würde niemals unsere Willensfreiheit tangieren. So lange wir uns von unserem Ego, das so viele versteckte Wege kennt, sich aufzublähen und zu tarnen, vom Intellekt, der uns Werkzeug sein soll, oder unseren Emotionen, die immer dann, wenn sie außer Kontrolle des göttlichen Geistes geraten, viel Unheil anrichten, treiben lassen, wird das Gesetz von Ursache und Wirkung unser Lehrmeister und Schicksalsgestalter sein. Am Ende des königlichen Weges aber steht der Friede – Friede mit uns selbst, unseren Mitmenschen und dem gesamten Kosmos mit all seinem Leben, Wirken und Sein.

Die Bedingungen der Höherentwicklung und des Erlangens der Herrschaft über uns selbst und damit des Herzensfriedens und der strahlenden Gesundheit klingen ganz einfach, wenngleich es uns oft so schwer fällt, sie umzusetzen. Es muss uns wichtig sein, die Kunst des Herrschens in uns selber zu lernen, wichtiger als Geld, Karriere, Ansehen bei den Mitmenschen, wichtiger als alles andere. „Suchet, und ihr werdet finden, klopft an, und es wird euch aufgetan", sagte der spirituelle Meister Jesus von Nazareth. Eigenes Wünschen, eigenes Handeln ist dazu nötig. Es steht in den heiligen Schriften der Menschheit nichts davon, dass wir suchen lassen oder anklopfen lassen sollten durch unsere Mitmenschen, welche „Weihen" sie auch immer empfangen haben mögen, welche Weisheit sie auch zu verkünden meinen.

Im Jakobusbrief (Jakobus 1, 5 ff.) bestätigt dies der Bruder des Jesus von Nazareth:
„ [5] Wenn es aber jemandem unter euch an Weisheit mangelt, so bitte er Gott, der jedermann gern und ohne Vorwurf gibt; so wird sie ihm gegeben werden. [6] Er bitte aber im Glauben und zweifle nicht; denn wer zweifelt, der gleicht einer Meereswoge, die vom Winde getrieben und aufgepeitscht wird. ..."
Zu beachten ist hierbei, dass das Wort, das in den gängigen Bibeln mit „Glauben" übersetzt ist – hebräisch אָמֵן *āmén*, altgriechisch ἀμήν (amen) - nicht heißt, irgendetwas, das andere Menschen vorgeben, gehorsam als wahr hinzunehmen. Amen bedeutet vielmehr eine zu tiefst vertrauensvolle, beständige Beziehung zu Vater-Mutter-Gott, ein festes Verankern, zuverlässig sein. Diese Verbindung gelingt optimal, wenn wir uns bewusst und willentlich mit Gott in uns, unserem Geist, dessen zu Lernzwecken ausgesandte Seele wir in den Zeiten Inkarnationen sind, vereinen.

Ich kann jedem Menschen nur empfehlen, sich am Beginn jeden neuen Tages und immer wieder im Laufe des Tages den göttlichen Geist in ihm um seine Umarmung zu bitten, darum zu bitten, wieder eins miteinander zu sein. Dann strahle durch dein ganzes Sein bedingungslose Liebe und tiefen Frieden aus, schicke sie in Dankbarkeit als Heilkraft zu all deinen Zellen, strahle sie weit hinaus über deine Aura in die Welt. Du wirst Wunder erleben und glücklich werden, unabhängig von den äußeren Umständen. Dort, wo du früher noch eine schwere Herausforderung des Schicksals gesehen hast, Gefühle der Niedergeschlagenheit und des Verlassen seins empfunden hast, sagst du dir dann: „Aha, was will das Schicksal mich jetzt lehren?". Es wird alles, alles viel einfacher.

Ephides, der Dichter des Transzendenten, sagte dazu:

„Denn von Anfang unsres Seins
Sind wir eins:
Deine Seele ich, und du mein Geist.
Du das Denken, Streiten, Streben,
wo ich fühle, hüte, trage.
Du wie ich: ein randvoll Leben
In zwei Schalen einer Waage.
Dein Gestirn lässt dich nicht irren
Auf den graden und den wirren
Und den ungebahnten Wegen,
immer gehst du mir entgegen..."

(Zitat aus Hella Zahrada „Die Ephides-Gedichte, eine Auswahl aus dem Gesamtwerk, Adyar-Verlag Graz, 1978, Seite 165)

Willensfreie Wesen müssen, damit sie dauerhaft geheilt werden können, König im Reich ihrer Seele zu werden, ihren Willen gegenüber der göttlichen Präsenz bekunden, sich dabei helfen zu lassen, das Herrschen in sich selbst zu lernen. Deshalb ist es so wichtig, die Bitte um Hilfe auszusprechen und die Bitte auch ernst zu meinen.

Es begegnet uns so vieles auf unserem Weg durch Raum und Zeit, was die Harmonie unserer Seele stört, was unser „ICH BIN" in die Ecke drängt. Das Ego kann sich aufblähen und die Herzensliebe, die genauso Bestandteil unseres Energiegefüges ist, durch schmerzhafte Erfahrungen bis auf ein glimmendes Fünkchen verdrängen oder gar auslöschen, ohne dass man sich der Folgen bewusst ist. Der Verstand kann solche Dominanz erlangen, dass er nichts mehr akzeptiert als das, was wissenschaftlich erwiesen und nachprüfbar ist, was er selber mit seinen sehr begrenzten Sinnen wahrnehmen kann. Und doch kratzt er mit all seiner Wissenschaftlichkeit nur an der äußeren Ebene, der „Verpackung" des Wahren, Wirklichen. Die Gefühle können die Herrschaft übernehmen und den Menschen zum Sklaven seiner Emotionen, seiner Ängste, Süchte und Begierden machen. Wir gehen dann in Resonanz mit negativen Schwingungen, die nicht unsere sind, aber unsere negativen Gefühle enorm verstärken, wir leiden unter Anhaftungen fremder Seelenanteile oder gar unter Besetzungen. Unsere Gedanken sind nicht unter Kontrolle, unsere Entscheidungen erschaffen Leid und Krankheit, die nicht notwendig wären.

All das hindert uns, frei und ohne „Bremsklötze" erfolgreich unserem Seelenweg zu folgen. Denn so, wie sich die Welt derzeit präsentiert, war das Menschsein nicht gedacht. Es sollte vielmehr ein freudiges Entdecken all des Wunderbaren um uns herum sein, eine liebevolle Verbundenheit mit allem, was Leben hat, achtsam und vertrauenserweckend, wie ein Gespräch unter guten Freunden.

Mein herzlicher Dank gilt all jenen, die unser aller uraltes Wissen um unsere Spiritualität und um Heilung aus der uns innewohnenden Heilkraft heraus so großzügig weitergegeben haben und mir Lehrer und Ratgeber waren und sind: allen voran Anni Ziemer, die einstige Präsidentin der Deutschen Vereinigung für Geistheilung, Hans Dienstknecht, Bürger-Verlag Neuenstadt-Bürg, der mir großzügig gestattete, die Ephides-Gedichte zu verwenden, mein mittlerweile leider verstorbener Ehemann Michael, der mir „den Rücken freihielt" und viele meiner Verpflichtungen übernahm und meinen lieben geistigen Führern, die mich inspiriert und mich immer wieder mit Menschen zusammengeführt haben, die mich im gegenseitigen Gedankenaustausch mit neuem, kostbarem Wissen und wertvollen Erfahrungen beschenkten. Es ist ein gegenseitiges Geben und Nehmen, jeder geht seinen Weg auf seine Weise, ohne Konkurrenzgedanken aufkommen zu lassen, und doch arbeiten alle für das gleiche große Ziel: Den Mitmenschen die Botschaft zu bringen, dass sie bedingungslos geliebte, ewige, göttliche, geistige Wesen sind, geboren aus der Urquelle allen Seins, dass Gott in ihnen lebt und dass dadurch alle Heilkraft, alle Weisheit in den Tiefen ihrer Seele verborgen liegen. Alle Heilkraft liegt in dir und alles, was immer dir geschieht, ist gut so, wie es ist. Denn die bedingungslose Liebe der Urquelle allen Seins, aus der alles, was Leben hat, geboren wurde, hat genügend Macht, genügend Weisheit und genügend Liebe zu uns, um all unsere Fehlentscheidungen so zu lenken, dass sie uns letztendlich zum Heil werden.

Weltenwanderer Mensch

Mein Weg war weit. Durch Raum und Zeit
Zieht meiner Schritte Spur.
Und Leben sich an Leben reiht,
wie Perlen auf der Schnur.

Mich trug die Huld. Mich schlug die Schuld.
Es schwand, was mich beschwert.
Nicht Unheil und nicht Ungeduld
Hat meinen Geist versehrt.

Aus jeder Nacht stieg neu entfacht
Des jungen Tags Beginn.
Ich habe jeden Tod durchwacht
Und wurde der ICH BIN.

Ephides, Dichter des Transzendenten

Quelle: Hella Zahrada „EPHIDES, ein Dichter des Transzendenten“ mit freundlicher Genehmigung des Bürger-Verlages, Hans Dienstknecht, Neuenstadt-Bürgen, 2002, Seite 23

Wir haben uns einst, als wir noch als junge Menschengeister in der Lichtwelt lebten, dafür entschieden, Polarität zu ergründen, Gut und Böse zu fühlen und unterscheiden zu lernen aus eigener, unmittelbarer Erfahrung. Wie die weise Symbolsprache der biblischen Schöpfungsgeschichte sagt: Der analysierende wissende Anteil in uns, das männliche Prinzip, das wir unabhängig von unserem derzeitigen Geschlecht alle in uns bergen, wusste wohl, was „das Gute“ ist, denn in der Welt der Einheit, in der die Gegebenheiten nicht in polar gegenüberstehende Aspekte zerrissen sind, gibt es nur das Gute. Der weibliche Anteil in uns aber sagt: Ich will nicht nur wissen, ich will auch erfahren, wie sich die eine und die polar entgegenstehende andere Seite anfühlt. In der jünger datierten biblischen Schöpfungsgeschichte – es gibt derer zwei im Buch Mose - wird das im Symbol der Schlange ausgedrückt, die ADAM, den Erdling, unabhängig ob Mann oder Frau, den Geistmenschen dazu verführt, Gut und Böse erkennen zu lernen. Diese uralte Geschichte ist bereits patriarchalisch verfälscht, denn so, wie sie heute übersetzt wird, ist der weibliche menschliche Aspekt, das Symbol der Schlange, das Böse, der Teufel, das Symbol hat eine Wertung empfangen. Der biblische Schöpfungsbericht verwendet für den Wunsch, Polarität zu erfahren, die Symbolik, „vom Baum der Erkenntnis von Gut und Böse zu essen". Dass die Schlange erst EVA, die Leben Weitergebende, die natürlich gleichwohl im Mann wie in der Frau lebt, und diese dann Adam verführt haben soll, ist eine spätere Einfügung aus der Zeit des Patriarchats, als Frauen geringgeschätzt und unterworfen wurden. EVA ist nicht schuld, EVA ist der Erdenmensch, der Leben weitergibt, das „Gefährt", das der Erdenmensch braucht, um in dieser dichten Ebene überhaupt wirken zu können und aus der und durch die die menschlichen Körper, die anderen Inkarnierten als Möglichkeit dienen, in der Materie Erfahrungen sammeln zu können, weitergegeben werden, von Generation zu Generation.

Gott hat niemals verboten, dass der Mensch diese Erfahrung macht, er hat die Geistmenschen lediglich auf die Folgen hingewiesen: „Du wirst des Todes sterben, im Schweiße deines Angesichtes dein Brot verdienen müssen und unter Schmerzen deine Kinder gebären, ADAM, mein geliebtes Erdenkind, alles Dinge, die du nicht kennst. Doch ADAM, und das sind wir alle, wollte es wagen.

Dazu brauchen wir Weltenwanderer durch Raum und Zeit einen Lebensraum in einer polaren Welt und ein „Gefährt", d.h. einen Materiekörper, aus dem wir wirken können, um unsere Erfahrungen zu sammeln. Die „Rippe des Adam" bedeutet, dass wir nur mit einem Teil unseres Bewusstseins hier auf Erden unterwegs sind, während unser Geist unverletzlich in der Lichtwelt lebt. Das Symbol der Rippe bedeutet nicht eine Gefährtin für den Mann, die aus dem Mann gebildet wurde, wie es die patriarchale Verfälschung später in den Urtext einfügte und damit die Frauen in eine untergeordnete Stellung drängte. Die göttliche Präsenz in Adam, also unser Geist, spaltet einen Teil ihres Bewusstseins als Seele ab, um sie in die Polarität zu schicken und aus der Erfahrung gewonnenen Erkenntnisse zu sammeln. Seither ist ein Teil von uns unterwegs in Raum und Zeit und sehnt sich unendlich zurück nach der Wiedervereinigung mit dem Göttlichen, egal ob ihm der Grund für sein undefinierbares Sehnen bewusst ist oder nicht.

ADAM wird zu EVA, der göttlichen Bewusstseinsabspaltung, die auf der materiellen Ebene Leben weiterschenkt. EVA, ob sie als Mann oder Frau inkarniert ist, muss aus der Welt der Alleinheit in die Welt der Polarität gehen, in der er/sie erfahren und erlernen kann, das Gute, das die absolute Mitte zwischen allen sich gegenüberstehenden Aspekten ist, und das Böse, das die bis ins Extreme gehende Verschiebung hin zu einem dieser Aspekte ist, zu unterscheiden. Auf diese Weise kann ADAM sein inneres göttliches Potential voll entfalten und tritt, wie die Bibel an anderer Stelle sagt, gegenüber der Urquelle allen Seins aus dem Zustand des Dieners in den Zustand des Gegenübers, der wahren Sohn/Tochter Gottes, ein. Die volle Entfaltung seines gottgegebenen, einmaligen Potentials ist dann gegeben, ADAM vereinigt sich wieder mit seiner früheren Bewusstseinsabspaltung EVA und befindet sich somit im Zustand der Gott-Geeintheit. Der Gottgeeinte, der sich aus dem Rad der Wiedergeburt hinausentwickelt hat, beginnt nun eine Weiterentwicklung in den Lichtwelten, die in die Vollkommenheit führt. Doch zuvor geht er den mühsamen Weg der Erkenntnis aus eigener unmittelbarer Erfahrung von Gut und Böse, von Ursache und Wirkung, von Liebe und Unliebe, Licht und Unlicht, Wohlbehagen und Schmerz, indem er in die Welt der Polarität inkarniert, immer und immer wieder, bis ihn das Ursache-Wirkungs-Prinzip gelehrt hat, dass die bewertende Einteilung in Gut und Böse lediglich eine Erscheinung der vergänglichen polaren Welten ist, wo nichts wirklichen Bestand hat. Erst die Zerrissenheit in Pole ermöglicht das Böse, das sich extrem von der harmonischen Mitte entfernt hat. In der Verschmelzung der Pole zur Alleinheit, ist es nicht mehr existent. Doch so lange es in diesem Universum auch nur ein Wesen gibt, das seinen freien Willen gebraucht, um sich von den Wegen des Gottes der Liebe abzuwenden, bahnt das Böse, Zerstörerische, Verletzende sich seinen Weg und niemand von uns inkarnierten Menschen ist davor gefeit. Die Kräfte des Gottes der Liebe haben es nicht nötig, das Ego zu benutzen, um irgendeinen Menschen zu kontrollieren oder zu manipulieren oder gar zu bestrafen. Das sei ein wichtiges Indiz der Unterscheidung. Nur der innere Spirit kennt den wirklichen Weg zu Gott und muss dieser inneren Führung folgen, weil die Liebe ihn magisch dorthin zieht.

Ephides hat uns aus seiner hohen, jenseitigen Ebene folgenden Prosa-Text geschenkt:

„...Der Friede kehre ein in dein Herz und mache es weit und froh und licht! Aus dem Licht kommt ihr, in das Licht geht ihr. Es ist dasselbe Licht, das euer Ursprung und euer Ziel ist. Seid ihr aber dieselben? Ist nicht ein Unterschied zwischen Ursprung und Ziel? Wenn ihr ausgeht, um ein Ziel zu erwandern, seid ihr dieselben noch, die am Ziele ankommen? Was euch unterwegs begegnete, ist euer. Alle Freuden und alle Mühsal des Weges tragt ihr in euch, wenn ihr anlangt. Ihr seid wegmüde im Gegensatz zu der Ungeduld, die euch in die Ferne trieb. Aber ihr seid auch reicher geworden. Ihr habt Unverlierbares in euch: Die Erprobung von Kräften, die euch erst im Kampf mit Widerständen bewusst wurden, die Enttäuschungen, die euch heilsam, die Erfüllungen, die eurem Ausharren Lohn und Trost waren. Die ganze Welt ist in euch, wenn ihr aus der Welt zurückkehrt: Ihr Schein, aber auch das Sein, das jedem Schein zugrunde liegt.

Wer am Ursprung steht, hat die Reinheit des Lichts, aber die ungebrochene, ungeprüfte Reinheit. Wer am Ziel steht, hat seine Reinheit tausendmal verloren und tausendmal neu geschaffen. Er hat die in Feuern der Schmerzen und Schauern der Sehnsucht tausendfach geklärte Reinheit. Aber nur, wer die Klarheit des Ursprungs mit der Erkenntnis des Weltenwanderers verbindet, ist vollendet. Er hat sein Wesen zum Kreise geschlossen, durch den das Leben fließt. Er hat alles in sich, was ist, ewig gegenwärtig. Er hat Gottes Schöpfung in sich noch einmal wiederholt...“

Ephides, Dichter des Transzendenten [*Anm. 3)]

Ephides

Meinem Lieblings-Dichter Ephides werden wir in diesem Buch noch öfter begegnen, deshalb einige Erklärungen, wie seine wunderbaren Gedichte und Prosatexte zustande kamen. Übermittlerin dieser medial empfangenen Gedichte war die Pianistin Hella Zahrada, geboren am 26.03.1896 in Prag, verstorben am 25.01.1966 in Berlin, wo sie viele Jahre ihren Wohnsitz hatte und Freunde fand, die sie förderten. Hella hatte nichts am Hut mit Gedichten, war aber sehr spirituell und weltoffen. Sie stellte im Herbst 1932 fest, dass sie Schreibmedium war. Erst waren es nur undefinierbare Zeichen, Striche und Bögen die sie zu Papier brachte, wenn sie sich gedrängt fühlte, zu schreiben. Dann wurden Buchstaben daraus. Irgendwann begannen dann sinnvolle Sätze zu entstehen, doch nicht, wie wir es gewohnt sind, getrennt in einzelne Worte, sondern Buchstabe an Buchstabe gefügt, so dass erst im Nachhinein die Buchstabenreihen in Worte getrennt werden mussten. Was dann herauskam, waren Gedichte und Prosatexte von großer Sprachschönheit, mit tief ethischem, wunderbarem Inhalt und überragendem spirituellen Wissen. Sie sind uns überliefert als „Ephides Gedichte", denn irgendwann stellte Hella die Frage an den Geist, der sie so offensichtlich als Schreibmedium benutzte: „Wer bist du?" Die Antwort war: „Ich bin dir längst bekannt, ich bin dir heut gesandt, ich werde dich im lichten Land erwarten... Gott grüße dich, Ephides".

Hella schrieb unglaublich schnell und wusste erst im Nachhinein, wenn die Buchstaben in Worte, die Worte in Sätze getrennt waren, was sie geschrieben hatte. So entstand von 1932 bis zu Hellas Tod im Jahr 1966 ein umfangreiches dichterisches Werk mit mehreren hundert Gedichten und Prosatexten, die zu lesen mich immer wieder aufs Neue begeistert und inspiriert.

Ich selber habe meine Erfahrungen mit dem Schreiben, nicht als Medium, aber als Inspirierte, die die Texte während des Schreibens „bekommt".

Viele der Durchgaben von Ephides handeln von unserem „Woher, Wohin, Warum". Er weiß selbstverständlich um die Ewigkeit unseres Seins, um unsere Geistwesenheit, um Reinkarnation und um unser letztes Ziel, die Gott-Geeintheit am Ende unserer langen Reise durch Zeit und Raum, in der wir Erkenntnis von Gut und Böse, von Ursache und Wirkung aus eigener, unmittelbarer Erfahrung gewinnen, bis die Gott-Geeintheit durch das Zusammenführen all unserer Bewusstseinsabspaltungen die Zeit unserer Zerrissenheit beendet. Am Ende unseres Weges durch die polaren Welten aber haben wir unser wunderbares, göttliches Potential voll entfaltet und können uns wieder mit dem Göttlichen in uns verschmelzen, gereift, vollendet und glückselig, so wie wir von Anfang an gedacht waren.

Unter der Überschrift „Weltenwanderer Mensch" übermittelte Hella Zahrada mehrere Gedichte und einen Prosatext, von dem ich Auszüge vorstellen möchte. Herzlicher Dank gebührt dem Verleger Hans Dienstknecht, den Inhaber des Bürger-Verlages in Neuenstadt-Bürg, der auch Inhaber der Urheberrechte ist, dass er mir gestattet, Ephides zu zitieren, weil er das Werk des Jenseitsdichters als Geschenk an die Menschheit versteht, dessen Urheber niemand anderer als Ephides ist. Herzliches „vergelte es dir Gott", lieber Hans.

Vor deiner Geburt

Vor deiner Geburt wurde dir gesagt,
dass du nun die Gelegenheit hast,
in einen neuen Körper einzutauchen.
Und du hast gesagt: Ich will es wagen.

Vor deiner Geburt wurde dir gesagt,
dass du für die Zeit des körperlichen Lebens vergessen würdest,
wer du bist – woher du kommst.
Und du hast gesagt: Ich will es wagen.

Vor deiner Geburt wurde dir gesagt,
dass du wieder Neuland betreten wirst, Erfahrungen machen wirst

wie nie zuvor und niemals danach.
Und du hast gesagt: Ich will es wagen.

Vor deiner Geburt wurde dir gesagt,
dass es manchmal leicht, doch oft auch schwer sein wird,
dass du oftmals stark und oft auch schwach sein wirst.
Und du hast gesagt: Ich will es wagen.

Vor deiner Geburt wurde dir gesagt,
dass es immer neue Begegnungen in deinem Leben geben wird.
Dir wurde auch gesagt, dass es Abschiede geben wird.
Und du hast gesagt: Ich will es wagen.

Vor deiner Geburt wurde dir gesagt,
dass du oft nicht wissen wirst, wohin die Reise geht,
wohin dein Leben steuert.
Und du hast gesagt: Ich will es wagen.

Vor deiner Geburt wurde dir gesagt,
dass immer Hilfe in deiner Nähe ist, du wirklich nie alleine bist.
Dir wurde auch gesagt, dass du dich dennoch oft allein fühlen wirst.
Und du hast gesagt: Ich will es wagen.

Vor deiner Geburt wurde dir gesagt,
dass du alle Schätze in dir trägst, sie aber auch nur in dir finden kannst. Dir
wurde auch gesagt, dass du oft noch im Außen suchen und Enttäuschung
erfahren wirst.
Und du hast gesagt: Ich will es wagen.

Vor deiner Geburt wurde dir gesagt,
dass das Geheimnis des Lebens darin besteht,
dass nur der bekommt, der bereit ist zu geben, alles zu geben.
Und du hast gesagt: Ich will es wagen.

Vor deiner Geburt wurde dir gesagt,
dass du nur dann Liebe und Geborgenheit spüren wirst,
wenn du selbst Liebe und Geborgenheit gibst.
Dir wurde gesagt, dass nur du allein zum Retter deines Lebens werden kannst.
Und du hast gesagt: Ich will es wagen.

Vor deiner Geburt wurde dir gesagt,
dass du die Stimme, die vor der Geburt zu dir spricht,
auch während deines Lebens immer hören kannst.
Dir wurde gesagt, dass du in dich hineinhorchen musst,
um sie zu hören.
Und du hast gesagt: Ich will es probieren.

Vor deiner Geburt wurde dir gesagt,
dass du zurückkehren wirst und dann die Frage beantworten musst:
die Frage, was du gemacht hast aus deinem Leben,
was du gemacht hast mit deinen Fähigkeiten und Talenten,
wie du die Gelegenheiten genutzt hast,
die dir von oben zugefallen sind.
Und du hast gesagt: Ich will Antwort geben.

Vor deiner Geburt wurde dir gesagt,
dass zwar dein Körper, niemals aber deine Seele geschädigt werden kann.
Und du hast gesagt: Ich will daran denken.

Vor deiner Geburt wurde dir gesagt,
dass du dir selbst immer vertrauen kannst.
Und du hast gesagt: Ich will es versuchen.

Vor deiner Geburt wurde dir gesagt,
dass du jetzt die Gelegenheit hast zu lachen und zu weinen,
zu essen und zu trinken, zu schmecken und zu fühlen,
zu singen und zu tanzen.

Dir wurde gesagt, dass du die Gelegenheit hast,
dein Leben zu leben.
Und du hast gesagt: Ich will es wagen.

Vor deiner Geburt wurde dir gesagt,
dass du so wertvoll bist,
dass das Leben selbst ohne dich nicht existieren könnte.
Und du hast gesagt: Ich will es niemals vergessen.

Peter Michael Dieckmann *Anm. 4)

UNSERE SIEBEN SEINSEBENEN IN VERBINDUNG MIT DEN CHAKREN

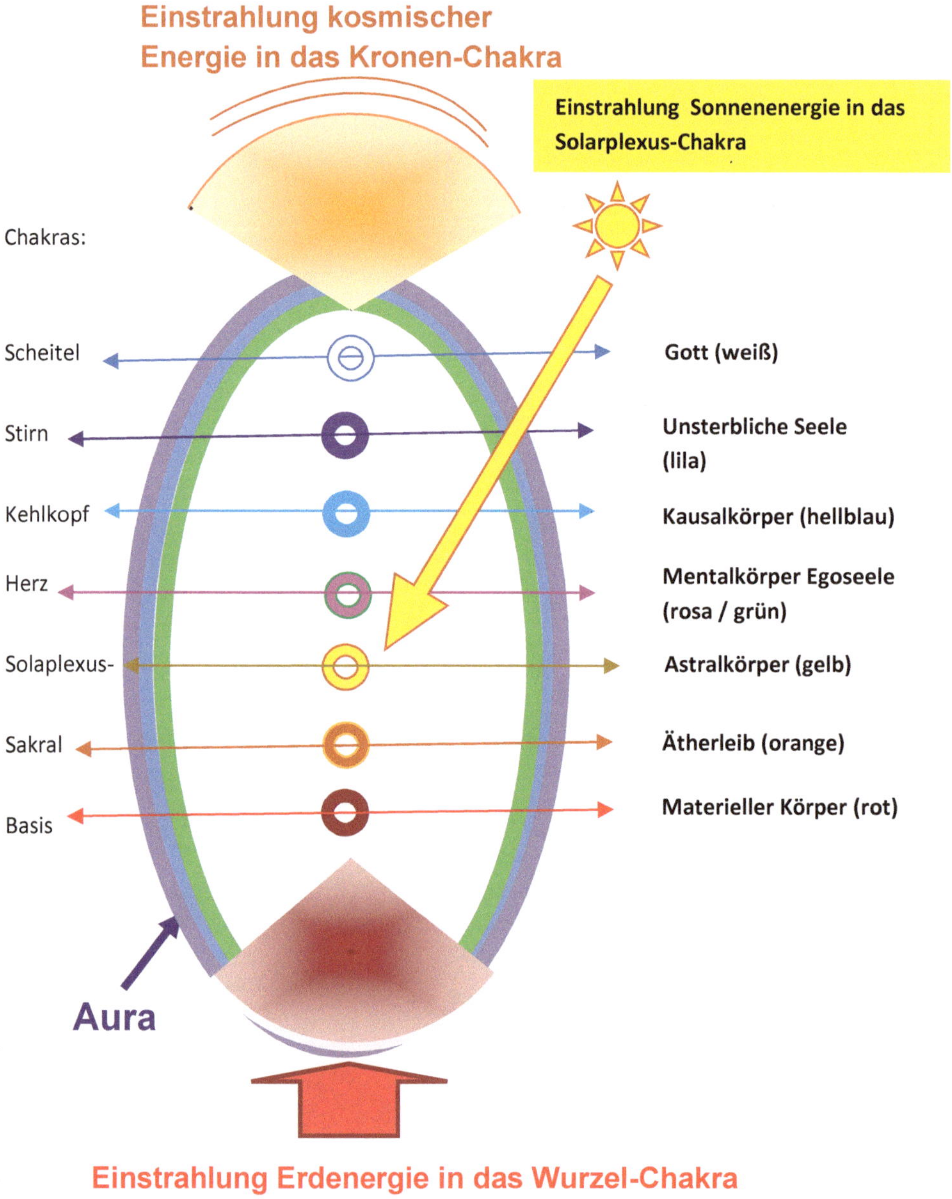

In diesem Buch geht es um Heilung und um bewusste Übernahme der Regentschaft über unser eigenes Leben. Krankheit wird in wissenschaftlich orientierter Heilweise leider nur auf unserer äußeren Ebene, dem materiellen Körper und der Egoseele behandelt. Doch wir sind viel, viel mehr als unser Körper mit all seinen wunderbaren Funktionen. Wir sind nicht der Körper, wir bewohnen ihn lediglich für die Zeit unseres Erdendaseins. Wir sind einmaliger, individueller, bewusster Geist, mit herrlichen Anlagen, die noch nicht voll entfaltet sind. Wir sind hier auf Erden, um zu lernen, wie sich Polarität anfühlt und uns zu entfalten. Und zu diesem Zweck bewohnt ein Teil unseres Bewusstseins unseren Erdenkörper und wirkt und lernt aus diesem Körper heraus, er bedient sich seiner. Krankheit entsteht selten im materiellen Körper, sondern meistens in allen vier unteren Ebenen unseres Seins. Am Anfang steht meist ein Fehlverhalten, eine die Harmonie störende Energie, die durch unser Verhalten ausgelöst wird, entweder durch aktive Akte der Lieblosigkeit oder passiv, durch Verletzungen, Kränkungen, Schuldgefühle oder zu viel Hingabe, in dem man zulässt, dass die Grenzen, die die eigene Würde und Lebenskraft schützen sollen, überschritten werden. Dabei entsteht Krankheit nicht immer, wenn diese Dinge geschehen. Erst, wenn wir diese Energie beibehalten wird und sie verstärken, manifestiert sich Krankheit in der Aura und letztendlich im materiellen Körper. Unsere sieben Seinsebenen, die uns während unserer Reise durch Zeit und Raum umgeben, sind folgende:

Der physische Körper, der uns ermöglicht, in der irdisch-materiellen Welt Erfahrungen der Polarität und somit Erkenntnis von Gut und Böse aus eigener, unmittelbarer Erfahrung zu sammeln. Er wird z.B. bei Besetzungen oder Anhaftung fremder Energien stark in Mitleidenschaft gezogen, da die anhaftenden Fremdwesen die Lebensenergie rauben. In ihm wirken sich Krankheiten aus, die in der Mental- und Astralebene entstehen und die Aura verschmutzen und sie disharmonisch und unter Umständen, wie z.B. bei Suchterkrankung, „löchrig" machen.

Der Energie- oder Ätherleib, das genaue, feinstoffliche Ebenbild unseres physischen Körpers, der in den physischen Körper Lebensenergie aus dem

Göttlichen in uns leitet und über das das Wurzelchakra Energie der Erde und über das Solarplexus-Chakra Energie aus der Sonne bezieht. Wird bei Besetzungen oder Anhaftung fremder Energien stark geschwächt, da das fremde Wesen bzw. die Fremdenergie permanent Lebensenergie absaugt (Vampir-Effekt).

Der Astralkörper (Emotional-Gefühlskörper) Sitz des Ego und des eigenen Willens oval, den materiellen und Ätherleib umfassend, Sitz der Gefühlswelt, der positiven und negativen Reaktionen auf die Umwelt, die sich sofort in einem Farbenspiel zeigen, sehr dynamisch und vielfarbig. Beherrscht auf Grund seiner Ausdehnung meist die gesamte Aura. Wird bei Besetzungen oder Anhaftung fremder Energien, wie sie bei Sucht vorkommen, vom Besetzer stark beeinflusst und dominiert, bis hin zur völligen Verdrängung des Charakters des Besetzten. Im Schlaf entfernt sich der Astralkörper vom irdischen Körper, bleibt aber mit ihm durch die „Silberschnur", einem zarten, perlmutt-farbenen Lichtband verbunden. Erst wenn diese Schnur reißt, ist der Mensch unwiderruflich verstorben.

Die Aura, Ausstrahlung aller unserer energetischen Körper, Schutzhülle Sie erstreckt sich ca. 10 – 20 cm über den Ätherkörper hinaus, wolken- oder strahlenkranzförmiges farbiges Energiefeld, in dem sich Krankheiten zuerst zeigen, noch lange bevor sie ausbrechen. Verbunden mit den Chakren, sieben-schichtig, da von jeder der sieben Seins-Ebenen beeinflusst. Hier spielen sich die psychologischen Prozesse ab. Je höher der Mensch entwickelt ist, umso mehr Lichtkraft hat die Aura. Sie spielt bei Besetzungen oder Sucht eine große Rolle, da die geschwächte oder lückenhafte Aura die Eintrittspforte für die besetzenden oder anhaftenden Energien und Wesen ist.

Mentalkörper, Ego-Seele, Intuition, konkretes Denken Ebene der Intuition, Kreativität, Intelligenz, Erinnerungsvermögen, wird „geschrumpft" durch Emotionen wie Angst, Argwohn, Besitzdenken, Kontrollsucht, Manipulation, Hass, Eifersucht, Selbstmitleid usw., weil sie eine aktive Verbindung zur Astralebene hat. Der Handlungsspielraum ist dann erheblich eingeschränkt, was zu ernsthaften Schädigungen der Gesundheit führen kann. Hier wirken sich Angstpsychosen aus, resultierend aus früheren traumatischen Erlebnissen, die weit zurück liegen können in früheren Inkarnationen, bei denen Seelenanteile verloren gingen. Aber auch Erfahrungen aus früher Kindheit, die längst der Erinnerung entfallen sein können und dadurch entstehen, dass das Kind, das aus der Lichtwelt kommt, fassungslos auf Herabsetzung und lieblose Kritik reagiert, die in ihm den Eindruck erwecken, dass es so, wie es ist, nicht liebenswert ist. Angstpsychosen können den Mentalkörper fast bis zur Wirkungslosigkeit schwächen. Hier ist die stärkste Auswirkung von Besetzungen und Anhaftungen zu spüren.

Diese vier energetischen Ebenen, mit Ausnahme der Aura, sind vergänglich. Beim irdischen Tod wird die Energie aus diesen Ebenen mitgenommen in das jenseitige Dasein und in das nachtodliche Energiegefüge integriert. Die vergänglichen Ebenen werden dabei nach und nach aufgelöst, beginnend mit dem Erdenkörper, aus dem der Verstorbene innerhalb von etwa drei Tagen aus allen Zellen die Lebenskraft an sich zieht, in sein neues Dasein, während sich die Atome des materiellen Körpers neuen Aufgaben widmen und – zur Erde zurückgekehrt – neuem Erdendasein zur Verfügung stehen. Daher sollte man auf keinen Fall innerhalb der ersten drei Tage nach dem Erdentod irgendwelche Veränderungen oder Eingriffe an dem Leichnam vornehmen, sei es Beerdigung, Einäscherung oder gar Organentnahme. Der Verstorbene soll vielmehr würdig bekleidet, in den Sarg gebettet und dann bis zum Ablauf von ca. 72 Stunden in Ruhe gelassen werden. So kann die göttliche Seele alle Lebenskraft in aller Ruhe in das neue Dasein integrieren. Eine würdige Bekleidung ist wichtig, weil sich der Verstorbene, der mit seiner ihm noch unbekannten Schöpferkraft seiner Gedanken erst umzugehen lernen muss, in der Regel in der Bekleidung sieht, die er im Sarg trug. Bei jeder neuen Inkarnation werden die vier vergänglichen Ebenen neu gebildet, abgestimmt auf das neue Lern- und Ausgleichsprogramm, dass die göttliche Seele sich für diese Inkarnation vorgenommen hat.

Kausalkörper (Karma), göttliche Seele, Geist, der Gott in uns

Diese drei höchsten Formen unseres Seins sind ewig, wenngleich sie sich am

Ende unserer Entwicklung zu unserem Sein, zur Gott-Geeintheit, verschmelzen. Hier sammelt sich alle Energie der veränderlichen Ebenen.

In der ***Kausalebene*** formiert sich unser Schicksal aus unseren Handlungen, unserem Denken und unseren Entscheiden nach dem Prinzip von Ursache und Wirkung.
In der ***Ebene der unsterblichen Seele***, unserer göttlichen Seele (spiritueller Geistkörper) werden für alle Zeiten, ja für alle Ewigkeit, alle unsere Erfahrungen und die Erkenntnisse daraus gesammelt.
Gott in uns, das sind wir in der Vollkommenheit. Gott in uns bleibt von allen unseren Handlungen völlig unbeeinflusst, ist immer vollkommen und unbelastet, birgt alle unsere individuellen Fähigkeiten und Anlagen in sich, die allerdings erst in der Vollkommenheit voll zur Entfaltung gekommen sind. Von hier fließt uns Leben zu, aus der Urquelle allen Seins, deren Teil wir sind. Hier ist der Ort, wo die Aufmerksamkeit Gottes allein auf uns gerichtet ist. Wir Erdenmenschen sind eine Bewusstseinsabspaltung von Gott in uns, die ER/SIE in die Polarität gesandt hat, um sich in eigener, unmittelbarer Erfahrung als Liebe zu erleben. All unsere Sehnsucht, die uns als Inkarnierte vorwärts treibt, ist die Sehnsucht nach der Wiedervereinigung mit Gott in uns.

Diese drei göttlichen Ebenen können von niemandem beeinflusst werden, können aber bei Besetzung/Anhaftung/permanenter Aussendung negativer Energien nicht mehr in dem Maße auf die niederen Ebenen einwirken, wie sie es wünschen. Die Verbindung zu ihren dazugehörigen Chakren wird dadurch permanent blockiert.

MEDITATION – DIE BEGEGNUNG MIT GOTT IN UNS

> Nicht außerhalb, nur in sich selbst
> soll man den Frieden suchen. Wer die
> innere Stille gefunden hat, der greift
> nach nichts und verwirft auch nichts.
>
> Buddha

Meditation, das tiefe in-sich-Gehen, verbindet uns über Gott in uns mit der Urquelle allen Seins. Sie gelingt umso besser, je mehr wir Gottvertrauen entwickeln und uns mit dem göttlichen Geist in uns, der wir sind, verbinden und verschmelzen, Gott aus Gott, Licht vom Licht, wahrer Gott von wahrem Gott, innigst verbunden mit dem Gott aller Götter, der Liebe ist und dem allein es vorbehalten ist, Leben zu spenden.

Unsere Erziehung, die uns Glaubenssätze und Muster aufbürdete, die nicht zu uns gehören und die dazu gedacht waren, uns klein und gefügig zu halten, lenkbar und manipulierbar, werden dich denken lassen, dass es unbescheiden, ja gotteslästerlich ist, dich als Gott oder Göttin zu erkennen. Nein meine Lieben, das ist es ganz und gar nicht. Wie immer wieder und oftmals verzweifelt hat Jesus von Nazareth doch versucht, uns das klar zu machen, wenn er davon sprach, dass wir vertrauen sollen, dass wir die Wahrheit erkennen werden und die Wahrheit uns frei machen wird. So wie unsere Kinder Menschen sind, weil wir Menschen sind, so sind Gottes Kinder göttlich, Gott von Gott, Licht vom Licht, wahrer Gott von wahrem Gott, wie es die katholische Kirche zu Recht von Jesus Christus sagt, aber wie es auch wir, Christi Geschwister, sind. Alles, was Leben und Bewusstsein hat, ist aus Gott geboren, ist nicht erschaffen. Erschaffen sind nur Formen und Funktionsweisen, Leben und Bewusstsein kommen allein aus der Urquelle allen Seins, Vater-Mutter-Gott. Die Urquelle-Gottheit bedurfte unser, damit sie sich in einem Gegenüber als Liebe erfahren kann. Deshalb sind wir aus ihr nach ihrem Willen als individuelle Wesen gezeugt und geboren, ewig existierend und von ihrer bedingungslosen Liebe durchdrungen, belebt, getragen und beschützt. Wir alle sind Götter aus Gott, unterscheiden uns aber von der Urquelle allen Seins dadurch, dass sie sich vorbehalten hat, allein Leben spenden zu können. Somit könnte allein sie Leben auslöschen, was sie jedoch nie tun wird, denn sie hat die Liebe, Weisheit und Macht zu wandeln. Aus diesem Grunde gebührt es uns, uns gegenseitig auf Augenhöhe zu begegnen, uns aber vor der Urquelle allen Seins zu verneigen, den allein Vater-Mutter-Gott ist größer als wir. Die Liebe, mit der uns Gott umfängt, ist für uns unfassbar. Ich durfte diese Liebe, Geborgenheit und Glückseligkeit das erste Mal in dieser Inkarnation in einer Nahtoderfahrung erleben. Glaubt

mir, so eine Liebe gibt es auf Erden nicht, eingehüllt in sie hast du keine Wünsche mehr, bist nur noch glücklich.
Gott hat uns Willensfreiheit geschenkt, ein unschätzbar kostbares Gut, denn damit verbunden ist die Möglichkeit, dass wir Vater-Mutter-Gott Schmerz bereiten und uns von ihm/ihr abwenden. Doch Gott will, dass wir uns aus freiem Willen in eine bedingungslos liebevolle Beziehung mit ihm begeben und Zeit zum Aufbau dieser Beziehung haben wir die ganze Ewigkeit. Möchtest du, dass sich deine Kinder nur ängstlich-respektvoll dir nähern, glauben, nicht würdig zu sein, mit dir zu verkehren, wie Mama und Papa mit ihrem geliebten Kind umgehen? Bestimmt nicht. Liebenden Eltern ist es doch ein Anliegen, dass ihre Kinder ihnen zu tiefst vertrauen und sich voller Freude und Liebe ihnen zuwenden, wissend, dass sie unendlich geliebt werden von den Eltern. Was natürlich nicht bedeutet, dass es keine Regeln für das liebevolle Miteinander geben würde. Wieviel mehr will das die Urquelle aller Liebe. Also scheue dich nicht, dich als göttliches Wesen zu erkennen und dich als solches Papa-Mama-Gott zuzuwenden. Spüre hinein, wie Gott reagiert – es wird voller Freude sein. Lass dir von niemandem weißmachen, dass du dessen nicht würdig wärst. Christus soll nicht noch einmal gekreuzigt werden müssen, damit die Menschen endlich begreifen, dass Gott ein Gott der Liebe und nicht ein rächendes, kontrollierendes und zuschlagendes Monster, das nur mit uns versöhnt werden konnte, indem Jesus grausam am Kreuz gemartert und hingerichtet wurde. Er musste nicht für unsere Sünden sterben, er wurde hingerichtet, weil er die Wahrheit sagte, die dem Establishment nicht passte. Aber er wusste um dieses Schicksal, bevor er inkarnierte, und trat den Erdenweg trotzdem an. Danke dafür, lieber großer Bruder Jesus. In diesem Sinne, meine göttlichen Geschwister, lasst uns den Tag in gegenseitigem Respekt, Achtsamkeit und in Liebe und Frieden leben.

Die Technik der Heilmeditation und des Schamanischen Reisens

Errichtet in euch selbsteinen Tempel der Schönheit und des Friedens.
Dort werdet ihr Gott finden, auf dem Altar eurer Seele

Paramahansa Yogananda

Vor jedem Beginn: Aufbau des Heiligen Raumes

Begib dich an einen angenehmen Ort und sorge dafür, dass du die nächste Stunde ungestört bist, mach es dir bequem.

Du bist während der gesamten Schamanischen Reise / Heilmeditation innig mit dem Allerhöchsten verbunden, mit Gott in dir, der ein individueller Teil der Urquelle allen Seins ist. Du begegnest Engelwesen und spirituellen Meistern, deinen geistigen Lehrern und Führern, Meisterschamanen und Heilkundigen der Lichtwelt, Wesen aus der paradiesischen Unterwelt, die weit fortgeschritten sind in ihrer Entwicklung. Deshalb schaffe einen würdigen Rahmen für das Ritual.

Reinige den Raum. Das kann geschehen durch lüften, räuchern, Ordnung schaffen durch Aufräumen. Eine harmonische Atmosphäre in dem Raum ist wichtig. Bitte Erzengel Michael und seine Helfer, den Raum von allen unheilvollen Schwingungen zu reinigen.

Zünde eine Kerze an, verwende schöne Dinge wie Blumen, Kristalle usw., um eine angenehme Atmosphäre zu unterstützen. Lege meditative Musik auf, verwende Klangschalen, Kleinharfen, Trommeln usw., mittels der du dich gut auf die göttliche Präsenz einstimmen kannst.

Komme in die Stille

Sanfte, leise Musik ist sehr hilfreich, um in die meditative Stimmung zu kommen.

- Schließe deine Augen.
- Entspanne dich körperlich und mental, lass alles Belastende draußen.

- Bitte deine Engel, deine geistigen Führer, die Wesen, deren Liebe du vertraust um Unterstützung bei der Meditation
- Atme tief, ruhig und gleichmäßig. Atme bewusst bis in die Spitzen der Lunge, bis in den Bauch, die Flanken.
- In diesem Raum bist du geborgen. Lass alle Sorgen und Gedanken vorbeiziehen, ohne ihnen Beachtung zu schenken.
- Entspanne deine Muskulatur ganz bewusst – Hals und Schultern, die Arme und Hände, die Wirbelsäule und den Rücken, den Bauch und das Becken, die Beine und die Füße
- Fühle die Wärme deines Herzens und schick diese angenehme Wärme in Gedanken durch keinen Körper.
- In deinem Inneren ist Ruhe und tiefer Frieden.
- Stell dir das strahlende Licht in deinem Herzen vor, stell dir vor, wie es durch dich strahlt
- Verbinde dich mit diesem Licht, deinem göttlichen Geist, dem wunderbaren Gott, der wunderbaren Göttin in dir, indem du deinen dich liebenden Geist, der du bist, umarmst.

Wenn du auf diese Weise völlig entspannt bist, bist du bereit für die Meditation.

Ein guter Start in den Tag

MEDITATION FÜR EINEN ERFOLGREICHEN, GLÜCKLICHEN TAGESVERLAUF

Wer die Freude küsst, wie sie ihm zufliegt
lebt wie im Sonnenaufgang
der Unendlichkeit.

William Blake

Den Tag so zu beginnen, schenkt dir die beste Voraussetzung, ihn glücklich, erfolgreich, und reich an wertvollen Erfahrungen und Begegnungen zu erleben.

Begib dich in eine mediale Stimmung, wie beschrieben

- Rufe den göttlichen Geist in dir an
- Stelle dir ein strahlendes Licht in dir vor
- Stelle dir vor, wie sich dieses Licht zu einem makellosen, wunderschönen, strahlenden Wesen wandelt. Das bis du, das ist der Teil von dir, der voller Sehnsucht und Liebe darauf wartet, dass du dich mit ihm wiedervereinst.
- Bitte diesen wunderschönen, strahlenden Geist oder dieses wunderbare Licht, das du bist, dich in die Arme zu schließen
- Bitte deinen göttlichen Geist, wieder mit dir eins zu sein.
- Nun sende dieses strahlende, weiße Licht in jede Zelle deines Körpers mit Dankbarkeit, dass dir dein Körper so lange schon treu dient und dir die Möglichkeit schafft, hier zu wirken.
- Sende aus deinem göttlichen Geist in jede Zelle Heilung, Reinigung und tiefen Frieden.
- Strahle das Licht der bedingungslosen Liebe und des tiefen, inneren Friedens bewusst und willentlich hinaus in die Welt.
- Erneuere die Umarmung mit deinem göttlichen Geist und das Ausstrahlen von bedingungsloser, göttlicher Liebe und tiefen inneren Frieden im Laufe des Tages immer wieder.

Die meistens Menschen, denen du heute begegnest, werden dir freundlich begegnen. Die meisten Tiere werden aufmerksam und freundlich reagieren. Du strahlst nun eine Kraft und innere Stärke aus, dass kaum jemand wagen wird, dich anzugreifen. Wenn doch, so kannst du bei dir bleiben, gelassen reagieren, und der Angriff wird an dir abprallen, ohne dich zu berühren.
Sollte dennoch Wut in dir aufsteigen, so nimm diese Emotion wahr, umarme sie, weil verständlich, aber bleib nicht darin verhaftet. Versuche wieder, in den inneren Frieden zu kommen, denn dann zeigt sich die Lösung des Problems, fließen durch dich die richtigen Worte der Weisheit. Mit zunehmender Übung wird es dir immer leichter und schneller gelingen, in diesen inneren Frieden und die ganz natürliche Größe und Stärke des göttlichen Wesens zu kommen, das du bist.

*DIE KOSMISCHE APOTHEKE **8787***

Ein ganz besonderes, wertvolles Geschenk an die Menschheitsfamilie ist die Möglichkeit, die kosmische Apotheke anzurufen. Du glaubst, das sei Humbug? Bitte probiere es selber aus, was kann schon dabei passieren? Du trinkst, sollte das nicht klappen, nichts weiter als frisches Wasser aus der Leitung.

In höher entwickelten Gesellschaften im Kosmos gibt es zwar kaum Krankheiten, jedoch sollten gesundheitliche Störungen bei dort lebenden Wesen, egal welcher Gattung, vorkommen, so stehen die kosmischen Apotheken für Heilmittel bereit. Niemals würde dich eine Medizin aus dieser kosmischen Apotheke vergiften oder sonstwie gesundheitlich beeinträchtigen. Die Heilmittel werden auf den jeweiligen Patienten abgestimmt und aus frischen Zutaten zusammengestellt, aus Heilpflanzen, die Teile ihrer Körperhülle, seien es Früchte, Samen, Blätter, Wurzeln oder Blüten zu Heilzwecken zur Verfügung stellen, aus Kristallen oder heilsamen Substanzen aus dem Tierreich, wie z.B. spezieller Honig usw.

Die liebevollen Engelwesen in diesen kosmischen Apotheken stellen die Energie der Heilmittel, die du für den heutigen Tag benötigst, auch gerne dir zur Verfügung, wenn du sie darum bittest. In diesen Ebenen ist das Wissen um unsere All-Verbundenheit und die damit verbundene All-Liebe so groß, dass das heilsame Wirken der himmlischen Apotheker allen Wesen im

Kosmos zur Verfügung gestellt wird, die darum bitten. Ich habe in der kosmischen Apotheke, die ich regelmäßig anrufe, zahlreiche sehr kleine, bezaubernde Naturwesen wahrgenommen, elfenhaft oder wie Wichtel aussehend, sehr zart, fast durchsichtig, die Heilpflanzen und Kristalle dort abliefern, damit sie von den kosmischen Apothekern zu wirkungsvoller Arznei verarbeitet werden können. Ich nehme diesen Segen jeden Morgen und jeden Abend in Anspruch, lasse ein Glas Leitungswasser damit energetisieren und trinke dieses dann. Willst du in den Genuss dein speziell für dich gemischtes Heilmittel in Anspruch nehmen, gehe folgendermaßen vor:

- Fülle ein Glas mit Leitungswasser, nimm es in die Hand.
- Rufe die kosmische Apotheke an und bitte um dein Heilmittel für diesen Tag bzw. für diese Nacht.
- Stelle dir eine Säule goldenen Lichtes vor, das dein Wasserglas mit den Weiten des Kosmos verbindet und dazu die Zahlenkombination 8787.
- Begrüße die Lichtgeschwister in der kosmischen Apotheke und bitte sie, dein Wasser mit der Kraft der für dich jetzt nötigen Heil- und Nahrungsmittel zu energetisieren.
- Dann stell dir vor, wie sich eine silbern glitzernde, wellenförmig fließende Lichtsäule zwischen der kosmischen Apotheke und deinem Glas Wasser aufbaut. Meistens fühlst du dabei Wärme oder ein Kribbeln in den Händen.
- Wenn du das Gefühl hast, der Energetisierungsvorgang ist beendet, bedanke dich bei deinen Helfern aus dem Lichtreich.

Nun kannst du das Wasser trinken. Dir wird vielleicht sofort auffallen, dass es sich verändert hat, meistens ist es viel weicher geworden, schmeckt sehr rein oder leicht bitter, je nachdem, welche Medikamentenenergie du brauchst.

Natürlich kannst du nicht nur morgens oder abends die kosmische Apotheke anrufen, sondern jederzeit. Der Preis dieser wunderbaren Heilmittel: Dankbarkeit und liebevolle Verbundenheit.

DIE ABENDLICHE REINIGUNGS-MEDITATION FÜR EINEN GESUNDEN, ERHOLSAMEN SCHLAF

In der Nacht vollziehen sich im Körper Stoffwechselprozesse, Umbau, Reparatur und Reinigung des Körpers, Organ für Organ. Du kannst diesen Prozess, der im Schlaf stattfindet, mit einer abendlichen Meditation vor dem Schlafen gehen sehr positiv beeinflussen.

- Bringe dich in eine meditative, entspannte Stimmung.
- Rufe den göttlichen Geist in dir an, verbinde dich innig mit ihm
- Rufe in diesem geistverbundenen Zustand die Urquelle allen Seins, Vater-Mutter-Gott an und bedanke dich für den erlebten Tag.
- Sende nun das göttliche Licht in dir mit dem Auftrag, alle deine Zellen im Körper zu reinigen, in alle Zellen deines Körpers, bedanke dich bei ihnen für ihre Arbeit.
- Bitte Vater-Mutter-Gott um seinen Bauplan für deinen Körper in absoluter Gesundheit und bitte darum, mit den Informationen dieses Bauplanes alle deine Körperzellen zu fluten. Bitte um Abgleich und um Reparatur aller geschädigten Gene in deinen Zellen.
- Bitte Gott in dir, eine Schutzhülle aus dem Licht der Liebe um dich aufzubauen, die dich schützt vor allen schädigenden Einflüssen während deines Schlafes.

Ich wünsche dir eine gute Nacht und tiefen, erholsamen Schlaf, der dich morgens gesund und voller Kraft aufwachen lässt.

Höre auf, Richter zu sein

> ***Großer Geist, bewahre mich davor, über einen Menschen zu urteilen, ehe ich nicht eine Meile in seinen Mokassins gegangen bin.***
>
> *Sprichwort der Dakota-Indianer*

Keine Frage – so, wie die Menschheit sich entwickelt hat auf ihrem Weg durch die polaren Welten von Zeit und Raum, war das nicht vorgesehen. Gleichwohl die Urquelle allen Seins um die Möglichkeit dieser Entwicklung wusste, schenkte sie uns für unsere Reise paradiesische Zustände, eine Welt ohne Mühen und Sorgen, ohne Gewalt, ein Leben in Fülle für alle, ein Leben des Friedens mit dem Mitmenschen, mit der gesamten Schöpfung mit seinen für uns sichtbaren und unsichtbaren Wesen. Unser Leben sollte sein, wie das frohe, achtsame und Nähe zulassende Miteinander von guten Freunden. Keine Krankheiten, kein Tod war vorgesehen, am Anfang der Menschheitsgeschichte hier auf Erden gab es kein Töten, keine Gewalt. Doch es lief im Laufe der Zeit anders, es lief total aus dem Ruder: Kriege, Gewalt, unvorstellbare Grausamkeiten gegen Mensch und Tier, bedrückende Armut und Völkerwanderung in Gebiete, die sowieso hoffnungslos übervölkert sind, gieriges Häufen von Geld und Gut, Machtkonglomerate und Machtmissbrauch, Zerstörung von Umwelt und Mitgeschöpfen, von Familien, Gesundheit und Lebensfreude, um nur einige Dinge zu nennen, die uns das Leben schwer machen, resultieren aus den Möglichkeiten des Seins, die wir gewählt haben. Und diese Wahl hat Folgen, alle unsere Entscheidungen und Handlungen haben ihre Konsequenz und diese entspricht in ihrer Qualität der Ursache, die wir gesetzt haben.

Micha-El, wer ist wie Gott, heißt in der symbolischen Schöpfungsgeschichte jener Engel, der die Menschen aus ihrem Paradies vertrieb, der mit dem „Lichtschwert der Macht der Gerechtigkeit“ vor dem Zugang zum Paradies steht und nun Adam, dem Erdenmenschen, dem „Unwürdigen“, der die Harmonie der paradiesischen Welt zerstören würde, den Zugang verwehrt. Doch welche Symbolik verbirgt sich dahinter?

Erinnere dich daran, was gesagt wurde über die Formen der Energie, über Teilchen und Wellen: Jede Form von Energie ist gekoppelt mit einer Information. Kann denn die weise Selbstheilungskraft des Körpers, können Stammzellen, die in der Lage sind, eine jegliche beschädigte Zelle im Körper zu ersetzen durch eine reparierte Zelle, ihrer Aufgabe gerecht werden, wenn ständige negative Störfeuer wie Rache, Zorn, Abneigung, Verletztheit usw. sie aus dem Gleichgewicht bringen? Die Antwort ist ein klares Nein, die Folge ist Krankheit, ist Schmerz. Deshalb ist eines so wichtig:

Heile deinen Körper und deine energetischen Ebenen durch Vergebung, gegenüber deinem Nächsten und gegenüber dir selbst. Vergib dir, dass du die Ursache für die Verletzung, die du erlitten hast, irgendwann einmal selbst erschaffen hast. Du bist in die Erdenwelt gekommen, um Gut und Böse unterscheiden zu lernen. In der polaren Welt gibt es Licht und Schatten. Ja, auch du hast natürlich Schattenseiten, auch du triffst Fehlentscheidungen. Es ist natürlich, es gehört zu unserem menschlichen Sein. Doch verharre nicht in der Negativität, wenn du diese als solche erkennst. Darauf kommt es an. Deshalb vergib dir, wie du auch anderen vergibst.

VERGIB, DAMIT DU GESUNDEN KANNST

Wenn irgendetwas eine Rolle spielt,
dann spielt alles eine Rolle.
Weil du wichtig bist, ist alles, was du tust, wichtig.
Immer, wenn du anderen vergibst, durch jede mitfühlende Handlung, sind Gottes Absichten erfüllt.
Es verändert sich der gesamte Kosmos und nichts wird mehr sein, wie es vorher war.

William Paul Young

Die Ursachen für unser Leid zu erkennen, die Disharmonien aufzuspüren, ist der erste Schritt zur Heilung. Das führt zur Befreiung von hinderlichem, schädlichem Fremdeinfluss, zur Auflösung von fremden, negativen Prägungen und Denkmustern, und der Schlüssel zur Heilung ist fast immer die Vergebung. Vergebung gegenüber dem Nächsten und gegenüber sich selbst, weil man das Geschehene ja irgendwann einmal auf der Seelenebene geschaffen hat, sei es nach dem Prinzip von Ursache und Wirkung oder auf Grund des Bedürfnisses der göttlichen Seele, diese Erfahrung zu machen. Mach dir keine Vorwürfe wegen deiner Fehlentscheidungen und ihren Folgen, alles ist gut wie es ist, weil es dich lehrt, dich zu wandeln und nach und nach dein göttliches Potential zu entfalten.

Wirkliche Vergebung bedeutet nicht, Unrecht zu rechtfertigen oder es klein zu reden. Nichts, was jemand tut, denkt, sagt, entscheidet bleibt ohne Konsequenzen, nicht im Positiven, nicht im Negativen. Vergebung bedeutet vielmehr, den zornig-rächenden Griff um den Hals des Täters zu lockern. Sie bedeutet, darauf zu vertrauen, dass die höchste göttliche Instanz weiß, was zu tun ist, um diesen Menschen zu befreien, ihn auf den guten Weg zurückzubringen, ihm Friedenswege zu weisen und zur Wiedergutmachung zu animieren. Wir sind überhaupt nicht geeignet, zu richten oder zu rächen, wir kennen ja unser Gegenüber nicht wirklich, kennen nicht einmal uns selbst wirklich. Wir kennen nicht die tieferen Hintergründe einer verletzenden Tat. Vergebung löst die unglücklichen Verstrickungen mit anderen Menschen und verletzenden Situationen und führt zu tief innerem Seelenfrieden sowie zur Freiheit. „Das ist der Schlüssel zum Himmelreich: Was ihr auf Erden binden werdet, wird auch im Himmel gebunden sein. Was ihr auf Erden lösen werdet, wird auch im Himmel gelöst sein". (Jesus von Nazareth lt. Matthäus 16, 19)

Das alte Wissen um Wege, unsere krank und unfrei machenden Verstrickungen zu entdecken und sie aufzulösen, soll mit Hilfe dieses Buches zu jenen zurückkehren, für die es bestimmt ist – zu den interessierten Menschen.

Die Heilmeditation
Eine Möglichkeit der spirituellen Heilarbeit

Eine gute Voraussetzung für alle in diesem Buch beschriebene Rituale und geführten Meditationen ist, dass du des spirituellen bzw. schamanischen Reisens fähig wirst. Es ist einfach, es kann jeder erlernen, und wenn jemand sich zu spirituellen und/ oder schamanischen Heilweisen hingezogen fühlt, so könnte das ein Zeichen sein, dass es gerade jetzt an der Zeit ist, es zu erlernen. Das spirituelle sowie das schamanische Reisen sind nichts weiter als eine tiefe Meditation, eine gedankliche Reise in die Tiefer der Seele in Begleitung der Spirits, der Heiligen, der Engelwesen oder – im schamanischen Ansatz – eine Reise in die Welt des uralten Schamanenwissens, der Welt der Götter und Göttinnen (= die Gott-Geeinten, nicht zu verwechseln mit der Urquelle allen Seins, Vater-Mutter-Gott) in dem die Krafttiere leben, die aufgestiegenen Meister, die selber Erden-Menschen waren, aber sich aus dem Rad der ständigen Reinkarnationen hinausentwickelt haben. Es ist das Reich des Paradieses, des Gartens Eden, in dem die Menschheit zu Beginn ihrer Erdenreisen lebte, bis sie sich auf Grund ihrer lieblosen Entscheidungen hinauskatapultiert hat. Es ist eine gedankliche Reise in das Reich der Natur- und Elementargeister, der Feen, Elfen und des kleinen Völkchens.

Wenn du als spiritueller Heiler für den Hilfesuchenden in Fernbehandlung arbeitest, frage ihn zuerst, ob du die Meditation durchführen darfst. Lege dir bei einem klaren „Ja" vom Hilfesuchenden und dessen göttlicher Präsenz in ihm sein Bild oder das Arbeitsblatt, das du für ihn angefertigt hast, zurecht.

Zünde eine Kerze an, lege meditative Musik auf, mittels der du dich gut auf die göttliche Präsenz einstimmen kannst, so wie es in den anfänglichen Kapiteln in diesem Buch beschrieben ist.
Entspanne dich körperlich und mental, lass alles Belastende draußen.

- Rufe die göttliche Präsenz in dir und – falls du für jemanden arbeitest - im Hilfesuchenden an und frage, ob du für diese Person dieses Ritual durchführen darfst.

- **Niemals darf der freie Wille des Anderen tangiert werden, selbst wenn es aus Liebe geschehen sollte, immer ist das Einverständnis oder besser noch die Bitte des Hilfebedürftigen um Behandlung in einer Heilmeditation nötig.**
- Stelle die gesamte Heilarbeit unter den Willen Gottes und bitte Vater-Mutter-Gott um Leitung der Heilarbeit und Führung.
- Bitte um Schutz aller Anwesenden, um Schutz des Raumes, des Hauses und des Grundstückes und aller, für die du arbeitest, damit ihnen, wenn sie sich der göttlichen Energie weit öffnen, nichts Böses, Dunkles anhaften kann.

Wenn du eine Fernbehandlung durchführst lege die linke Hand auf das Bild/die Akte, lade den Hilfesuchenden in Liebe und großem Respekt ein, mit dir gemeinsam die Heilmeditation durchzuführen. Sprich dabei nachfolgende Sätze laut oder intensiv und konzentriert in Gedanken:

> **Ich bitte die höchste Kraft im Universum, die bedingungslose Herzensliebe von Vater-Mutter-Gott, um mich den absoluten göttlichen Schutz zu errichten, so dass mir und allen hier befindlichen Menschen sowie auch den Menschen, für die wir Heilung erbitten, nichts anhaften oder uns besetzen kann, und nichts zu uns vordringt, was nicht dem Willen der allerhöchsten Macht der Liebe folgt und uns Schaden zufügen könnte.**

- Bitte nun alle Anwesenden, alle Zellen deines Körpers und alle, für die du arbeitest, sich den göttlichen Heilenergien zu öffnen.
- Bitte Gott Vater, den Bauplan für deinen Körper / den Körper des Hilfesuchenden in absoluter Gesundheit zur Verfügung zu stellen und mit dieser Energie alle Zellen des Körpers und alle energetischen Ebenen zu fluten.
- Bitte Göttin Mutter um ihre heilenden, wiederherstellenden, reinigenden und Lebenskraft und Lebensfreude spendenden Energieströme.

- Bedanke dich bei Vater-Mutter-Gott für seine Liebe und vertraue darauf, dass das Allerbeste für dich und jene, für die und mit denen du arbeitest, geschehen wird.

Am Schluss der Meditation ist es wichtig, die Bilder, die vor dem inneren Auge aufgetaucht sind, zu löschen, damit die Meditation ihre Wirkung im Inneren entfalten und die ungeklärte Situation geheilt werden kann. Du kannst dir z.B. vorstellen, diese Bilder an eine Tafel zu projizieren und mit einem nassen Schwamm auszulöschen.

Wiederhole die Meditation in gewissen Zeitabständen, etwa nach einer Woche wieder, nachdem du erneut ausgetestet hast, ob du für den Betroffenen arbeiten darfst und ob diese Meditation wirksam ist. Rechne bei schweren Traumata, etwa nach sexuellem Missbrauch, nicht mit einer schnellen Heilung innerhalb von wenigen Wochen, setze lieber Monate, vielleicht sogar einige Jahre an. Mit der Zeit wird die Notwendigkeit der Heilbehandlung seltener, bis sie gar nicht mehr nötig ist.

HEILUNG AUS DEM GÖTTLICHEN IN UNS

Wenn das Jahrtausend, das nach dem
Jahrtausend kommt, zu Ende geht,
wird jeder wie ein gleichmäßiger Schritt sein.
Man wird alles über die Welt und seinen Körper
wissen und Krankheiten werden geheilt werden,
bevor sie auftreten.
Jeder wird sein eigener Helfer und der anderer
sein.

*Johannes von Jerusalem (1042–1119)**

...und wir brauchen nicht bis zum Ende unseres Jahrtausends zu warten, bis wir beginnen, Krankheiten zu heilen aus der Heilkraft in uns, die in jedem von uns vorhanden ist, Heilung aus unserem eigenen göttlichen Geist, der wir sind. Denn aus dieser Quelle kommt alle Heilung, weil wir in ewig-hingebungsvoller, wechselseitiger Liebe mit der Urquelle allen Seins verbunden sind, der All-Vater-Mutter-Gottheit. Wir sind die wir sind, weil sich All-Vater-Mutter-Gott, die bedingungslose unfassbar große Liebe, nur durch die Beziehung zu einem Gegenüber als Liebe erfahren kann. Wir sind deshalb aus Gott geboren, nicht von ihm erschaffen, denn Erschaffenes aus der Ursubstanz ist nur Form, ohne Leben und Bewusstsein. Es wird erst lebendig durch den aus der Urquelle stammenden göttlichen Geist, den göttlichen Funken. Es mag uns unbescheiden erscheinen, wenn wir uns als das erkennen, was wir sind: Gott aus Gott, Licht vom Lichte, wahre göttliche Kinder aus dem wahren Gott, doch diese Erkenntnis ist maßgebend für unsere Heilung. Nur eines unterscheidet uns von Vater-Mutter-Gott: Wir sind zwar Schöpferwesen wie Ur-Vater-Mutter, aber unsere Fähigkeit, zu erschaffen, bezieht sich nur auf Formen und Ideen, wie diese funktionieren sollen. Leben und Bewusstsein zu spenden oder zu nehmen ist einzig und allein und durch alle Ewigkeit der Urquelle, Vater-Mutter-Gott, vorbehalten. Auf diesen Umstand bezog sich auch die vor Raum und Zeit stattgefundene Revolution in den Himmeln, die zur Abspaltung der satanischen Reiche führte und Polarität und das Böse in die Welt brachte. So wird die Urquelle allen Seins immer größer und mächtiger sein, als all ihre Kinder zusammen. Doch sie will lieben und geliebt werden aus freiem Willen und ihr Wille ist, dass wir uns als ihre göttlichen Kinder erkennen. Unser göttlicher Geist tut das ja auch und ist innigst mit Vater-Mutter-Gott verbunden. Nur über unseren göttlichen Geist erreichen wir Menschlein Vater-Mutter-Gott, dort ist der Ort, in dem die Aufmerksamkeit Gottes auf uns gerichtet ist.

Durch diese Anbindung an die Vater-Mutter-Gottheit fließt uns alle Lebenskraft und Lebensfreue zu und sind wir mit der Urquelle allen Wissens, aller Weisheit, aller Schönheit und vollkommener Gesundheit verbunden. Vollkommen frei und von göttlicher Liebe beschützt wandern wir, die wir Polarität erfahren und daraus Gut und Böse unterscheiden lernen wollen, durch die Zeiten, von Inkarnation zu Inkarnation, um unsere göttliche Seele mit Erkenntnissen aus eigener, unmittelbarer Erfahrung zu bereichern, immer den stets reinen, von unseren Fehlentscheidungen ungetrübten göttlichen

Geist in uns tragend. Unser Wegweiser durch Raum und Zeit ist das Prinzip von Ursache und Wirkung, denn alles, was wir an Energie aussenden, kommt irgendwann zu uns zurück, im Positiven wie im Negativen. Wenn wir nach einer Erdenreise wieder heimkehren in unsere Lichtheimat, bekommen wir in den Lebensrückschau, die uns nicht nur unsere eigenen Entscheidungen ungeschminkt präsentiert, sondern auch zeigt, wie unser Handeln und Denken auf Andere gewirkt hat, welche Auswirkungen es auf die Zukunft hat und wo die Ursachen für unsere Entscheidungen lagen, die Chance, unsere Schlüsse daraus zu ziehen. So wird aus eigener Erfahrung Erkenntnis. Niemand wird uns verurteilen wegen unserer Taten, denn die Wirkung folgt so und so auf die Ursache. Und wieder wird Vergebung der Schlüssel sein, um inneren Frieden zu erreichen, wieder gut zu machen, Unliebe durch Liebe zu neutralisieren und zu transformieren und uns eine gute Zukunft zu erschaffen.

Unerwünschte körperliche Reaktionen, die wir Krankheit nennen, sind immer der letzte Weg, für den sich unser göttlicher Geist entscheidet, wenn wir Wege gehen, die uns vom Ziel eines Lebens in Fülle, Freiheit, völliger Gesundheit, so wie es von Gott für uns gedacht war, entfernen. Erst zeigt sich dieser Zustand in einem unruhigen, unguten Gefühl, wenn wir erwägen, eine Fehlentscheidung zu treffen. Dann zeigt sich das Unlicht, die Disharmonie in der Aura und damit verbunden in immer stärkeren Bedenken. Dann erst, wenn dieser Weg weiter beschritten wird, wenn wir die Warnung aus der Gefühlsebene ignorieren, reagiert der Körper mit Krankheit und Schmerz. Allerdings: Krankheit kann auch Lernprogramm sein, wir sollten da nicht zu sehr verallgemeinern. In diesem Fall ist Krankheit auch nicht heilbar.

Vieles Unlichte, Disharmonische, wie Angst, Schuldgefühle, das Gefühl, so wie wir sind nicht geliebt zu werden, nicht richtig zu sein, das lieblos-negative Denken über uns selbst, hinterlässt Spuren der Dunkelheit und Disharmonie in unserem energetischen Gefüge. Vieles in unseren vielen Inkarnationen war so unerträglich, dass sich Seelenanteile abgespalten haben, damit wir den Schmerz überhaupt ertragen konnten und diese Seelenanteile, die nach dem Erdentod nicht in die Lichtwelt mitgenommen werden konnten, weil sie zu schwer, zu dicht, zu niedrig schwingend waren, drängen in einer erneuten Inkarnation wieder danach, zu uns zurückzukehren, weil sie Teil unseres Energiegefüges sind und zu uns gehören. Sie bringen den alten Schmerz mit, den zu transformieren sie sich sehnen. Selten steigen dann die dazugehörigen Bilder in uns auf, die uns sofort erkennen lassen, um was es sich handelt, warum wir uns plötzlich traurig, niedergeschlagen, ausgeliefert, verlassen und kraftlos fühlen.

Aber auch vieles, was gerade in früher Kindheit, als wir noch sehr hilflos und verletzlich waren, so schmerzvoll und erschreckend für uns war, dass wir es verdrängen mussten, um unseren Seelenweg weiter gehen zu können, lauert in den Tiefen unserer Seele und will erkannt und erlöst werden. All diese Dinge sollten wir beachten, wenn wir dauerhafte Heilung erfahren wollen, denn sie sind eine Voraussetzung dafür. Deshalb ist es so wichtig, wenn Beschwerden und Krankheit auftauchen, zu hinterfragen:

- Was ist die Ursache
- Wo ist Hinsehen, Anerkennen und Vergebung notwendig
- Welche Gewohnheiten und Lebensumstände wollen geändert werden.

Natürlich wird uns dies nicht von heute auf morgen gelingen, doch wir dürfen und sollten immer den göttlichen Geist in uns und die himmlischen Helfer, die aufgestiegenen Meister, die Engelwesen oder wem immer wir vertrauen, um Hilfe bitten. Die Wesen, die sich für die Begleitung, den Schutz und die liebevolle Unterstützung auf all unseren Wegen entschieden haben, helfen uns gerne, da diese in ihrer Entwicklung fortgeschrittenen, gottgeeinten Geschwister uns mit der bedingungslosen göttlichen Liebe begegnen. Doch auch sie unterliegen den Göttlichen Gesetzen und leben und wirken danach. Eines davon ist die Willensfreiheit aller aus Gott geborenen bewussten Geistwesen, egal ob inkarniert oder nicht, deshalb ist immer unsere ausdrückliche Bitte um Beistand nötig. Und wir dürfen darum bitten, bis wir selbst gottgeeint und damit in der Lage sind, unsere inneren Heilkräfte zu aktivieren und zu lenken, wenn immer wir dessen bedürfen.

ÜBERGANG IN DAS ZEITALTER DER FREIHEIT, DER LIEBE UND DES FRIEDENS UND DER ZUSAMMENBRUCH DER ALTEN SYSTEME

> *[1]Wer unter dem Schirm des Höchsten sitzt und unter dem
> Schatten des Allmächtigen bleibt, [2] der spricht zu dem
> HERRN: / Meine Zuversicht und meine Burg, mein Gott, auf
> den ich hoffe. [3] Denn er errettet dich vom Strick des Jägers
> und von der verderblichen Pest. [4] Er wird dich mit seinen
> Fittichen decken, / und Zuflucht wirst du haben unter
> seinen Flügeln. Seine Wahrheit ist Schirm und Schild, [5] dass
> du nicht erschrecken musst vor dem Grauen der Nacht, vor
> dem Pfeil, der des Tages fliegt, [6] vor der Pest, die im Fin-
> stern schleicht, vor der Seuche, die am Mittag Verderben
> bringt. [7] Wenn auch tausend fallen zu deiner Seite / und
> zehntausend zu deiner Rechten, so wird es doch dich nicht
> treffen. [8] Ja, du wirst es mit eigenen Augen sehen und
> schauen, wie den Frevlern vergolten wird. [9] Denn der HERR
> ist deine Zuversicht, der Höchste ist deine Zuflucht. [10] Es
> wird dir kein Übel begegnen, und keine Plage wird sich
> deinem Hause nahen. [11] Denn er hat seinen Engeln befoh-
> len, dass sie dich behüten auf allen deinen Wegen...*
>
> **Bibel, aus Psalm 91**

Wir befinden uns zweifellos in der Zeitenwende, in der Zeit des Kampfes der Lichtmächte gegen Finsternismächte, von der dieser uralte Text spricht, der auch die Lösung präsentiert: Gottvertrauen, Vertrauen in der Verbindung mit Gott in uns. Die Zeit des Antichrist ist da, der sich in vielen Gestalten zeigt: von korrupten Regierungen, geheimen Machenschaften, Ausbeutung und skrupellose Zerstörung ohne Ende, Krieg, Missbrauch von Technologien wie Atomspaltung, neue Waffentechnologie, verborgener Überwachungstechnologie, Genmanipulation, Chemtrails, und KI sowie Vergiftung von Luft, Boden, Wasser und Nahrung, vergiftende Pharmaprodukte, unsäglicher Geldgier und der Zerstörung von guten, sozialen Strukturen wie Volkszugehörigkeit, gesellschaftliches Miteinander in den Regionen und Familien, Zerstörung von Muttersprachen und Vielfältigkeit der Kulturen durch

Multikulti- und Gender-Ideologie, Manipulation über Massenmedien, Unterdrückung anderer Denkweisen als die von den Mächtigen vorgegebenen usw. zeigt. Auch wurde ein Genozid an der Menschheit versucht durch Inszenierung einer Pandemie und das „Allheilmittel“, eine die Gesundheit zerstörende Impfung. Doch auch dafür bietet der Allerhöchste Heilung an, wenn seine Kinder endlich aufwachen, das Desaster erkennen, sich nicht mehr blenden lassen von Aussagen von Politik und „Fachleuten“, die unsäglich viel Dreck am Stecken haben, und um Heilung und Entgiftung bitten. Betroffene, die dem Impfdruck nicht standhalten konnten, mögen in inniger Anbindung zu ihrem göttlichen Geist in ihnen an die Urquelle allen Seins, Vater-Mutter-Gott, die Bitte um Heilung senden, sie wird gegeben.

In der Zeit des Überganges von der 3. in die 5. Schwingungsebene, vom dunklen, patriarchal geprägten Zeitalter des Ungerechtigkeit, des Machtmissbrauchs, der Gewalt und der Kriege, der Versklavung und Ausbeutung in das Zeitalter der Gerechtigkeit, der Freiheit, der Geschwisterlichkeit, der Liebe und des Friedens sehen wir zwar dem Sterben der alten Systeme zu, wir gehen aber einer neuen, überaus glücklichen Zeit entgegen, in der die bösartigen Machtkonglomerate keine Wirkmöglichkeit mehr haben und wir wieder Menschen sein können, so wie wir gedacht waren von Anbeginn: Voller Liebe, Mitgefühl mit allen Geschöpfen, Wertschätzung und Schutz von Mutter Erde und allem, was Leben und Bewusstsein hat, von Freiheit und Eigenverantwortlichkeit, Frieden und Zurückfinden zu Gott in uns. Die Erinnerung an solche Goldene Zeitalter lebt noch in uns aus uralten Tagen der Menschheitsgeschichte und danach sehnen wir uns tief innerlich all die Jahrtausende des Patriarchats hindurch.

Die Schwingung der Mutter Erde und aller auf ihr lebenden Wesen erhöht sich immer mehr, die Schumann-Resonanz spielt verrückt, das Magnetfeld wird immer unstabiler und damit das Wetter immer unberechenbarer. Es wird ganz zeitnah zur Umpolung des Erdmagnetfeldes kommen, wie die Erde es nachweislich schon mehrere Male erfahren hat. Danach aber wird sich wieder ein stabiles Erdmagnetfeld aufbauen, das Wetter wird sich beruhigen. Die Drehachse der Erde wird sich Richtung Kamtschatka verschoben haben, wir im deutschsprachigen Raum befinden uns dann auf einem Breitengrad, wie heute die Mittelmeerländer. Daher konnte der Seher Alois Irlmaier zu Recht sagen, dass es bei uns wärmer wird und Südfrüchte gedeihen werden. Die Sahara wird wieder grün, weil sie in die Zone von regelmäßigen, zuverlässigen Regen- und Trockenzeiten rückt und sehr fruchtbares

Land wird. Millionen von Flüchtlingen, die jetzt unwillkommen in Deutschland leben, von der hart arbeitenden Bevölkerung ihren Lebensunterhalt finanziert bekommen müssen, werden in ihre Heimat zurückkehren, weil sie fruchtbaren Grund und Boden bekommen, so viel sie bewirtschaften können und in ihrer Heimat, ihrem Kulturkreis eine Chance auf ein gutes Leben haben. Kriege haben ein Ende, nach und nach wird auch die Gewalt in den Völkern beendet und geächtet werden. Die Menschen werden frei und unabhängig ihre Entscheidungen treffen können, wieder Eigenverantwortung für ihr Leben übernehmen müssen und nicht mehr bevormundet werden. Die Seelen, die diesen Übergang, den Zusammenbruch der alten Systeme und den Aufbau der neuen, zu tiefst menschlichen Systeme, in der wieder eine nach dem menschlichen Maß und nicht auf Gewinnmaximierung ausgerichtete Wirtschaft meistern werden, sind bereits unter uns. Kraftvolle, lichtvolle Energien aus der Sonne und dem Kosmos unterstützen diesen Prozesse, Hilfe und Beratung bekommen wir aus den Lichtwelten und von weitaus ethisch fortgeschritteneren Zivilisationen aus unserer kosmischen Heimat. Es ist alles bereits da, es steht in den „Startlöchern", alles ist bereit für die Zeitenwende hin zum Wahren, Schönen, Guten. Also legt getrost eure Angst ab, geht ins Vertrauen, in die innige Verbindung mit Gott in euch. Nehmt euch von der Weltbühne und nehmt auf der Zuschauertribüne Platz, betrachtet von dort das Geschehen als Beobachter, ohne euch emotional daran zu binden. Es wird alles gut, Gott, unser allerhöchster, allermächtigster Schützer ist mit uns, ist in uns.

Sogar die Zeit hat sich beschleunigt, die allerkleinste Zeiteinheit, kleiner als die Sekunde, ist schneller geworden, denn den Aufstieg in eine ganz neue Schwingungsebene der 5. Dichte sollen die Geschöpfe von Mutter Erde diesmal in ihren Körpern überleben. Natürlich zählen wir noch Sekunden, Minuten, Stunden im 60-er Rhythmus, das Jahr im 365-Tage-System, doch wir Menschen spüren die Beschleunigung, ein Tag ist so schnell vorüber. Jesus von Nazareth hat dieses Phänomen schon vor 2000 Jahren angekündigt:

...[21] Denn sein wird dann große Bedrängnis, dergleichen nicht geschehen ist von Anfang der Welt bis zum Jetzt und auch gewiss nicht wieder geschehen wird. [22] Und wenn nicht abgekürzt würden jene Tage, nicht würde gerettet werden jedes Fleisch: wegen der Auserwählten aber werden abgekürzt werden jene Tage. [23] Dann, wenn einer spricht: Siehe, hier ist der Christus! Oder „Hier!" Glaubt es nicht. [24] Denn aufstehen werden Lügenchristusse

und Lügenpropheten, und geben werden sie große Zeichen und Wunder, so dass sie irreführen, wenn möglich, auch die Auserwählten. [25] ***Siehe, vorhergesagt habe ich es euch.***

Bibel, NT, Mt 24, 21 ff

Was wir vor dem Durchbruch der neuen Zeit allerdings noch erleben, ist der völlige Zusammenbruch der alten Gesellschaftssysteme, sei es die Finanzen, Wirtschaft, Schulsysteme, Gesundheitssysteme und vor allem politische Systeme. Die dunkle Seite, deren Zerbröckelung wir beobachten können, kämpft verzweifelt um Aufrechterhaltung ihrer unmenschlichen Machtstrukturen und versucht, uns, die sie neidgesteuert hassen und verachten, in ihren Systemen der Ausbeutung und Entrechtung festzuhalten, uns in die totale Verarmung zu stürzen, unseren Aufstieg in ein menschlicheres, freies und gottverbundenes Zeitalter zu verhindern. Die Zeit des Antichrist zeigt sein Wirken ringsum, aber immer schneller kommt die Wahrheit ans Licht, fallen die Masken der Mächtigen. Die Wahrheit bahnt sich ihren Weg, beendet die Zeit der Lügen und des Betruges. Einiges wird noch aufgedeckt werden, das uns zu tiefst schockieren wird. Wir haben noch einiges Unangenehmes vor uns, doch brauchen wir keine Angst davor zu haben, wir stehen unter höchstem Schutz, wie der dieses Kapitel einleitende Psalm 91 vorhersagt. Der Sieg des Lichtes ist bereits erfolgt, die Dunklen werden den Aufstieg nicht verhindern können. Vater-Mutter-Gott, die Urquelle allen Seins und die einzige allmächtige Kraft im Kosmos hat ein Eingreifen beschlossen, um das Überleben der Erde mit ihren Bewohnern zu sichern, die die Dunkelmächte zerstören wollen, wie sie einst ihren eigenen Planeten zerstörten. Doch die Annehmlichkeiten der neuen Zeit werden uns nicht einfach so geschenkt, wir müssen unseren Beitrag dazu leisten und das können wir machtvoll:

- Triff ganz klar deine Entscheidung, drücke sie aus in Worten oder Gedanken: willst du zurück in die alten Systeme der Versorgung und Versklavung oder willst du in die Neue Zeit der Freiheit in Eigenverantwortung, der Gerechtigkeit und Geschwisterlichkeit gehen.
- Lass dich von all dem Tohuwabohu der Regierenden und Mächtigen, dem Weltgeschehen, den Propagandalügen nicht mehr berühren, fungiere als Beobachter, der sich nicht emotional einbringt in das Geschehen. Natürlich kann Wut, Angst und Trauer in dir aufsteigen, aber bleibe nicht in diesen Emotionen.

- Höre keine Nachrichten mehr, die dir sowieso fast ausschließlich Lügen erzählen, informiere dich aus unabhängigen Quellen und vielseitig, dann gehe in dich, rufe den Heiligen Geist in dir an und erfühle, was Wahrheit ist.
- Sei wahr und klar in all deinen Aussagen und deinem Handeln.
- Nimm an, was an Schatten in dir aufsteigt, um es aufzulösen, zu erlösen.
- Gib deine Gedankenkraft nicht in negative Ereignisse, sondern stell dir vor, wie du die neue Zeit für dich wünscht.
- Konzentriere dich beim Anhören und Ansehen von Informationen auf das Gute, du wirst sehen, es ist bereits da, auch wenn es sich noch bedeckt hält.
- Und das Wichtigste:

Verbinde dich innig und ganz bewusst mit dem göttlichen Geist in dir, der du bist, du unendlich geliebtes Kind des Allerhöchsten. Dein Geist, der zu dir gehört, untrennbar, seit Anbeginn deines Seins. Lass dich von ihm in die Arme schließen, verschmelze dich immer mehr mit ihm. Dort ist dein direkter Zugang zur Urquelle allen Seins, Vater-Mutter-Gott. Dorther kommt alle Heilung, aller Schutz, alle Zuversicht und Lebensfreude. Vertraue, vertraue, vertraue. Du wirst niemals von Gott in dir enttäuscht werden, auch wenn dieser dein Geist, der an die Allweisheit und Allwissenheit angebunden ist, manchmal anders entscheidet, als du es dir vorstellst. Doch deine Bitte um Hilfe wird immer und ausnahmslos gehört und ihr in allerhöchster Liebe und Weisheit entsprochen.

Auf die gute, neue Zeit, auf die wir so lange gewartet haben.

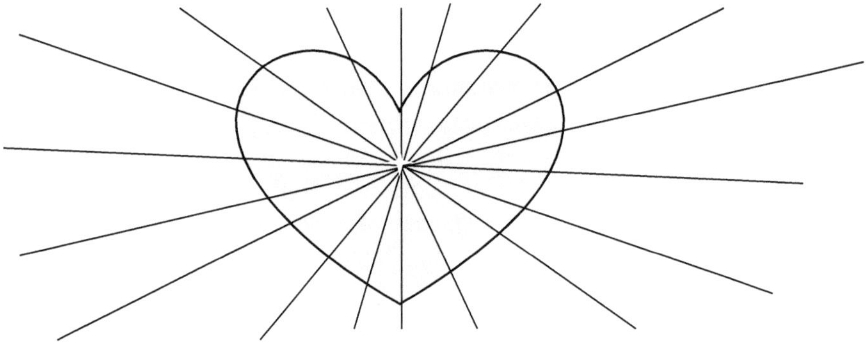

DIE ANRUFUNG DER SPIRITS

Dieses Kapitel ist vor allem für Meditierende wichtig, die sich Unterstützung für eine Heilmeditation, ein Heilritual holen wollen aus der Welt der Gottgetreuen, des Lichtes und der Liebe. Rufe sie und bitte sie um ihre Hilfe bei der Heilmeditation. Sie lieben uns und helfen gerne, doch sie wollen darum gebeten werden, denn, wie schon gesagt, niemals wird unsere Willensfreiheit tangiert.

Vater-Mutter-Gott ist die gesamte Heilarbeit und Meditation unterstellt, das ist wichtig. Je nach deinem Weltbild hole dir Hilfe bei jenen Wesen, die für dich die notwendigen Energien verkörpern, die du für deine Heilmeditation brauchst, z.B.

- Heilung, Vergebung, Friedensschluss: Jesus Christus
- die die weiblichen, warmherzigen, stärkenden, beschützenden und begleitenden Energien der Göttin Mutter: Maria von Magdala und Mutter Maria
- Trennung von Verstrickungen und unguten Verbindungen, Entfernung krank machender Organismen und Gifte im Körper und den energetischen Ebenen: Erzengel Michael
- Auffinden der Ursache der Erkrankung oder des Problems: Die Meister der Akasha-Chronik
- Transformatoren für die heilenden Energien aus Gott: Aufgestiegene Meister der Heilkunde, die selber Mensch waren
- Schützende und uns liebevoll führende und lehrende Mächte: Erzengel Raphael, Schutzengel, Geistige Lehrer und Führer
- Wiederherstellung des Energieflusses und der Harmonie in unsere Chakras: Die Engel der Chakras.

Des Weiteren kannst du um Hilfe bitten: Die Engel des Lichtes, der Liebe, der Lebenskraft und Lebensfreude, des Friedens, der Heilung, des Trostes, der Vergebung.

Unsere Geschwister aus dem Reich der Liebe, des Friedens und des Lichtes helfen uns gerne, sie lieben uns. Ziel ihres Beistandes aber ist es, dass wir wieder den Weg zurück zum göttlichen Geist in uns finden, uns mit ihm innig verbinden und so ihrer Hilfe nicht mehr bedürfen. Denn der Mensch, angebunden an die göttliche Präsenz in ihm, kann sich fortan aus der göttlichen Heilkraft in ihm selber heilen.

Auf dieses große Ziel bezieht sich auch Jesu Aussage im Gleichnis vom guten Hirten, der keine Mühe scheut, sein verlorenes Schaf wiederzufinden. Er sagt: „Die Himmel freuen sich mehr über einen Sünder, der umkehrt, als über 99 Gerechte“. Dazu muss man wissen, dass Sünde und Sünder in den biblischen Texten nie und nimmer das bedeuten, was die institutionellen Kirchen uns vormachen, die uns klein und schuldbefangen halten wollen, um über uns herrschen zu können. Sünde kommt von Sondern, von Absondern und gemeint damit ist, dass wir die Verbindung zu Gott in uns verloren haben. Der gute Hirte, der Christus in uns, unser göttlicher Geist, wird nicht müde, seinen verlorenen Menschen wieder zu sich zu ziehen und die Freude in den Himmeln ist groß, wenn einem Menschen gelingt, die Verbindung zu seinem göttlichen Geist wiederzufinden.

Aufbau eines Rückzugsraumes

Vor allem, wenn du auf die eine spirituelle oder schamanische Seelenreise gehst oder jemanden durch eine Bildmeditation führst zur Ursache von Erkrankungen, zu Stationen im Leben, die traumatisch waren oder in frühere Leben, ist es überaus wichtig, einen Rückzugsraum aufzubauen. In diesen Rückzugsraum, zu dem man den Schlüssel besitzt, den man auf die Reise mitnimmt, kann man sich jederzeit zurückziehen, wenn die Gefühle zu stark, die Bilder zu erschreckend werden. Bringe den Meditierenden, wenn du das merkst, zurück in seinen Rückzugsraum und führe ihn dann, wenn er sich beruhigt hat, sanft zurück ins Hier und Jetzt.

Wichtig ist, dass dieser Raum Geborgenheit ausstrahlt. Ich verwende dafür gern das Bild eines offenen Kamins, in dem ein wärmendes Feuer brennt. Lass den Meditierenden nun den Raum ganz nach seinem Geschmack einrichten: Mit einem weichen Fell vor dem Kamin etwa, mit Tischchen, Sitzgruppen, einer bequemen Liegestätte, mit Zimmerpflanzen und Bildern an den Wänden, mit weichen Teppichen, ganz nach dem Geschmack des Meditierenden.

Erst nach Einrichtung des Rückzugsraumes, den du bzw. der Meditierende, den du durch die Meditation führst, wieder verlässt mit der Gewissheit, dass eine Rückkehr dorthin jederzeit möglich ist, gehe hinaus auf die Straße deines / seines Lebens, gehe an die eigentliche Aufgabe heran.

HEILEN IN EINER GRUPPE – DIE TECHNIK

Noch wird es den Wenigsten unter uns gelingen, unsere göttlichen Heilkräfte in vollem Umfang zu aktivieren und in der richtigen Weise zu lenken. Es gelingt dann, wenn wir, die wir nur mit einem Teil unserer göttlichen Seele und unseres göttlichen Bewusstseins hier inkarniert sind, in der Lage sind, uns so mit unserem göttlichen Geist zu verbinden und mit ihm zu verschmelzen, dass wir wieder eins sind mit ihm und so Zugang zur Verbindung mit dem Allwissen haben. Es kann schon zu „Lebzeiten" gelingen, wenn wir das zu tiefst wollen und wünschen und unser Vertrauen groß genug ist. Es wird uns immer leichter fallen, diesen Zustand blitzschnell zu erreichen und dann durch unser ganzes Sein Liebe und tiefen Frieden auszustrahlen, je mehr wir uns damit befassen und es tun. Übung macht den Meister. Immer, wenn es uns gelingt, in diesem innig-vereinten Zustand mit unserem Geist zu sein, werden wir in der Begegnung mit Mitmenschen oder Tieren ganz unkonventionelle, wundersame Momente erleben. Dann können wir auch alle Daseinssorgen niederlegen, denn schwierige Situationen, die uns in der Schule des Lebens natürlich weiterhin begegnen werden, werden uns keinen Schmerz, keine Angst mehr bereiten, sondern uns höchstens ein „Aha" entlocken und uns den Weg zur Lösung des Problems schnell finden lassen.

Unsere Kraft der Heilung können wir unglaublich potenzieren, wenn wir eine Heilmeditation in der Gruppe veranstalten. Auf jeden Einzelnen in der Gruppe, auf einen nach dem anderen, konzentrieren wir Teilnehmer uns dann. Der Betroffene legt seine Hand auf die Stelle, die der Heilung Bedarf. Alle übrigen Teilnehmer legen in Gedanken ihre Hände darüber und so kann die Heilkraft verstärkt fließen durch die liebevolle Verbindung mit allen.

Die Technik:

- Baue den heiligen Raum auf
- Komme in die Stille
- Verbinde dich innig mit Gott in dir
- Bitte nun alle Anwesenden um Unterstützung der individuellen Heilung der einzelnen Teilnehmer an der Heilmeditation.
- Rufe den ersten der Anwesenden mit seinem Namen und danach – nach und nach – jeden einzelnen Teilnehmer, so er Heilung in der Gruppe wünscht.
- Frage ihn, ob er mit einer Heilbehandlung durch die Gruppe einverstanden ist.
- Wenn ja, bitte ihn, seine Hände nun auf den Bereich seines Körpers zu legen, der der Heilung bedarf und den Anwesenden mitzuteilen, an welche Stelle er seine Hand legt.
- Bitte nun alle übrigen Teilnehmer, in Gedanken ihre Hände über die Hände des zu Heilenden zu legen.
- Bitte nun, jeder möge die göttliche Präsenz in sich anrufen und darum bitten, die göttlichen Heilenergien fließen zu lassen, um................ (Name).........Beschwerden zu heilen.
- Fühle, wie lange die Heilenergien fließen.
- Danach konzentriere dich wieder auf dich selbst.

Haben alle Teilnehmer die Gruppenbehandlung genossen, bedanke dich bei ihnen allen und bei allen unsichtbaren Helfern. Nun komme zurück ins Hier und Jetzt, ganz nach deinem Empfinden und in deiner Geschwindigkeit.

WIE ERFOLGT SPIRITUELLE HEILUNG?

Spirituelle Heilung erfolgt immer auf gesetzmäßige Weise. Erst kommt die Bitte um Heilung und die Auswahl der körperlichen Bereiche, die behandelt werden sollen. Dann werden aus dem eigenen göttlichen Geist die Kräfte der Diagnosefindung aktiviert. Hierbei werden die Gene in allen betroffenen Zellen mit dem göttlichen Bauplan für unseren Körper verglichen und geschwächte, verletzte oder degenerierte Gene aufgespürt. Die Energie aus dem Göttlichen Bauplan für unseren Körper in absoluter Gesundheit repariert daraufhin die erkrankten Zellen oder, wenn dies nicht mehr möglich ist, transformiert die kranke Energie aus diesen Zellen, neutralisiert sie somit und bringt die Zelle dann zur Auflösung oder Ausscheidung. Jetzt braucht es nur noch die natürliche Zeit der Zellerneuerung. Aus der einst kranken Zelle wird eine völlig intakte Zelle geboren und fügt sich gesund dem Körpergefüge ein. Manchmal, wenn der Körper so geschädigt ist, dass die Zeit für die natürliche Regeneration fehlt, kann eine Spontanheilung erfolgen. Diese läuft aber auch nicht anders ab, als der o.g. Heilungsweg. Nur werden Beginn des Heilungsprozesses und dessen Ende zu einer Zeitschleife zusammengebracht. Schwer für unseren menschlichen Verstand, sich dies vorzustellen, aber die linear verlaufende Zeit ist nur eine Auswirkung der polaren, materiellen Welt, in den spirituell-göttlichen Bereichen, aus denen die Heilung kommt, ist das anders.

Nachfolgend einige „Basis-Meditationen", Anregungen für spirituelle Heilmeditation bzw. schamanisches Reisen, auf denen du alle anderen Meditationen aufbauen kannst. Achte darauf, dass alle Sinne dabei angesprochen werden: spüre das weiche Moos unter deinen Füßen, fühle die frische Kühle des Morgens, nimm den Duft von Blumen und Bäumen, vom Waldboden und dem See wahr, höre das Singen der Vögel, das Summen der Insekten und sie bewusst die Schönheit rings um dich herum.

Ein guter Einstieg: Meditation Reise zum Tempel des Friedens:

Mit dieser Meditation kannst du alle Heilmeditationen beginnen.

Du hast den Heiligen Raum aufgebaut, die Meditation vorbereitet, das Dismembern durchgeführt. Alles ist bereit für die Reise. Nun nimm ein paar tiefe Atemzüge und spüre, wie der Atem durch dich fließt, immer tiefer, durch deinen gesamten Körper, vom Kopf bis zu den Füßen und durch deine Füße, bis tief in die Erde hinein. Öffne dich der Kraft der Mutter Erde und nimm sie auf, wie die Wurzeln eines Baumes ihre Kraft und ihr Lebenselixier aus der Erde ziehen... Öffne dich für die Kraft des Kosmos, spüre, wie das kosmische Licht in silberhellen Kaskaden über das Kronen-Chakra in dich fließt, in dir atmet, sich in alle deine Zellen verbreitet. Du bist beides, irdisch und kosmisch.

- **Stell dir vor, du wanderst am Morgen barfuß durch einen Frühlingswald:**
- Hell strahlt die Sonne durch die Reihen der Bäume. Die Erde dampft taunass. Nimm den herrlichen frischen Duft der feuchten Walderde wahr, den würzigen Duft der Bäume, die Süße der Blumen und Blüten an Baum und Strauch. Atme diese herrliche frische Luft voller Lebenskraft tief, tief ein.
- Du siehst Tautropfen auf Gräsern und Farnen glitzern – du siehst, dass die Blumen ihre Blütenköpfchen im Licht der Morgensonne öffnen. Du siehst, wie sich die Strahlen der Morgensonne ihren Weg durch das Blätterdach über dir bahnen und helle Kringel auf den Waldboden malen.
- Schmetterlinge wärmen sich auf für ihren ersten Flug des neuen, herrlichen Tages. Hummeln schütteln sich die Tautropfen von den Flügeln.
- Du hörst das sanfte Rauschen des Windes in den Wipfeln, das Summen der Insekten, und den wunderbaren Gesang der Vögel.
- Du fühlst die Frische des Morgens und die Wärme der Sonnenstrahlen auf deiner Haut und das weiche Moos unter deinen Füßen.
- Ringsum ist tiefer Friede.

Nun kommst du auf eine Lichtung und siehst nun vor dir einen tief blauen, glasklaren Bergsee...

- **Geh hinunter zum Ufer. ..Spüre den feinen, warmen Sand unter deinen Füßen...** Du wanderst den Strand entlang und siehst nun einen kleinen
-
- Pavillon vor dir...
- Gehe hinein – du entdeckst darin eine Treppe aus hellem, blau schim-mern-dem Kristall, die nach unten führt...
- Sie ist eingeschlossen von einer Tunnelröhre aus durchsichtigem Kris-tall...
- Den Tunnel umgibt das tief blaue Wasser des Bergsees, das sonnen-durchflutet ist...
- Steige diese Treppe hinab, immer tiefer und tiefer...
- kleine blaue Lämpchen auf den Stufen erhellen dir den Weg, ringsum ist tief blaues Dämmerlicht...
- Nun siehst du ein wunderschönes Portal – öffne die Tür und tritt ein...
- Du betrittst nun einen Tempel aus durchsichtigem, hellem Kristall, der auf dem Grund des Sees steht und vom Wasser des Sees umgeben ist.
- Er ist wunderschön. Sonnenstrahlen dringen durch das glasklare Wasser und erzeugen im Kristalltempel ein tief blaues Licht, so blau wie der Himmel und der See...
- In der Mitte des Tempels siehst du eine goldene Feuerschale, in der eine helle Flamme brennt, daneben einen Altar aus blauem Kristall...
- Auf dem Altar siehst du einen goldenen Kelch stehen...
- Unter der Kristallkuppel des Tempels entdeckst du ein Spruchband auf goldenem Grund mit den Worten: **FRIEDE SEI MIT DIR**...
- Du bist nun im Tempel des inneren Friedens...
- Von diesem Tempel führen viele Türen hinaus. Du gehst zu einer dieser Türen, an der ein Schlüssel steckt.
- Du nimmst den Schlüssel an dich und öffnest die Tür. Bewahre den Schlüssel gut auf, hänge ihn um den Hals oder stecke ihn in die Tasche.

Du bist nun in deinem Rückzugsraum, zu dem du jederzeit zurückkehren kannst, wenn du die Meditation abbrechen oder unterbrechen willst,

wenn dir die Bilder und Gefühle zu intensiv werden. Richte ihn nach deinem Geschmack ein.

- In dem Rückzugsraum ist nichts weiter, als ein offener Kamin, in dem ein wärmendes Feuer brennt.
- Du kannst Möbel in den Raum stellen: Sitzgruppen, einen Tisch, einen bequemen Stuhl, eine Liege – was immer du willst.
- Du kannst Bilder an die Wand hängen, Pflanzen in das Zimmer stellen.
- Stell dir all das, was du im Raum haben willst, lebhaft vor.

Du erfährst, dass dich der Schlüssel zu deinem Rückzugsraum, den du an dich genommen hast, in Windeseile in diesen Raum bringt, wenn du die Bitte um Rückkehr in den Rückzugsraum bittest.

Nun kehre zurück in den Tempel und rufe all jene Spirits an, die du auf deiner Reise als Begleiter bei dir haben willst.

- Du siehst, wie deine Begleiter, einer nach dem anderen, durch eine weitere Tür in deinem Tempel in den Raum, zu dir treten. Sie stellen sich neben dich oder legen dir die Hand auf die Schulter.
- Sie sagen dir, sie sind bereit, dich zu begleiten.
- Nimm die Schönheit und das hell strahlende Licht dieser Wesen wahr.

Jetzt öffnest du eine weitere Tür und trittst hinaus auf die Straße deines Lebens. Deine Spirits begleiten dich.

- Weit dehnt sich die Landschaft vor dir, durch die sich die Straße windet.
- Du siehst am Straßenrand blühende Wiesen, aber du siehst auch dunkle Schluchten, abweisende Felswände, reißende Flüsse, dann wieder liebliche Landschaften, sanfte Bachläufe, stille Seen.

Wandere die Straße deines Lebens entlang bis zu der Stelle, die dir für diese Reise wichtig ist. Deine Begleiter sind bei dir, schützen dich und helfen dir...
Auf dieser Basis kannst du nun die weitere Meditation aufbauen.

HEILMEDITATION: REINIGUNG DES KÖRPERS VON GIFTEN UND KRANK MACHENDEN SUBSTANZEN

Nachfolgende Heilmeditation ist nur als Möglichkeit gedacht, wie diese aufgebaut werden könnte. Jeder möge bitte seine eigenen Worte, seine eigenen Vorstellungen einbringen und entwickeln. Es ist sinnvoll, sich nur auf eine Sache, die der Heilung bedarf, zu konzentrieren. Gleichwohl kann man den Helfern aus der Geistigen Welt den ganzen gesundheitlichen „Problemkatalog" vortragen und darum bitten, dass die Beschwerden in sinnvoller Reihenfolge behandelt werden. Als erste Maßnahme sind meist eine Reparatur des Gnoms und eine Entgiftung des Körpers sinnvoll, daher ist dies auch Thema der nachfolgenden Heilmeditation.

Ob allein oder in der Gruppe, es sinnvoll, sich in einen angenehmen Raum zu begeben, in dem man für die Dauer der Meditation ungestört ist. Räuchern, sanfte Musik, Kerzenlicht, Kristalle oder Blumen sind Möglichkeiten, eine gute, schöne, friedvolle Atmosphäre zu unterstützen.

- Jeder Teilnehmer erhält ein Glas Wasser, das er erst einmal in greifbare Nähe stellt, und stimmt sich durch tiefes Atmen und loslassen der Außenwelt mit all ihrem Lärm und ihren Sorgen auf die Meditation ein. Jeder Teilnehmer ruft als Helfer und Begleiter jene Wesen an, denen er vertraut und die er für kompetent hält, ihn zu unterstützen.
- Verbinde dich innig mit Gott in dir und über diese Quelle mit der Urquelle allen Seins, Vater-Mutter-Gott, bitte um Führung und stelle die Heilmeditation unter den Willen der allerhöchsten Gottheit.
- Begib dich in deinen Tempel des Inneren Friedens, wie im vorherigen Kapitel beschrieben.
- Gehe durch das Portal des Kristalltempels am Grunde des Sees. Es ist dein ganz persönlicher Tempel des inneren Friedens, der Ort tief in dir, wo die göttliche Flamme, die dir Leben und Bewusstsein verleiht brennt und dein ganzes Sein durchflutet. Du siehst dieses wundervoll strahlende

Licht auf dem Altar inmitten dieses Tempels. Dieses Licht, das du bist, ist Geist und Geist kann jede Form annehmen. Es manifestiert sich jetzt als ein wunderschönes, göttliches Wesen. Das bist du, die Göttin, der Gott, der/die du bist.

- Bitte nun dieses Lichtwesen, das du bist, dich in die Arme zu schließen. Verschmelze dich mit ihm.
- Bitte Gott in dir, mit dem du nun innig vereint bist, dass ihr durch euer ganzes Sein, durch eure energetischen, seelischen, feinstofflichen Ebenen und durch jede Zelle eures Körpers das Licht der göttlichen Liebe strahlen lasst.
- Lasst tiefen Frieden durch euer ganzes Sein strahlen, weit hinaus über die Aura, in die Welt.
- Lasst die göttliche Heilkraft durch euer ganzes Sein, weit hinaus über die Aura, in die Welt strahlen.
- Bitte nun um den göttlichen Bauplan für deinen Körper in absoluter Gesundheit und bitte dessen tief blaues Licht, all deine energetischen Ebenen und alle Zellen deines Körpers zu durchfließen,
- alle deine Gene und Energiebahnen damit zu vergleichen und alles Erkrankte, Zerstörte, nicht mehr Gesunde aufzuspüren.
- Bitte nun, die göttliche Heilkraft in dir zu aktivieren und alle geschädigten Gene nach den Vorgaben des Göttlichen Bauplans zu reparieren, regenerieren oder aufzulösen, um sie durch einwandfreie Gensequenzen zu ersetzen.
- Silbern glitzerndes Licht fließt nun durch alle deine Zellen und heilt, was geschädigt ist, und richtet das gesamte Genom nach dem Göttlichen Bauplan für deinen Körper in absoluter Gesundheit neu aus.
- Bitte nun, dass das violette Licht der Reinigung uns Transformierung aus deinem göttlichen Heilzentrum in dir durch all dein Sein fließt und die Energie aller Gifte, aller Parasiten, schädlichen Bakterien und Pilze und aller sonstigen schädlichen Substanzen, die sich in deinem Körper eingelagert haben, neutralisiert.
- Stell dir vor, wie du ganz und gar, durch und durch, von dieser reinigenden, transformierenden Energie des violetten Lichtes durchflossen wirst.

- Nun bitte darum, dass die ent-energetisierten, neutralisierten Parasiten, Gifte und schädlichen Mikrowesen und Substanzen zur Auflösung oder Ausscheidung gebracht werden, in dem Maße und in der Reihenfolge und Geschwindigkeit, als es dein Körper verträgt.
- Bitte nun Erzengel Michael, jegliche Verbindung zu den auszuscheidenden Parasiten und sonstigen schädlichen Mikrowesen und Substanzen mit seinem Lichtschwert von deinem Körper und deinem ganzen Sein zu trennen.
- Bitte nun das strahlende, weiße Licht der Lebensfreude, durch dein ganzes Sein zu fließen und alle Zellen damit aufzuladen.
- Bitte das pulsierende rote Licht der Lebenskraft, das nun aus dem göttlichen Licht in dir strahlt, durch dein ganzes Sein und durch jede deiner Zellen zu fließen und sie randvoll mit Lebenskraft aufzufüllen und zu stärken.
- Bedanke dich nun bei allen Helfern aus der Lichtwelt für ihre Hilfe und bei deinem Körper, dass er dir schon so lange dient und dir hier auf Erden eine Wirkmöglichkeit gewährt. Danke jedem Organ und jeder Zelle für ihre treuen Dienste und sende ihm Liebe.
- Nun gehe aus dem Tempel des inneren Friedens wieder die Kristalltreppe hinauf, bis an das Ufer des Bergsees und durch den Frühlingswald in diesen Raum.
- Nimm das Glas Wasser zur Hand, umschließe es mit beiden Händen und rufe die kosmische Apotheke an, indem du die Zahl 8787 visualisierst.
- Bitte die kosmischen Apotheker, dein Wasser mit der Energie der Reinigung und Entgiftung aller Zellen in deinem Körper zu verbinden.
- Stell dir vor, wie violettes Licht in einer Lichtsäule von der kosmischen Apotheke in dein Wasserglas fließt und das Wasser reinigt und energetisiert.
- Wenn du das Gefühl hast, dass genug Energie geflossen ist, verabschiede dich mit Dank von den Helfern aus der kosmischen Apotheke und trinke dein heilendes Wasser.

- Bleibe mit deinem göttlichen Geist verbunden und halte diese Verbindung aufrecht. Erneuere sie immer wieder, wenn du sie im Laufe des Tages aus dem Bewusstsein verlierst. Dein göttlicher Geist, der du bist, ist immer in dir und du kannst dich immer mit ihm verbinden, verschmelzen. Dieser Zustand wird dein ganzes Leben verändern und dich zu einem glücklichen, zufriedenen Menschen machen, unabhängig von den äußeren Umständen.
- Sende göttliche Liebe, tiefen Frieden und göttliche Heilkraft hinaus in die Welt, bis tief in die Erde hinein bis zum kristallenen Herz von Mutter Erde, damit heil werde, was der Heilung bedarf, Frieden erlange, was aus dem Frieden gefallen ist und alles in geschwisterlicher Liebe verbunden wird, was Leben und Bewusstsein hat.

Komme zurück ins Hier und Jetzt, ganz nach deinem Empfinden und in deiner Geschwindigkeit.

Auf die gleiche Art und Weise kannst du, nach Entsäuerung und Entgiftung, um Heilung aller Entzündungen im Körper bitten, um Wiederherstellung deines Immunsystems in göttlicher Ordnung, Voraussetzung für jede Heilung.

Befreie und erlöse dein „Inneres Kind"

Wir brauchen nicht so fortzuleben,
wie wir gestern gelebt haben.
Macht euch nur von dieser Anschauung los,
und tausend Möglichkeiten laden uns
zu neuem Leben ein.

Christian Morgenstern,
1871-1914

Jede körperliche und seelische Erkrankung, alle Kümmernis, allen Misserfolg in unserem Leben, alles was uns Leid schafft, haben wir vor langer Zeit meist unbewusst in unserem Inneren erschaffen. Um die Zustände, die unsere

Lebensqualität sehr, sehr einschränken, zu heilen, ist es nötig, die Ursachen dieser unguten Umstände aufzuspüren und sie aufzulösen.

Die Grundlagen des größten Teils an Enttäuschungen, Misserfolgen und Kummer eines Erwachsenen werden meist schon in früher Kindheit gelegt, doch kaum jemand erinnert sich noch an viele Ereignisse seiner Kindheit. Vor allem das Unangenehme haben wir, die wir „Weltmeister im Verdrängen“ sind, gründlich ins Vergessen sinken lassen, weil wir damals, als wir noch klein und unfähig waren, allein für uns zu sorgen und angewiesen waren auf andere Menschen, allen Grund dazu hatten. Schon sehr früh mussten wir sehr schmerzhaft erfahren, dass wir so, wie wir waren, nicht geliebt, nicht angenommen wurden.

Das größte Bedürfnis des Kindes ist die Aufmerksamkeit und liebevolle Annahme durch jene Menschen in seiner Umgebung, auf die es angewiesen ist. Doch das kleine Wesen, das selbst noch vorurteilsfrei und bedingungslos liebt, erfährt schon früh, dass es diese notwendige liebevolle Annahme nur im Gegenzug zu Wohlverhalten, Leistung, brav und folgsam sein, sauber sein, pflegeleicht, zuverlässig, ruhig und untertan sein erhält. Diese Erfahrung ist für das Kind, das ja aus einer Welt der Liebe und der Wertschätzung inkarniert ist, schockierend. Es versteht die Botschaft sehr wohl: „Willst du, dass wir dich lieben, dann pass dich unseren Vorstellungen und Wünschen an. Wenn du ein Mädchen bist, wollen wir, dass du nicht zu wild und laut bist, dass du freundlich, fleißig und folgsam bist, wenn du ein Junge bist, wollen wir nicht, dass du ein „Weichei“ bist, traurig, empfindlich, oder gar weinst, sondern dass du heldenhaft diese Gefühle und den Schmerz wegsteckst.

Wir Erwachsenen nennen das „Erziehung“ und doch ist es meist nichts anderes, als das schamhafte Verbergen des Umstandes, dass wir längst verlernt haben, bedingungslos zu lieben. Und unseren Kindern, die sich mehr an unserem Verhalten als an unseren Worten orientieren, die noch sehr feine Antennen haben für die Energien, die der Erwachsene aussendet, leben wir vor, wie man sich unglücklich macht. Erwachsene sind nämlich oft selbst nicht glücklich und können nur überzeugend weitergeben, was sie selber leben.

Das Kind in dir ist nicht irgendein imaginäres Wesen, so wie das oft in den Vorlesungen für die angehenden Psychologen an den Universitäten gelehrt wird. Das bist vielmehr du selbst, wie du damals, in frühester Kindheit, die Welt erfahren, wie du gedacht, gefühlt, agiert und reagiert hast. Du bist Schöpfergeist, auch wenn du noch ganz klein bist und erschaffst als Reaktion auf deine Umwelt deine Zukunft. Das kleine Kind reagiert besonders sensibel auf Zurückweisung und beginnt danach, sich selber zu verurteilen, gering zu schätzen und zu denken, dass es so, wie es ist, nicht liebenswert, nicht in Ordnung ist. Diese verurteilenden Gedanken werden im Lauf der Jahre zu bestens verdrängten, aber hoch wirksamen Grundüberzeugungen, mit denen sich der Mensch das größte Leid selbst erschafft. Doch wir wollen doch König im Reich unserer Seele sein und nicht sich minderwertig fühlende Knechte.

Das meiste von all dem, das dir heute schmerzhafte, leidvolle, ungute Gefühle beschert, das dich wütend, eifersüchtig, traurig, ängstlich oder niedergeschlagen und hoffnungslos macht, fühlt nicht der Erwachsene in dir. Es ist das Kind, das du zurückgelassen hast, als du dich entschieden hast, dein Herz zu verschließen, keine Gefühle mehr zu zeigen, weil es zu weh tut, zurückgewiesen zu werden, nicht so geliebt zu werden, wie du bist.

Darum begannst du schon früh, die Impulse deines Herzens zu unterdrücken und deine wahren Gefühle zu verbergen und in den Kopf zu gehen, dein Verhalten und deine Aussagen anzupassen an das, was die Menschen um dich herum erwarteten, nur damit du den unerträglichen Schmerz des zurückgewiesen Werdens nicht mehr erfahren musstest. Je mehr nämlich das Denken ausschlaggebend für dein Handeln wird, dein Leben bestimmt, umso weniger kommt die Gefühlsseite zum Zug, fühlst du das Herz mit seinem Schmerz und seiner Sehnsucht nach Liebe und Geborgenheit. Der Diener Intellekt hat endgültig die Herrschaft im Königreich deiner Seele übernommen und den wahren König der Seele, das Herzdenken, vom Thron gestoßen. Schließlich bist du emotional so erstarrt, dass dir auch Gefühle anderer Menschen nicht mehr zugänglich sind und du nur noch rationell, rücksichtslos deinen momentanen Vorteil im Fokus hast, dich deiner Freiheit beraubt nur noch unterordnest, anpasst an das, was andere von dir erwarten, weil es für sie von Vorteil ist. Die Seele aber ist und bleibt hungrig und leidet.

Schon als kleines Kind haben wir begonnen, auf diese Weise schöpferisch tätig zu sein und so zu denken, wie es für uns schmerzfrei ist: „Ich möchte mich nicht mehr verletzen lassen, ich werde nichts mehr von meinen wahren Gefühlen zeigen, denn sonst werde ich verletzt und abgewiesen“, sind Gedanken und Glaubenssätze, die viele Jahrzehnte in unserem Leben hindurch wirksam bleiben und uns ein Schicksal schaffen in Unfreiheit, Anpassung, ausgebeutet und erniedrigt werden.

Du strahlst aus, was du über dich denkst und wunderst dich, dass andere dich genauso einschätzen und beurteilen, wie du es insgeheim selber tust? Sind dir deine Glaubenssätze bewusst, die dich so unglücklich machen und es schaffen, dass du dich selbst nicht liebst, wie z.B. diese?

„Um geliebt zu werden, muss ich eine Gegenleistung bringen. So, wie ich bin, bin ich nicht liebenswert“.
„Wenn ich meine Wut zeige, werde ich abgelehnt“.
„Ich muss mir Liebe und Anerkennung verdienen, indem ich die Erwartung anderer erfülle.“
„Ich muss mich unter Kontrolle halten, wenn ich ‚dazugehören‘ will“?

Dabei hält dich die allerweiseste, liebenswürdigste und höchste Macht im Kosmos für durch und durch liebenswert und in Ordnung, so wie du bist, und erfreut sich in alle Ewigkeit an deinem Sein.

Es ist genau dieses verzweifelte Kind, das dich heute, als Erwachsener, steuert, wenn jemand deine „wunden Punkte“ und verletzten Gefühle berührt und du deine Kontrolle verlierst. Wütend werden, Angst bekommen, verzweifelt sein, sich einsam fühlen sind nie die Gefühle des Erwachsenen in dir, es sind die Gefühle des kleinen, abhängigen Kindes, das du einmal warst und das noch immer in dir lebt und wirkt, weil es ein Teil von dir ist. Es sehnt sich noch immer nach Aufmerksamkeit, Liebe und Anerkennung, wie damals, als es nicht bekam, wonach es hungerte, wonach es sich verzehrte und in unerfüllter Sehnsucht einsam zurückblieb. Dies alles kannst du ihm in der nachfolgenden Meditation schenken, denn du veränderst den Zustand dieses deines inneren Kindes, sättigst seine Sehnsucht, befreist und heilst es. Du änderst die in dir gespeicherte schmerzhafte Vergangenheit. Das wirkt sich auf dein gesamtes Lebensgefühl als Erwachsener als sehr befreiend und verändernd aus und wird dir helfen, dich selbst zu lieben und zu akzeptieren, wie du bist.

Unbewusst nimmt deine Umgebung dieses neue Lebensgefühl an dir wahr und reagiert darauf. Werde also zum Schöpfer einer Zukunft voller Freude, Freiheit und Weisheit, zum Ergründenden all dessen, was in dir steckt, seit Anbeginn deines Seins.

Ich lade dich deshalb in dieser Meditation ein, noch einmal zwei Szenen in deinem Leben anzusehen, die dir heute vielleicht nicht mehr bewusst sind, die aber aus dem Vergessen, Verdrängen heraus noch immer wirksam sind. Es handelt sich um Situationen, in denen du als Kind sehr unglücklich warst. Ich bitte dich, die Gefühle von damals heute noch einmal sehr bejahend zu fühlen, selbst dann, wenn du dich nicht mehr genau erinnerst, was damals war, denn nur durch das nochmalige, jetzt bejahende Spüren kann das Gefühl verwandelt werden in den kostbaren Seelenschatz der Erkenntnis von Gut und Böse, von Ursache und Wirkung, und so dein Schicksal umschaffen.

Wenn du die Meditation ein anders Mal wieder durchführst, wirst du dich an andere Szenen aus deiner Kindheit erinnern, die der Erlösung und Befreiung bedürfen. Du kannst dich, wenn sich die Probleme aus Kindertagen aufgelöst haben und kein Unbehagen mehr in dir erzeugen, dem „Haus deiner Jugend“ zuwenden. Du kannst deine frühen unglücklichen Erfahrungen aus der Zeit der ersten Verliebtheit, der ersten Partnerbeziehungen damit auflösen, du kannst die Meditation entsprechend abwandeln – deiner Phantasie sind auf dem Weg zu einem freien, selbstbestimmten Leben voller Daseinsfreude keine Grenzen gesetzt.

Bitte am Beginn der Meditation deine innere Führung, dich genau dorthin zu führen, wo die Ursache, der Ursprung für ein heutiges Probleme liegt. Bleibe während der gesamten Meditation im Bewusstsein des Erwachsenen. Du fühlst mit dem Kind, gehst in Gedanken in seinen Körper, doch bleibst du liebevoller Beobachter, Forscher, letztendlich Heiler.

Du bist nicht mehr das kleine Kind, du fühlst aber mit ihm, sprichst mit ihm, berührst es und sorgst dafür, dass sich in ihm das Gefühl des geliebt Werdens, der Freude, des Vertrauens in das Leben und der Geborgenheit ausbreiten kann. Nur du allein bist in der Lage, dein inneres Kind zu erlösen und somit selbst frei zu werden, ungehindert deinem Seelenweg folgen zu können. Deshalb ist diese Meditation eine der wichtigsten in deinem Leben.

Noch ein wichtiger Hinweis: Tappe bitte nicht in die Ego-Falle. Selbstverständlich bedarf das friedliche Zusammenleben mit anderen einiger Verhaltensregeln, die komprimiert der „goldenen Regel“ entsprechen:

**Was du nicht willst, das man dir tu, das füg auch keinem anderen zu.
Liebe dich selbst und deinen Nächsten, baue eine liebevolle Beziehung zu Gott in dir auf. Das ist das Wichtigste überhaupt.**

MEDITATION REISE ZUM „INNEREN KIND"

- Baue den heiligen Raum auf. Ziehe dich zurück an einen Platz, an dem du eine Stunde ungestört bleiben kannst. Wenn du willst, zünde eine Kerze an, lege leise, meditative Musik auf.
- Rufe deinen göttlichen Geist an, bitte ihn, dich auf dieser Reise zu begleiten, dich in die Arme zu schließen und sich mit dir, seiner Seele, wieder zu verschmelzen. **Bitte um Führung und die Kraft der Heilung während dieser Meditation.**

- Wende dich an die Urquelle allen Seins, Vater-Mutter-Gott, bitte um Gelingen dieser Heilmeditation, aber sage auch, „dein Wille geschehe“.
- Stell dir vor, du wanderst durch einen sonnendurchflutenden Frühlingswald, über duftende Blumenwiesen, bis hin zu einem Bach.
- Die Sonne scheint warm auf dich herab, die Vögel singen, Bienen summen.
- Nimm den herrlichen, würzigen Duft des nahen Waldes, den erdig-süßen Duft der Wiese wahr.
- Atme die sauerstoffreiche Luft tief, tief ein.
- Nimm den Duft der Blumen wahr: Die Süße der Blüten, die Würze der Wiesenkräuter, den Duft der warmen, taufeuchten Erde.
- Höre das Singen der Vögel, das Summen der Insekten, das leise Plätschern des Baches., das sanfte Streichen des Windes über die Gräser.

- Du fühlst dich gut und du folgst nun dem Bachlauf aufwärts, bis du zu einem wunderschön angelegten, verträumten Garten, durch den dieser Bach fließt....
- Öffne das Gartentor und trittst ein, wandere durch den Garten. Du findest dort schön angelegte Blumenbeete, prächtige Bäume, kleinen Garteneiche, aber auch wilde Ecken und verschlungene Wege, gesäumt von verwilderten Hecken...
- Du kommst zu einem stattlichen Haus – es ist das Haus deines Lebens...Die Tür steht offen, tritt einfach ein...
- Du befindest dich in einem großen Saal, von dem viele Türen in verschiedene Räume führen...
- An den Wänden hängen viele Bilder, farbenfroh und heiter die einen, mit schwarzem Flor verhängt die anderen...
- Gehe nun zu einer der Türen und öffne sie...Du stehst nun vor einer Treppe, die in die Tiefe führt. Du steigst hinab, immer tiefer und tiefer. Manchmal kommst du zu einem Treppenabsatz und siehst dort eine verschlossene Tür. Geh daran vorbei, bis du zur untersten Tür kommst ...Öffne sie und tritt ein...
- Du befindest dich in einem von sanftem, grünem Dämmerlicht erleuchteten Raum...
- Wiederum sind an den Wänden viele Bilder, die einen scheinen farbenfroh und heiter zu sein, die anderen sind mit schwarzem Trauerflor verhangen...
- In der Mitte des Raumes befindet sich ein runder Teppich, auf dem Teppich sitzt einsam ein kleines Kind. Sieh dir das kleine Kind genau an...wie schaut es dich an?
- Strecke ihm vorsichtig deine Hand entgegen und sage:

Ich bin gekommen, mein geliebtes Kind, um dich abzuholen aus diesem einsamen Raum. Wenn du willst, komm hierher und reiche mir deine Hand. Lass uns gemeinsam zum schönsten Zimmer in diesem Haus gehen, wo du fortan wohnen sollst...Du bist die Kleine, ich bin die Erwachsene. Ich bin gekommen, dir zu sagen, dass ich dich unendlich liebe, so wie du bist und wie du warst und dass stolz auf dich bin.

- Beobachte das Kind genau. Es sieht dich an. Wenn es bereit ist, so fasse es an der Hand. Wenn es will, so nimm es liebevoll auf deinen Arm. Geh mit ihm nun die Treppe hinauf, bis in die große Eingangshalle und öffne dort eine weitere Tür und tritt mit deinem Kind auf dem Arm ein...
- Ihr befindet euch in einem wunderbaren Tempel mit schimmernden Goldgrundmosaiken, großen Kristallfenstern und einem Altar in der Mitte, auf dem ein goldener Kelch steht. Neben dem Altar befindet sich eine Feuerschale mit einer brennenden, silberhellen Flamme. Daneben steht ein großer, bequemer Sessel, auf dem du jetzt Platz nimmst...
- Hebe das Kind auf deinen Schoß...
- Du bist in deinem Tempel der Weisheit und Erkenntnis...
- **Nun rufe deine Helfer aus dem Lichtreich Gottes, allen voran Jesus Christus, den Heiler der Seelen.** Er tritt ein und stellt sich seitlich so hinter euch, dass er seine Hand auf deine Schulter legen und um das Kind auf deinem Schoß einen Teil seines Mantels breiten kann...
  Sprich ihn an:

Jesus Christus, ich danke dir, dass du gekommen bist und bitte dich um Führung sowie um Befreiung und Heilung meines Inneren Kindes...

- Rufe die **Meister der Akashachronik.** Zwei Männer, gekleidet wie tibetische Mönche treten ein und stellen sich links und rechts von Christus auf...Sprich sie an:

Erhabene Meister der Akashachronik, ich danke euch, dass ihr gekommen seid. Ich bitte euch, mich zu jenen Ereignissen aus meiner Kindheit zu führen, die noch heute negativ in mein Leben wirken...

- Rufe die **Engel der Liebe, der Freude, des Friedens, der Vergebung und des Trostes**...
- Die lieblichen Wesen treten ein und stellen sich im Kreis um euch auf...
- genieße die Liebe und die Geborgenheit deiner treuen Helfer...
- Rufe **Erzengel Michael** und bitte um seine Hilfe und Unterstützung.

- Halte dein Inneres Kind liebevoll umfangen, drücke es sanft an dich, dass es dich spüren kann.
- Bitte nun deine innere Führung, dich zurückzuführen in deine Kindheit, zu dem kleinen Kind, das du einmal warst, zu einer Situation,
  in der du noch völlig unbeschwert durchs Leben gingst, voller Freude und Neugierde, die wunderschöne Welt um dich zu erkunden,
- in der du noch ganz glücklich gespielt hast,
- in der du noch **mit offenem Herzen** da warst, fühlend, liebend, lachend und noch die ganze wunderbare Welt umarmen wollest – ganz offen und frei, ohne zu urteilen, **mit einem großen Ja zum Leben**.
- Schaue und warte, was vor deinem inneren Auge auftaucht... atme tief... nicht denken, nur fühlen...
- Selbst wenn kein Bild erscheint, so konzentriere dich auf die Gefühle die in dir auftauchen:
- auf die pure Lebensfreude,
- auf das Verweilen in der Gegenwart,
- auf die Geborgenheit und Unbeschwertheit.
- Sieh dieses Kind an, wie es spielt, wie es lacht. Fühle mit diesem Kind. Fühle seine Freude am Leben, sein völliges Dasein im Hier und Jetzt, sein bedingungsloses, vorurteilfreies Lieben...
- Beobachte dieses bezaubernde, unschuldige Wesen und öffne ihm dein Herz. Nimm seine Gefühle wahr, seinen Gesichtsausdruck, schaue, wie alt es etwa ist...

Ich lade dich nun ein, in den Körper dieses Kindes einzutauchen. Das Kind bist du. Es geht ganz einfach mit der Kraft deiner Vorstellung.

- Atme, atme in diesem Kind und nimm wahr, wie es sich anfühlt, in seinem Körper zu sein...fühlt es Enge oder Weite, Leichtigkeit oder Schwere?
- Nimm alles wahr und beobachte du, der Erwachsene, wie das Kind spielt, wie lebendig es sich fühlt, ob es sich geborgen fühlt oder alleingelassen,

ob es voller Vertrauen ist oder unsicher...und egal, was das Kind fühlt, du fühlst mit ihm, erfährst jetzt den Zustand in ihm.

- Was war seine Einstellung zum Leben? Sagte es bedingungsloses Ja dazu? Ist es in Frieden mit sich und seiner Welt? Spielt es in Freude, mit anderen oder ganz selbstvergessen, vor sich hin träumend?
- Genieße seine Freude, wenn es sich in einem glücklichen Zustand befindet und nimm diese Gefühle tief in deine Seele auf...
- und nimm es an, wenn es sich nicht in einem glücklichen Zustand befindet...In beiden Fällen sagst du innerlich:

Ich bin bereit und in der Lage, genau das zu fühlen, was ich hier als Kind fühlte. Alles in meinem Kind und damit in mir darf jetzt da sein.

... und du genießt es, ein Kind zu sein.

Bitte nun die um dich stehenden Engel, all diese Leichtigkeit und dieses Gefühl der völligen Lebensbejahung wieder in dir wachzurufen. Es ist immer noch in dir, ist in deinen Zellen gespeichert, in deinem Herzen präsent. Es ist da, rufe es in deinen Alltag als Erwachsener.

Nun gehe in eine andere Situation...
Bitte die Meister der Akashachronik, dich zu jener Situation zu führen, wo du angefangen hast,

- etwas als nicht schön zu bewerten,
- in der du schmerzhaft erfahren hast, dass du zurückgewiesen wurdest in deinem Wunsch nach Liebe, Anerkennung und Wertschätzung und so, wie du bist, nicht geliebt und akzeptiert wurdest,
- in der du das Gefühl hattest, völlig ausgeliefert, einsam und verlassen zu sein...
- in der andere deinen berechtigten Wunsch nach Liebe und Geborgenheit an Leistungen geknüpft haben und gefordert haben, dass du anders sein mögest, als du von Natur aus warst...
- als du brav, folgsam, sauber, still, pflegeleicht und unauffällig sein solltest...

Du musst dich nicht erinnern...achte nur auf deine Gefühle und vertraue deinen geistigen Helfern....du wirst geführt zu einer ersten Situation in deinem Leben, wo du diese Zurückweisung als sehr schmerzhaft empfunden hast und daraufhin angefangen hast, dich selbst zu verurteilen...

- Nun bitte deine geistigen Führer, dich zu einer weiteren Situation zu führen, in der du ein deutliches Nein zu deinem Leben gesagt und beschlossen hast, dein Herz zu verschließen...
- Nimm dir Zeit, schaue und fühle, bis alles klar wird. Schaue, wo du bist, drinnen, draußen, ob du allein bist oder andere bei dir sind. Streichle das Kind auf deinem Schoß, halte es liebevoll in deinen Armen und sage ihm:

Mein Kleines, ich bin hier bei dir und um uns stehen mächtige Wesen voller Liebe, die uns beschützen und heilen... Ich gehe jetzt mit dir noch einmal in diese dunkle Situation... Ich will klären, was mich lange Zeit begleitet hat und für uns beide Frieden finden... Ich fühle jetzt mir dir, ich bin erwachsen und kann es ertragen und bin in der Lage, die Gefühle von damals noch einmal zu fühlen, um sie zu erlösen...
Wir gehören untrennbar zusammen... Alles, alles in uns darf jetzt da sein, alle Gefühle von damals dürfen sich jetzt zeigen... Du bist so, wie du bist, unendlich liebenswert...und warst es zu aller Zeit.

- Lass dich nun auf diese Situation ein, fühle ganz bejahend mit dem kleinen Kind, das du bist, all das, was es damals in sich spürte... Bleibe dabei aber im Bewusstsein des Erwachsenen, der sich heute erlauben kann, noch einmal all das zu fühlen, was das Kind damals gefühlt hat und nicht ertragen konnte... worauf es anfing, all das zu verdrängen und sein Herz zu verschließen, weil es zu weh tat...
- Heute kannst du das ertragen, du bist stark genug...
- Nimm das Körpergefühl des Kindes in dieser schmerzhaften Situation wahr, all sein Empfinden...
- Du atmest in dem Körper des Kindes, in dem du jetzt bist.
- Wie ein Forscher beobachtest und spürst du, was sich hier abspielt in diesem kleinen, hilflosen Wesen.

- Spüre, wie es sich in ihm anfühlt, eng oder weit, hart oder weich, kalt oder warm, angespannt oder entspannt...
- Atme und beobachte, was ist.
- Nimm wahr, wo der kleine Körper sich besonders unangenehm anfühlt....
- oder ob gar der ganze Körper von einer schweren, beengenden, bedrückenden, schmerzhaften Energie erfasst ist...
- Alles in dem Kind und damit in mir darf jetzt da sein...ich bejahe alle diese Gefühle....und bleibe im Bewusstsein des Erwachsenen...ich tue es aus Liebe zu dem Kind in mir...
- Nimm die Emotionen des Kindes wahr, die am auffälligsten sind: Ist es Trauer, Wut, Eifersucht, Angst, Verlassenheit?
- Öffne dich dem gesamten Fühlen dieses kleinen Kindes, das du bist, damit es geheilt wird und die Kraft wieder ungehindert fließen kann...denke nicht, fühle...und sage innerlich:

Alle diese Gefühle – die Angst, die Wut, die Trauer, die Einsamkeit, die Eifersucht oder was immer auch ist, darf jetzt da sein... Ich kann es spüren, ich kann es ertragen... Ich bin bereit, wieder zu fühlen, auch das Unangenehmste, damit alles wieder geheilt wird und ins Fließen kommt.

- Die Gedanken des Kindes sind es, die hier Wut, Angst und Trauer usw. erschaffen haben und auch im weiteren Leben erschaffen... Gedanken, wie
- „ich bin nichts wert, ich bin nicht liebenswert, niemand mag mich,
- ich bin ein Versager...

Nimm diese schöpferischen Gedanken wahr und enttarne und erkenne sie als die Ursache deines heutigen Leides, deiner Misserfolge...

Nun bitte die um dich stehenden Engel um ihre Energie der Liebe und des Trostes, der Freude und des Friedens und bitte sie, all deine Zellen, all deine Körper und energetischen Systeme, alles in dir und deinem Inneren Kind von den negativen Gefühlen und Selbstverurteilungen zu reinigen und zu befreien...

Stell dir folgende Situation vor:
Wie ein Wasserfall aus silbernem Licht wirst du mit deinem Kind auf dem Schoß von den reinigenden, befreienden Energien der Engel übergossen, durchströmt.

Silbernes Licht dringt in alle eure Zellen, in alle eure energetischen Systeme, in eure Aura und in eure Chakren und reinigt und befreit sie von all den negativen Gefühlen und falschen Glaubenssätzen und Verurteilungen, die sich darin verfangen und verstrickt haben...

- Spüre diese Lichtkaskaden überall in deinem Körper, im Kopf, im Gesicht, im Nacken, die Wirbelsäule entlang, in allen Organen, in Armen und Beinen, in den Schultern...
- alles wird nun befreit und entkrampft, entspannt und gereinigt von diesem silberglitzernden Licht...
- Es durchströmt dein Herz, es durchströmt dein energetisches Herz und füllt es, so dass es durch und durch in silbernem Glanz erstrahlt.
- Alles Dunkel wird aufgelöst im Silberlicht...
- Bitte das Silberlicht, alles in deinem Herzen aufzulösen, was sich im Laufe der Jahre dunkel darauf gelegt hat und was du selber in deiner Selbstverurteilung darauf gelegt hast durch Gedankenkraft und Gefühle ...
- Nimm wahr, wie sich dieses Silberlicht anfühlt – lebendig, prickelnd, leicht, frisch und frei...es ist eine der größten Kräfte der Reinigung...
- Sprich nun folgenden Satz:

Ich bitte das silberne Licht und die dahinter stehende Gnade Gottes, und die Christuskraft der Heiligen Wandlung, all diese negativen Gefühle jetzt zu lösen, zu klären und zu befreien, die auf den unterschiedlichen Ebenen meiner Energiesysteme entstanden sind, in meinen unterschiedlichen Körpern, dem grobstofflichen und den feinstofflichen, in allen meinen Zellen und Genen, in meiner Aura und meinen Chakren, auf allen Ebenen meines Seins.

Ich bitte um Befreiung von

- **allem, was sich an Negativem angehaftet und eingenistet hat,**
- **all den begrenzenden, einengenden, ablehnenden Gedanken, Gefühlen und Emotionen,**
- **allen negativen Selbstbewertungen, Prägungen und fremden Denk- und Gefühlsmustern, die nicht zu meinem wahren Selbst gehören und mich hindern, glücklich und frei meinem Seelenweg zu folgen.**

- Spüre nun, wie das Silberlicht all das Begrenzende, Einengende, Dunkle wegschwemmt, ausspült durch deine Füße hinein in Mutter Erde, wo es aufgelöst wird.
- Fühle, wie du ganz und gar, durch und durch gereinigt und durchlichtet wirst...nimm die Wirkung des silbernen Lichtes wahr und vertraue deiner inneren Führung....

Bitte nun **Erzengel Michael**, all das, was sich noch nicht lösen will und noch anhaftet an negativen Energien, mit seinem blauen Lichtschwert zu befreien und es im Silberlicht aufzulösen bzw. es in die Lichtwelt zu transformieren, damit es erlöst werden kann.

Nun wende dich an **Meister Jesus Christus und bitte ihn um die Heilige Wandlung.**
- Er tritt nun vor dich und dein Inneres Kind und legt euch beiden einen glänzenden Goldreif mit strahlenden, violetten Amethysten auf das Haupt – die Krone der Überwindung...
- Er legt seinen Arm um deine Schulter und legt seinen zarten, violett schimmernden Mantel um dich und dein inneres Kind.

Sprecht nun zusammen mit Jesus die Worte:

Ich bitte die allerhöchste Kraft in mir, Vater-Mutter-Gott, die Heilige Wandlung zu vollziehen und all meine leidvollen Erfahrungen umzuwandeln in den kostbaren Schatz der Erkenntnis von Gut und Böse, von Ursache und Wirkung aus eigener, unmittelbarer Erfahrung. Ich bitte, diesen

Seelenschatz im Heiligen Gral meiner Seele niederzulegen für alle Ewigkeit. Danke – Amen.

Sieh nun, wie von Jesus Christus ausgehend schimmerndes violettes Licht dich und das Kind auf deinem Schoß einhüllt. Dieses Licht fließt durch alle deine Zellen, durch dein Genom, durch alle deine energetischen Systeme und durch alle Ebenen deines Seins...Es wandelt Erfahrung zur Erkenntnis...

Spüre das violette Licht in allen deinen Zellen, in deinem ganzen Sein. Spüre seine Leichtigkeit, seine Weisheit, seine beglückende Energie...

- Wenn du das Gefühl hast, dass genug Energie geflossen ist, dass alles in dir leicht und frei ist, so bedanke dich bei deinen Helfern aus der Lichtwelt.
- Überreiche einem jeden von ihnen als Geschenk eine kostbare, wunderschöne rosafarbene Rose aus der Liebe deines Herzens.
- Nun wende dich deinem Kind auf deinem Schoß zu und sage ihm folgendes:

Du bist die Kleine, ich bin die Große. Wir gehören untrennbar zusammen. Ich sage dir, mein Kleines, du hast alles, alles sehr gut gemacht. Du bist durch und durch liebenswert und großartig. Ich bin sehr stolz auf dich. Ich liebe dich so, wie du bist. Ich werde nun immer bei dir bleiben und biete dir einen neuen Aufenthaltsort an, im Raum der Liebe meines Herzens.

- Stehe nun in Gedanken auf, nimm dein Kind in deinen Arm und begib dich wieder in die Empfangshalle des Hauses deines Lebens.
- Öffne nun eine weitere Tür, die in den Raum der Liebe deines Herzens führt. Alles ist hier wunderschön, sonnendurchflutet, weit und golden strahlend.
- In einer Nische steht das Himmelbettchen, in dem dein inneres Kind ruhen kann, wann immer es will. Alle Türen und Fenster sind weit geöffnet.

- Durch die Türen kannst du in den schönsten Garten gelangen, den du dir vorstellen kannst...
- Sieh zu, wie dein Kind in den Garten läuft und anfängt zu spielen...spiele mit ihm...schenke ihm ein Spielzeug, an dem es Freude hat...
- dann verabschiede dich mit den Worten:

Mein Kleines, ich bin immer bei dir. Du hast jetzt einen Platz in meinem Herzen, für alle Zeit.

Dann gehe den Weg zurück, auf dem du zum Haus deines Lebens gekommen bist. Wandere den Bach entlang, durch die Blumenwiese...zurück in den Raum, in dem du dich jetzt aufhältst.

- Atme tief und nimm deinen Körper wieder wahr:... Deinen Kopf...den Hals und die Schultern... deine Arme... den Oberkörper... den Bauch... das Becken...den Rücken... Nimm deine Beine wahr und deine Füße.
- Komme zurück ins Hier und Jetzt, ganz nach deinem Empfinden, in deinem Tempo.

Segen sei mit dir alle Zeit.

Die systemische Ordnung in den Familien

Beinahe alle Menschen tragen seelische Wunden aus den Tagen ihrer Kindheit, die sich auf das spätere Leben als Erwachsener enorm auswirken und so mancher Zwist innerhalb einer Familie beruht auf der Nichtbeachtung der systemischen Ordnung der Familie, eine Rangordnung, wie wir sie auch bei allen in Sozialverbänden zusammenlebenden Tieren beobachten können. Ist diese Ordnung gestört, so sind Streit, gegenseitige Verletzungen und Geschwisterrivalität vorprogrammiert.
An der Spitze dieser systemischen Ordnung steht gleichberechtigt und auf Augenhöhe das Elternpaar, danach kommen die Kinder in der Reihenfolge ihrer Geburt. Auch verstorbene Kinder müssen in dieser Rangordnung mitberücksichtigt werden.

Für die gegenseitige Liebe und den Zusammenhalt unter den Geschwistern steht selbstverständlich Gerechtigkeit an oberster Stelle. Nie sollten sich Erwachsene in Streitereien der Kinder einmischen, wenn sie nicht vorher sorgfältig und neutral geprüft haben, was eigentlich zum Streit geführt hat. Auch sollten alle Geschwister das Gefühl haben dürfen, gleichermaßen von den Eltern geliebt zu werden, wenn auch die älteren Geschwister angehalten werden sollen, zu verstehen, dass das Kleine noch mehr Hilfestellung braucht, weil es noch nicht all das leisten kann, was die großen Geschwister leisten. Binde einfach das ältere Kind in die Fürsorge für das jüngere ein, ernenne es als wichtigen Mitarbeiter im Team der Helfer für das Kleine.

Doch das ältere Geschwister soll gegenüber dem jüngeren Vorteile gewährt bekommen, die sich aus seinem Alter ergeben. So soll z.B. das ältere Geschwister nicht gezwungen werden, mit dem jüngeren zu Bett gehen zu müssen. Auch in der Übertragung von kleinen Aufgaben und Verantwortung soll das Alter der Geschwister beachtet werden und wenn es die Wohnsituation zulässt, soll das Älteste im Kreise der Geschwister ein eigenes Zimmer bekommen.

Wird die Rangordnung in der Familie eingehalten und beachtet, so entwickelt sich vom älteren Kind zum jüngeren Fürsorge und Rücksichtnahme, vom jüngeren Kind zum älteren Anerkennung und Zuneigung. Alle Kinder der Familie fühlen sich gleichermaßen geliebt und können als solide Basis für ihr weiteres Leben ein gesundes Selbstbewusstsein aufbauen, soziale Kompetenz erwerben und ihre individuellen Fähigkeiten ungestört entwickeln. Wird die Rangordnung gestört, indem z.B. das jüngste Kind oder geschlechtsabhängig der Sohn oder die Tochter bevorzugt wird, entsteht Geschwisterrivalität, Eifersucht und Streit. Die Kinder fühlen sich ungerecht behandelt, beginnen an ihrer Liebenswürdigkeit zu zweifeln, geraten in das Hamsterrad der Minderwertigkeitskomplexe.

Wenn die Kinder erwachsen sind und ihre eigenen Familien gründen, löst sich die Rangordnung der Ursprungsfamilie zwar wieder auf, wenngleich das Erleben dieser Rangordnung in der Kindheit seine Spuren im Erwachsenen hinterlassen hat, im Positiven wie im negativen Sinne. Hatten die Geschwister das Pech, dass die Eltern nicht auf die systemische Ordnung innerhalb der Familie achteten, müssen die seelischen Verletzungen, die zum Gefühl der Minderwertigkeit geführt haben, mühsam durch Familienaufstellungen oder Auflösung der Verletzungen auf meditativem Wege aufgearbeitet werden.

Selbst wenn ein Kindlein viel zu früh tot geboren wurde, bleibt die Verbindung, die es zu den Eltern und seine Familie geknüpft hat, aufrecht. Es ist ein Teil der Familie. Auch tot geborene Kinder haben ihren natürlichen Platz im Familiensystem in der Reihenfolge ihrer Geburt. Sind ihre Daten nicht auf einem Grabstein festgehalten, so ist es heilsam für alle, ihnen im Haus, in der Wohnung eine Gedenkecke einzurichten und ihnen so zu sagen, dass sie als Teil der Familie wahrgenommen werden, trotz ihres frühen Todes. Lasst bitte nicht zu, dass das tot geborene Kind in irgendeinen fremden Sarg gelegt und so bestattet wird. Besteht auf eine würdige Bestattung. Es ist euer Kind, auch wenn es sich mit seinem Erdenkörper nicht vollständig verknüpft hat und es ist euch in Liebe zugetan, über den Tod hinaus.

UNSERE GEISTIGE SIPPE
WER SIND WIR? WOHER? WOHIN? WARUM?

Familie ist,
wo das Leben seinen Anfang nimmt
und die Liebe niemals endet.

Sind es nicht die wichtigsten Fragen, die wir uns als Erdenmenschen stellen können? Wer oder was sind wir eigentlich? Wo kommen wir her, wo gehen wir hin, wenn wir sterben, warum das alles? Ja, die Antwort auf diese Fragen, die in uns liegt, da wir durch unseren göttlichen Urlicht-Kern an das All-Wissen angebunden sind, ist der Schlüssel zum erfolgreichen Erfüllen unseres Lebensplanes, zur Freiheit und zum Frieden in uns, zur strahlenden Gesundheit und zum Glücklich sein ohne äußeren Anlass, so, wie unser Leben von Vater-Mutter-Schöpfergott geplant war. Haben wir genug Vertrauen zu uns selber entwickelt und zum göttlichen Geist in uns, der wir sind, können wir uns, damit verknüpft, Antwort auf diese wichtigen Fragen geben. Das Leben wird sich verändern zu mehr Leichtigkeit, zu mehr Lebenskraft und Lebensfreude. Horche in dich hinein – wenn du allen Ernstes bestrebt bist, die Antwort zu finden, wenn du den Heiligen Geist in dir, diese wunderbare Sohn-Tochter Gottes, die du bist, um Hilfe bittest, wirst du sie finden.

- *„Wenn es jemand unter euch an Weisheit mangelt, so erbitte er sie von Gott, der allen gern und ohne Vorwurf gibt, so wird sie ihm gegeben werden. Er soll aber bitten im Vertrauen, nicht zweifelnd..."* Bibel, Neues Testament, aus dem Jakobusbrief, 1:5-6

- *„Bittet, so wird euch gegeben; suchet, so werdet ihr finden, klopft an, so wird euch aufgetan..." Bibel, Neues Testament, Math. 7:7"*

Zwei Zitate nur von vielen, die in den Heiligen Schriften der großen christlich-jüdischen Weltreligionen zu finden sind. Zwei Zitate, weitaus älter als die Bibel, übernommen aus uralten Überlieferungen in das Buch der Jahrmillionen Menschheitserfahrung mit dem Göttlichen, vielfach verfälscht zwar, aber immer noch viel Wahrheit beinhaltend. Das ist der Weg: bitten um Antwort, vertrauen und finden.

Wir sind geistige Wesen, Menschengeister, in unserem Wesenskern, dem Bewusstsein, seit Ewigkeit und bis in alle Ewigkeit lebend. Als individuelle geistige Wesenheiten, herausgetreten, geboren aus der Urquelle allen Seins als deren Gegenüber, um sich als Liebe in einer Beziehung erfahren zu können, haben wir einen Beginn, aber kein Ende, da Anfang und Ende nur in der Welt der Polarität existieren, in gegensätzliche Pole zerrissen sind. In unserer eigentlichen Heimat, der Lichtwelt, sind beide Aspekte zum Sein vereint.

Als willensfreie Wesen von Anbeginn wurde unser Wunsch erfüllt, in die Erfahrung von Gut und Böse, von Ursache und Wirkung in eine polare Welt einzutauchen und zu inkarnieren. Deshalb sind wir jetzt da, hier auf dieser schönen Erde, deshalb haben wir einst die Reise durch viele, viele Inkarnationen in einem materiellen Körper, der uns das Wirken in der Materiewelt ermöglicht, begonnen. Unser ewiger göttlicher Geist, Leben und Bewusstsein, ist zwar immer noch unbeschadet in der Lichtwelt. Unsere göttliche Seele aber hat einen Teil von sich abgegeben, der nun seit wohl mehr als Millionen Jahren immer wieder in wechselnder Gestalt in materielle Körper einzieht, um den kostbaren Seelenschatz der Unterscheidung von Gut und Böse, von Wohlbefinden und Schmerz, von Krieg und Frieden und all die anderen Erscheinungen der Polarität aus eigener, unmittelbarer Erfahrung zu erwerben.

„Denn vom Anfang unsres Seins sind wir eins:
Deine Seele ich, und du mein Geist.
Du das Denken, Streiten, Streben,
wo ich fühle, hüte, trage,
Du wie ich: ein randvoll Leben
In zwei Schalen einer Waage...“

Ephides

Zitat aus Hella Zahrada „Die Ephides-Gedichte“ Adyar-Verlag Graz 1988, S. 165

Wir sind als das Geistwesen, das wir sind, von Anbeginn unseres Seins eingebunden in eine Familie von Geistmenschen, in unsere geistige Sippe. Vater-Mutter-Gott, die Urquelle allen Seins, liebte die Idee, die unserer Individualität zu Grunde liegt, so sehr, dass er/sie einen Teil seiner ewigen Urlicht-Substanz hingab, um diese Idee zu verwirklichen und aus sich das Geistwesen, das wir sind, zu gebären. Wir sind seit dieser geistigen Zeugung und Geburt ein Gegenüber Gottes, das in einer Beziehung reinster Liebe zur Urquelle allen Seins, zu seiner Dualseele, zu seiner Sippe und zu allem, was Leben hat, sein höchstes Glück erfahren soll. Wir sind geboren, um geliebt zu werden. Nur als individuelles Geistwesen haben wir einen Anfang, während unsere göttliche Essenz, der Teil Gottes in uns, der uns Leben und Bewusstsein verleiht, Teil der Urquelle und daher ohne Anfang ist und ohne Ende, da, wie gesagt, nur in der polaren, materiellen Welt dem Anfang ein Ende entgegensteht, in der geistigen Welt aber Anfang und Ende in einem

Kreis des Seins geschlossen sind. Wir haben zwar als Erdenmensch in der Inkarnation insofern ein Ende, da wir unseren materiellen Erdenkörper ablegen, der Teil des Planeten Erde ist, aus Sternenstaub besteht, nicht aber als das bewusste geistige Wesen, das wir eigentlich sind und das ewig lebt.

Was das „Woher, Wohin und Warum" unseres Ganges durch die polaren Welten betrifft, möchte ich wiederum Ephides zitieren:

„Der Friede kehre ein in dein Herz und mache es weit und froh und licht! Aus dem Licht kommt ihr, in das Licht geht ihr. Es ist dasselbe Licht, das euer Ursprung und euer Ziel ist. Seid ihr aber dieselben, ist nicht ein Unterschied zwischen Ursprung und Ziel? Wenn ihr ausgeht, um ein Ziel zu erwandern, seid ihr dieselben noch, die am Ziele ankommen? Was euch unterwegs begegnet, ist euer. Alle Freuden und alle Mühsal des Weges tragt ihr in euch, wenn ihr anlangt. Ihr seid wegmüde im Gegensatz zu der Ungeduld, die euch in die Ferne trieb. Aber ihr seid auch reicher geworden. Ihr habt Unverlierbares in euch: Die Erprobung von Kräften, die euch erst im Kampf mit Widerständen bewusst wurden, die Enttäuschungen, die euch heilsam, die Erfüllungen, die eurem Ausharren Lohn und Trost waren. Die ganze Welt ist in euch, wenn ihr aus der Welt zurückkehrt: Ihr Schein, aber auch das Sein, das jedem Schein zugrunde liegt..." Ephides

Zitat aus –H. Zahrada „EPHIDES – EIN DICHTER DES TRANSZENDENTEN" – Quelle: Hella Zahrada „EPHIDES, ein Dichter des Transzendenten" mit freundlicher Genehmigung des Bürger-Verlages, Hans Dienstknecht, Neuenstadt-Bürgen, 2002, Seite 16

Wir kamen gewissermaßen als Geist-Babys zur Welt, so wie unsere Söhne und Töchter als Baby geboren werden und erst nach und nach ihr Potential entfalten durch ihre Erfahrungen und erwachsen werden. Wir wurden in eine Familie von Geistwesen integriert. Unsere Seele hatte sich noch nicht zu einer individuellen Seele entwickelt, wie es hier auf Erden noch bei einigen Tieren der Fall ist. Wir durften daher an die Erfahrungen der Mitglieder unserer geistigen Sippe „andocken", da uns selbst ja noch alle Erfahrung fehlte. Von unserer geistigen Sippe wurden wir geliebt, umsorgt und behütet und mehr und mehr in die Freiheit des individuellen Bewusstseins entlassen, so wie es unsere Entwicklung erlaubte und wie wir es als irdische Eltern mit unseren Kindern handhaben sollen. Erst allmählich löste sich unsere göttliche Seele von diesen „Andockungen“ und wurde zu der individuellen göttlichen Seele, die wir sind und die derzeit ihre Erfahrungen in der Welt von Zeit und Raum sammelt. Die irdische Fortpflanzung ist nichts anderes als ein Abbild unserer geistigen Zeugung und Geburt.

Wir kamen mit all unseren wunderbaren, einmaligen individuellen Anlagen und Möglichkeiten zur Welt, noch unentwickelt, wie der Same einer Blume, in dem bereits ihre Gestalt, ihre Besonderheit, ihre Blüte und Frucht vorhanden ist und sich erst allmählich vom Keim bis zur Reife entwickelt. Wir brauchen Zeit zur Entwicklung, zum Wachstum, zum Zuwachs an Erfahrungen und Erkenntnissen. All dies ist der Liebe Gottes geschuldet, denn unsere Möglichkeiten sollten wir in unserem Tempo und nach unseren Vorstellungen entfalten dürfen, wir sollten uns so aus der individuellen Ursubstanz und dem Urbewusstsein, das wir sind, nach unserem Willen teilweise selber erschaffen dürfen und so das größtmögliche Glück des Werdens und Seins erfahren.

DIE GEISTIGE SIPPE UND DER GANG IN DIE INKARNATION

Indes ihr tastend eure Füße setzt im Ungewissen
Ist eures Erdenschicksals Bild schon längst umrissen,
nur Licht und Schatten füget ihr noch ein.
Ihr geht den vorgeschriebnen Weg, ob willig, ob gezwungen
Und eure Freiheit ist, dass ihr um ihn gerungen,
bevor ihr niederstiegt ins Erdensein....

Ephides, Dichter des Transzendenten * Anm. 1)

Mit unserer geistigen Sippe sind wir in aller Ewigkeit in besonders tiefer Liebe verbunden, sie gibt uns Geborgenheit und Zugehörigkeit. Wenn sich ein Mitglied aus dieser Gemeinschaft entschließt, den Zyklus der

Inkarnationen zu beginnen, um in der Polarität von Zeit und Raum Gut und Böse aus eigener Erfahrung kennenzulernen, bleibt diese innige Verbindung zur geistigen Familie bestehen, auch wenn ein Teil der Sippe nicht inkarniert ist, sondern nach wie vor in der Lichtwelt lebt. Die Mitglieder der Sippe, die in der Lichtwelt leben, beobachten und begleiten unser Erdenleben und helfen, wo immer es möglich ist, das Lebensziel zu erreichen. Der andere Teil der Sippe befindet sich auf der Reise durch Zeit und Raum und spielt von Leben zu Leben füreinander die verschiedensten Rollen, als Elternteil, Geschwister, Freund, Partner.

Unser Geborenwerden auf Erden ist für unsere geistige Sippe genau so traurig, wie unser Sterben traurig ist für unsere irdische Familie. Die Rückkehr in die Welt des Lichtes wird von der geistigen Sippe freudig gefeiert, wie die Geburt eines Kindes in unserer irdischen Familie Freude auslöst. Immer sind es die gleichen Protagonisten, die sich hier auf Erden begegnen, in verschiedenen Rollen. Heute bist du Vater oder Mutter, im nächsten Leben vielleicht Sohn oder Tochter, Bruder oder Schwester, Ehepartner oder Freund. Die Mitglieder unserer geistigen Sippe begegnen sich immer wieder auf Erden, wir erkennen sie meist an einer Vertrautheit ohne äußeren Anlass, die bereits bei der ersten Begegnung spürbar ist.

Die wichtigen Rollen in unserem Leben sind immer abgesprochen. Großeltern, Eltern, Kinder, Geschwister, Ehepartner, Lebenspartner, engste Freunde haben ihr „Ja" gegeben, diese Rollen füreinander zu spielen und füllen sie in der Inkarnation aus in gegenseitigem Einverständnis. Nur, wenn wir in den Körper einziehen, gegen wir durch das Tor des Vergessens und wissen nichts mehr davon. Es kann sogar sein, dass gerade derjenige, der uns den größten Schmerz, die größte Enttäuschung bereitet, diesen Part, der für unser Fortkommen nötig war, aus tiefer Liebe übernommen hat. Oftmals empfehlen uns die Schicksalslenker, die uns bei der Erstellung unseres Lebensplanes vor der Inkarnation beratend zur Seite stehen, dass gerade diejenigen, die sich so verletzt haben, dass sie es nicht schaffen, sich auszusöhnen, in eine Beziehung zueinander geboren werden, die von inniger Liebe getragen wird, z.B. als Großvater und sein einziger, über alles geliebter Enkel.

Stück für Stück erobern wir uns Erfahrungen und formen so unseren Charakter, ganz nach unserem Willen und unserer Zeit, bis wir die Ebene der Gottgeeintheit, die siebte und höchste Stufe des Reiches der Inkarnierten und dann Verstorbenen, erreicht haben. Dort vereinen wir uns wieder mit all unseren Bewusstseinsanteilen, die wir einst als göttliche Wesen in Raum und Zeit geschickt haben und die uns den reichen Seelenschatz der Erkenntnis aus eigener, unmittelbarer Erfahrung brachten. Wir verschmelzen mit Gott in uns, entwickeln uns fortan weiter in der geistigen Welt und inkarnieren nicht mehr, es sei denn, um eine große Aufgabe für die Menschheit zu übernehmen.

VON DEN KINDERN

(aus Khalil Gibran: Der Prophet)

...und eine Frau, die einen Säugling an der Brust hielt, sagte: „Sprich uns von den Kindern“. Und er sagte:

Eure Kinder sind nicht eure Kinder.
Sie sind die Söhne und Töchter der Sehnsucht des Lebens nach sich selber.
Sie kommen durch euch, aber nicht von euch,
und obwohl sie mit euch sind, gehören sie euch doch nicht.
Ihr dürft ihnen eure Liebe geben, aber nicht eure Gedanken,
denn sie haben ihre eigenen Gedanken.
Ihr dürft ihren Körpern ein Haus geben, aber nicht ihren Seelen,
denn ihre Seelen wohnen im Haus von morgen, das ihr nicht besuchen könnt,
nicht einmal in euren Träumen.
Ihr dürft euch bemühen, wie sie zu sein, aber versucht nicht, sie euch ähnlich zu machen. Denn das Leben läuft nicht rückwärts, noch verweilt es im Gestern.
Ihr seid die Bogen, von denen eure Kinder als lebende Pfeile ausgeschickt werden. Der Schütze sieht das Ziel auf dem Pfad der Unendlichkeit, und Er spannt euch mit Seiner Macht, damit seine Pfeile schnell und weit fliegen. Lasst euren Bogen von der Hand des Schützen auf Freude gerichtet sein, den denn so wie Er den Pfeil liebt, der fliegt, so liebt Er auch den Bogen, der fest ist.

***Aus* Khalil Gibran, 06.01.1883-10.04.1931**

Die Ahnen

Das ist unsrer Ahnen Segen.
Denn es gilt ein ewig Recht,
wo die hohen Wipfel rauschen,
von Geschlechte zu Geschlecht
geht im Wald ein ewig Tauschen.

Was uns not ist, uns zum Heil
Ward's gegründet von den Vätern;
Aber das ist unser Teil,
dass wir gründen für die Spätern..."

Zitat aus dem Gedicht von Emanuel Geibel (1815-1884) „Aus dem Walde"

Ahnen spielen in unserem Leben eine weitaus größere Rolle, als gemeinhin bekannt ist. Wir tragen nicht nur ihr Genom in uns und ihre Erfahrungen, oftmals gibt es tiefe Verstrickungen mit den Ahnen, die zu großen Problemen im eigenen Leben führen können, und das oft bis zur 4. vorausgehenden Generation, in seltenen Fällen sogar noch weiter zurück So lässt sich auch der biblische Spruch verstehen: „Es werden sich rächen die Sünden der Väter bis ins dritte und vierte Geschlecht".

Problematisch ist dabei die **Übernahme von Seelenanteilen von Eltern oder anderen für das Überleben des kleinen Kindes wichtigen Personen und dabei Verlust von eigenen Seelenanteilen**. Für das noch kleine Kind, das noch nicht selber für seinen Lebensunterhalt sorgen kann, sind jene Personen überlebenswichtig, die sich um es kümmern. Stellt nun das Kind fest – und das kann unterbewusst geschehen – dass die versorgende Mutter oder der Vater krank, depressiv oder sonst geschwächt ist, so läuten bei ihm alle Alarmglocken. Es meint, wenn nun meine Mama, mein Papa oder eine andere in seinen Augen überlebenswichtige Person stirbt, so muss ich auch sterben. Deshalb übernimmt es unterbewusst einen Teil des Leids seiner Eltern, nimmt einen Teil von deren geschwächtem Energiegefüge in sich auf und verliert dabei eigene Seelenanteile im gleichen Maße, weil das Kind damit seine Eltern stärken will.

Ist dieses Problem vorhanden, so sollte die nächste Heilmeditation, nach der Heilung des Inneren Kindes, die Elternbeziehung zum Thema haben.

MEDITATION

RÜCKGABE VON DEN ELTERN ÜBERNOMMENER SEELENANTEILE

- Baue den Heiligen Raum auf, gehe in einen entspannten Zustand
- Verbinde dich innigst mit deinem göttlichen Geist
- Bitte die Urquelle allen Seins, Vater-Mutter-Gott, um Unterstützung und unterstelle die Meditation ihrem Willen
- Begib dich zum **Tempel des Inneren Friedens**, (siehe Meditation Seite 56)
- Dort angekommen, tritt hinaus durch eine Tür auf die Straße deines Lebens
- lade die Eltern ein, dazuzukommen und richte an sie folgende Bitte:

Liebe Eltern, ich danke euch von Herzen, dass ihr mir dieses mein jetziges Leben geschenkt habt. Ich danke euch von ganzem Herzen für all eure Liebe und Mühe, mit der ihr mich versorgt und betreut habt, bis ich selber in der Lage war, für mich zu sorgen.

Ich würdige heute mit dem Verständnis des Erwachsenen all diese Dinge, und auch euer Leid, das ihr im Leben erfahren habt. Doch jetzt bitte ich dich, lieber Papa, liebe Mama,

- **nimm alle Deine Programmierungen, Prägungen, Denk- und Gefühlsmuster, die du auf mich übertragen hast und die nicht meine sind, zu dir zurück und gib auch du meine an mich zurück, zu unser beider Wohl.**

- **Lasst uns unsere Beziehung auf eine neue Basis stellten, getragen von absoluter Gleichwertigkeit, Wertschätzung, Vertrauen, Liebe, absoluter Achtung der Willensfreiheit des anderen und gegenseitiger Vergebung. Danke Amen**

Nun verabschiede deine Eltern in Liebe und Frieden, sieh, wie sie deinen Tempel des Inneren Friedens verlassen...

Die Rückholung der verlorenen Seelenanteile erfolgt in einem gesonderten Beitrag, ebenso die Lösung der Verstrickungen mit den Vorfahren

Meditation zur Ablösung all dessen, was nicht zu mir gehört: der schamanische Ansatz

- Baue den Heiligen Raum auf, verbinde ich mit der göttlichen Präsenz in dir
- Rufe den göttlichen Geist in dir und die Urquelle allen Seins, Vater-Mutter-Gott an und bitte um Hilfe bei dieser Meditation und unterstelle sie dem Willen des Allerhöchsten.
- Du kannst in einem weiteren Schritt die Spirits um Hilfe bitten, deine Krafttiere, deine spirituellen Meister, wen immer du für kompetent hältst.
- Leite die Meditation mittels der Trommel, Rassel oder Klangschale ein.
- Gehe nach ein paar tiefen Atemzügen in einen meditativen Zustand.
- Sieh dich selber fest auf dem Boden stehend, gehe aber mit deinem Bewusstsein hinter deine körperlichen Augen zurück, stelle dich hinter die Augen und beobachte von dort, was geschieht.
- Du bleibst während der ganzen Meditation mit deinem Bewusstsein hinter deinen Augen und siehst von dort, wie ein Beobachter, die Welt.
- Stell dir vor, du stehst mit beiden Füßen fest auf dem Boden von Mutter Erde. Du bist mit ihr verbunden.
- Stell dir vor, aus deinen Füßen und aus dem Basischakra wachsen Wurzeln tief in den Boden hinein, bis hin zum Mittelpunkt der Erde.

- Bitte Mutter Erde, deinen Körper und alle deine energetischen Ebenen mit reiner Lebenskraft zu durchströmen.
- Spüre, wie Lebenskraft aus der Erde in dich einströmt, dich reinigt und heilt.
- Bleibe mit deiner Aufmerksamkeit hinter deinen Augen.
- Nimm bewusst den Atem wahr, die wunderbare Luft, die die Erde umgibt und die dir mit jedem Atemzug Kraft aus dem Kosmos zuführt.
- Sieh den weiten Himmel über dir, die Wolken, die Sterne, den Kosmos.
- Breite deine Arme aus und nimm die Lebenskraft und Lebensfreude aus dem Kosmos in dir auf. Du bist mit beiden verbunden: Mit Mutter Erde und mit dem Kosmos.
- Ziehe die Lebenskraft aus dem Kosmos über das Scheitelchakra tief in dich hinein. Spüre, wie jede Zelle deines Körpers von dem strahlenden, lebendigen Licht aus dem Kosmos durchflutet wird.
- Spüre, wie deine seelischen und energetischen Ebenen vom strahlenden, lebendigen Licht aus dem Kosmos geflutet werden.
- Du atmest Lebenskraft und Lebensfreude, Heilung, Freiheit und strahlende Gesundheit ein, mit jedem Atemzug.
- Du wirst vom Scheitelchakra bis zum das Basischakra, vom Scheitel bis zur Sohle, durchströmt von Lebenskraft, Reinigung, Freiheit und Heilung aus der Mutter Erde.
- Nun zerstöre deine Wurzeln, die dich mit Mutter Erde verbinden. Tue es ohne Furcht.
- Bleibe mit deinem Bewusstsein hinter deinen Augen, sieh von dort die Welt an.
- Nun lass erneut die Wurzeln aus den Füßen und aus dem Basischakra tief in Mutter Erde hineinwachsen.
- Erkenne: Wenn immer deine dich erdenden Wurzeln zerstört werden: du kannst sie immer wieder neu aufbauen, und zwar ganz einfach, durch deine Vorstellungskraft. Denn du bist ein schöpferisches Wesen.
- Bitte nun Mutter Erde und Vater Kosmos, dich von allem zu befreien, was dir zugefügt wurde, was du von anderen übernommen hast, was aber nicht zu dir gehört.

- Wie ein Wasserfall strömt nur aus dem Kosmos durch dein Scheitelchakra reinigende Energie in dich ein und fließt durch deinen ganzen Körper.
- Mit großer Strahlkraft steigt eine Fontaine an Energie aus der Erde auf, fließt durch deine Füße, durch das Basischakra und durch deinen ganzen Körper.
- Die kraftvolle Strömung aus dem Kosmos und aus Mutter Erde reinigt nun alle deine Zellen, alle deine energetischen Ebenen und löst alles los, was nicht zu dir gehört.
- Öffne nun alle deine Chakras und lass die losgelösten Fremdenergien durch alle deine Chakras in einem kräftigen Strahl nach draußen fließen.
- Stell dir vor, wie in einer kräftigen Fontaine all das aus dir fließt: fremde Programmierungen, Prägungen, Glaubenssätze, Gefühlsmuster, Denkmuster, Verhaltensmuster, erzwungene Entscheidungen, übernommenes Leid und was immer an übernommenen, fremden Energien in dir wirkt.
- Es strömt in einem kräftigen Strahl aus deinem Wurzelchakra, aus dem Sakralchakra, dem Solarplexus-Chakra, deinem Herzchakra, deinem Kehlkopfchakra, deinem Stirnchakra und aus deinem Scheitelchakra.
- Bitte darum, nun alles los zu werden, was nicht zu dir gehört, was dir schadet und dich auf deinem Seelenweg behindert.
- Sieh, wie der Fluss aus den Chakren immer stärker wird. Alles, was nicht zu dir gehört, strömt aus den Chakren hinaus und kehrt zu denjenigen zurück, zu denen es gehört.
- Fühle die zunehmende Leichtigkeit in deinem Körper, in deiner Seele.
- Fühle die Befreiung in deinem Kopf, deinen Schultern, bis hinunter in deine Füße und hinaus über deine Arme, Hände und Finger.
- Die einströmende Energie aus dem Kosmos füllt die Leere, die durch die Ausscheidung entsteht, sofort mit Lebenskraft und Lebensfreude.
- Wenn du spürst, dass genug Fremdenergie abgegeben wurde, fühle die wunderbare Leichtigkeit in dir,
- Spüre die liebevolle Anbindung an den Kosmos und die liebevolle Anbindung an Mutter Erde.

- Bedanke dich beim Kosmos und allen Wesen aus Licht und Liebe für diese Befreiung und Reinigung.
- Bedanke dich bei Mutter Erde und allen wohlwollenden Kindern von Mutter Erde für diese Befreiung und Reinigung.
- Komme mit ein paar tiefen Atemzügen zurück ins Hier und Jetzt.

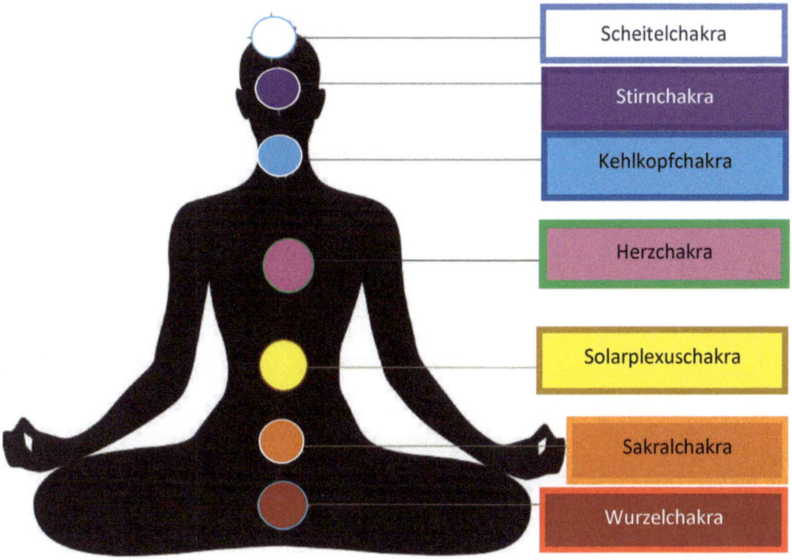

Wenn immer du dich müde, fremdbestimmt, ausgelaugt fühlst, wiederhole diese Meditation. Wenn du dich nicht nach deiner inneren Stimme entschieden hast, sondern dich beeinflussen ließest, wenn du das Gefühl hast, alten Mustern und nicht dem Göttlichen in dir zu folgen oder gefolgt zu sein, wenn du dich gezwungen fühlst zu Dingen, die du nicht wirklich willst – führe diese reinigende und befreiende Meditation durch. Sie ist auch hilfreich, wenn man sich nicht entscheiden kann oder das Denken sich nicht klar anfühlt...sie ist nicht nur hilfreich bei Ahnenverstrickungen, sondern kann für jede Beziehung angewandt werden, Partnerschaft, Berufsleben, freundschaftliche Beziehungen usw.

VERSTRICKUNGEN, ANHAFTUNGEN UND NEGATIVE BEEINFLUSSUNG DURCH VORFAHREN

Wiederholt sich auch in deiner Ursprungs-Familie immer wieder ein gleiches, negatives Thema, wie z.B.

- gewalttätige Ehemänner und duldende Ehefrauen,
- Gewalt gegenüber Kindern oder Senioren,
- Ausbeutung von Familienangehörigen,
- Fremdgehen und Kinder, die nicht wissen, wer ihre Väter sind,
- Suchtprobleme, Glücksspiele,
- Vergeudung des Familienvermögens und Familieneinkommens usw.?

Bei vielen solcher negativer „Familienthemen", aber auch bei Auswirkung frühkindlicher Prägungen und Verhaltensmustern im Erwachsenenleben, Verlusten von Seelenanteilen und Besetzungen und Anhaftungen, mit denen ich konfrontiert wurde, waren die negativen Beeinflussungen durch die Vorfahren am häufigsten.

Oftmals waren mehrere Personen aus einer Sippe betroffen. Da setzten sich bestimmte Verhaltensmuster der Vorfahren von Generation zu Generation fort, soweit man zurückblicken konnte, bis jemand kam, der diese Schemata durchbrach und so seine eigenen Nachkommen befreite. Sehr häufige Symptome von Ahnenverstrickungen sind

- manisch-depressive Erkrankungen,
- Epilepsie,
- Schizophrenie,
- Angstpsychosen,
- Burnout-Syndrom
- Feindschaften unter Verwandten oder Nachbarn,
- Manipulationen durch ein Familienmitglied, um eigene Vorteile zu erlangen,
- Tyrannei und Gewalttätigkeiten in Ehe und Familie und

- geduldiges Ertragen aller Demütigungen, aus denen man eigentlich, geschuldet der eigenen Würde, ausbrechen müsste.

Bei allen psychischen Erkrankungen ist es unbedingt erforderlich, fachmännische Hilfe in Anspruch zu nehmen. Schamanisch-spirituelle Heilweisen können hier nur als wertvolle, die Heilung fördernde Ergänzung dienen.

Ahnenverstrickungen verstehen

Massive Ahnenverstrickungen entstehen meistens bereits in der frühen Kindheit. Erkrankung, schwere Sorgen oder gar Tod der Eltern oder eines Elternteils können der Auslöser sein. Als noch kleines Kind hat der Betroffene gespürt, dass es Vater oder Mutter schlecht ging. In dem Kind wird dann die Angst wach, dass Vater oder Mutter sterben könnten und es dann auch sterben müsse, wie bereits erwähnt. Es will aber leben und übernimmt unbewusst einen Teil vom Schmerz und vom Leid der Eltern, damit dies für die Eltern erträglich wird und ihr Überleben nicht mehr bedroht ist. Diese übernommenen Seelenanteile gilt es, zurückzugeben und im Gegenzug die eigenen Seelenanteile, die der Betroffene von uns übernommen hat, zurückzuholen. Denn umgekehrt ist es genau so, übernehmen oft Eltern Seelenanteile ihrer Kinder, um deren unbeschadetes Überleben zu sichern. Das ist noch relativ einfach. Schwieriger wird es, wenn es sich um Vorfahren früherer Generationen handelt, die der Betroffene oftmals persönlich nicht gekannt hat. Als Kind hat er von den Eltern einen Seelenanteil übernommen, den diese bereits von ihren Eltern übernommen hatten. Diese Übernahme von Seelenanteilen geschieht in der Regel unbewusst, was aber die Wirkung in das Leben hinein dadurch nicht abschwächt.

Gründe für die Bevormundung, Besetzung oder Anhaftung durch verstorbene aber auch noch inkarnierte Ahnen sind sehr komplex und gibt es viele. Das können Traumata der Vorfahren sein, die der Nachkomme mitträgt, es kann aber auch sein, dass ein Vorfahre meint, das Recht zu haben, seine Nachkommen nach seinen Vorstellungen zu formen, es kann Nicht-loslassen-können, Rache, Schuldgefühle und Kontrollsucht sein, die ganze

Palette negativer Nichtachtung der Willensfreiheit der Nachkommen oder tiefstes Mitleid, zum Unterschied von Mitgefühl.

Zur Situation eines jungen Mannes, der nicht nur heftige Traumata aus seinen Vorleben mitgebracht hatte, sondern von männlichen Vorfahren besetzt war, die ihm großen Schaden zufügten, ihn aus der Gesellschaft lösten, von denen er sich aber Schutz erwartete, wurde mir in einem traumähnlichen Zustand ein symbolträchtiges Bild gezeigt:

Ich ging in eine tiefe, düstere Höhle. Es war ziemlich dunkel, nur an der Höhlenwand waren hier und dort Kienspanlichter angebracht. Von weitem hörte ich leise, klagende Hilferufe. Ich ging ihnen nach und kam zu einem Rondell in dieser Höhle. In der Mitte befand sich eine Säule, auf der hockte, ganz zusammengekauert, eine dunkle Männergestalt mit einem eisernen Reifen um die Taille. An diesen Reifen waren Ketten geschmiedet, die zu den umstehenden, grau aussehenden Männern führten. Sie schienen an die Gestalt auf der Säule geschmiedet zu sein und von ihnen ging das Jammern und Nach-Hilfe-rufen aus. Doch bei näherem Hinsehen entdeckte ich, dass die grauen Männer die Ketten nur in der Hand hielten. Sie hätten sie nur loslassen und dann aus der Höhle heraus gehen brauchen und wären aus ihrer traurigen Situation erlöst gewesen.

Das sagt aus, dass den Betroffenen nur geholfen werden kann, wenn sie selber das wollen. Der freie Wille eines bewussten Wesens darf niemals tangiert werden, sonst laufen alle Bemühungen, zu helfen, ins Leere.

Der betroffene Mann ist auf einem wunderbaren Weg der Heilung. Aber es war viel Gebet notwendig, um ihn zu befreien.

Wir gehen einer neuen Zeit entgegen, eine Zeit, nach der sich die Menschen seit Jahrtausenden sehnten. Wir sind zweifellos in der Zeitenwende angekommen, hin zu einer Gesellschaft, in der die Menschlichkeit und das menschliche Maß in unseren Lebensbedingungen wieder im Mittelpunkt stehen werden. In wenigen Jahren gehören Besetzungen nicht mehr zu unserer Lebenswirklichkeit. Deshalb will ich auf dieses Thema nicht mehr näher eingehen.

Familienthemen

Der Bann ist für die nachkommenden Generationen gebrochen, wenn ein Nachkomme bzw. eine Nachkommin sich aus dieser Situation befreit, das alles nicht mehr mitmacht. Das gilt vor allem für Feindschaften, aber auch alle Formen von Gewalt. Vergebung und Versöhnung lösen auch für die kommenden Generationen diese schwere Beeinträchtigung des Wohlbefindens.

Weitere Familienthemen, die sich ständig wiederholen, werden auf die gleiche Weise gelöst: Nicht mehr mitmachen, die eigene Würde wiederherstellen, Versöhnung und Vergebung suchen. Dies sei an Beispielen konkretisiert:

Nachkommen aus einer Sippe mit erdgebundenen Seelen:
Zwei Enkelinnen schwere Depressionen, eine weitere Enkelin flüchtet in krankhafte, extreme Religiosität
Urenkelin manisch-depressiv,
Urenkel Angstpsychosen und Schizophrenie

Ein Familienthema aus dieser Sippe setzte sich von Generation zu Generation durch, gewalttätige Ehemänner und Ehefrauen, die die Gewalt erduldeten bis zum Tod.

Ursache: Einige der Vorväter aus dieser Sippe waren gewalttätig gegenüber Ehefrauen und Kindern, nahmen es nicht ernst mit ehelicher Treue und verhielten sich sexuell ausschweifend und Frauen verachtend, wurden von Zeitgenossen, die sie kannten, als Tyrannen beschrieben und waren, obwohl aus einer reichen Bauernsippe, deshalb ziemlich verrufen. Die katholisch geprägten Männer sträubten sich aus Angst vor Strafe, nach ihrem Tod ins Lichtreich zu gehen, befürchten auch jetzt noch, dass sie in die Hölle oder zumindest in das Fegefeuer kommen, wenn sie dorthin gehen, wo sie eigentlich sein müssten, ins Reich der Verstorbenen. Doch allmählich lockert sich ihr Griff und den Betroffenen geht es besser. Diese Vorfahren sind zum einen wütend, weil sie ihren Ruf geschädigt sehen und betrachten ihre Nachkommen, die nach ihren Ansichten von ihrem früheren Besitz profitieren, als ihnen verpflichtet. Die Weigerung, ins Lichtreich zu gehen, ist begründet auf Angst vor Strafe in der Jenseitswelt und Rache für ihren üblen Ruf und ihre Taten. Doch wiederholte Ahnenmeditationen lassen allmählich Vertrauensbildung zu und sie denken darüber nach, ins Reich der Verstorbenen zu gehen, weil sie allmählich begreifen, nur dort geheilt werden können.

Auffallend ist, dass aus dieser großen Sippe viele Frauen geschieden sind. Sie haben es geschafft, aus ihren von Gewalttätigkeit der Männer geprägten Beziehung auszubrechen und wie es aussieht, setzt sich in ihrer Nachkommenschaft dieser „Ahnenfluch" nicht mehr fort, der Bann ist gebrochen, die nachfolgende Generation lebt ihre Beziehungen gewaltlos und auf Augenhöhe in der Partnerschaft.

Dies sind nur einige Beispiele für die Ursachen von Ahnenverstrickungen und Besetzungen durch Ahnen. Für all diese Dinge ist es wichtig zu wissen, **dass es sein kann, dass der Betroffene entweder mit der Energie der Besetzer in Resonanz gegangen ist oder dass karmische Verstrickungen aus früheren Leben vorliegen. Besetzung kann auch im Zustand eines Vollrausches infolge von Alkohol- oder Drogenmissbrauch entstehen, wenn durch den Drogenrausch die Aura löchrig wird oder sich gar im Scheitelbereich öffnet. Doch die wohl häufigste Ahnenverstrickung erfolgt auf Basis tiefer Liebe. Es sind ja immer wieder die gleichen Mitglieder unserer großen geistigen Familie, die gegenseitig die Rollen in den Inkarnationen in wechselnder Besetzung spielen.**

In der Lichtwelt ist der Umgang miteinander von Respekt und Achtsamkeit geprägt, es herrscht eine Atmosphäre von tiefem Frieden, Geborgenheit und Liebe. In ganz besonderer Liebe aber sind die Mitglieder einer geistigen Familie miteinander verbunden. Egal ob inkarniert oder bereits verstorben, sie interessieren sich füreinander und versuchen, einander beizustehen. Diejenigen in der Lichtwelt sehen und spüren das Leid der uneingereihten Familienmitglieder, die sich ängstigen, in die Lichtwelt zu gehen, obwohl sie verstorben sind, weil sie immer noch falschen Glaubenssätzen anhängen und natürlich wissen, dass sie sich fehlverhalten haben. Sie leben in einer grauen Zwischenwelt ohne Zeit und sind sehr, sehr einsam. In der Lichtwelt würden sie Heilung finden und es würden ihnen Wege der Wiedergutmachung und Aussöhnung gezeigt. Aus tiefer Liebe erklärt sich dann das eine oder andere Mitglied der geistigen Familie bereit, einen Teil des Karmas der armen Seele zu übernehmen, damit diese es wagt, in das Lichtreich zu gehen. Das liebevolle Familienmitglied geht dann mit einem Teil des Karmas der erdgebundenen Seele in ein neues Leben und erfährt das Schicksal, das der Erdgebundene geschaffen hat. Der Erdgebunde aber wagt es dann endlich, in das Lichtreich zu gehen. Dann aber kann dieses nicht eigene Karma zurückgegeben und das Familienthema somit aufgelöst werden.

Wir alle tragen im Genom nicht nur die Gene unserer Vorfahren, sondern auch einen Teil von deren Charakter, indem wir durch ihre „Erziehung" und ihr Vorbild geprägt wurden. Auf eine sehr interessante Sache bin ich erstmals gestoßen, als ich bei den Recherchen für ein Ahnenbuch für meine Enkelkinder bis ins 16. Jahrhundert zurück forschte und in einer Ahnenmeditation meine Vorfahren zu einem Friedensfest einlud. Es klingt erst einmal unglaubhaft, aber sie kamen und ich sah, dass wir zum Teil unsere eigenen Vorfahren sind. Es sieht sogar so aus, dass wir häufig in die gleiche Sippe inkarnieren, in die gleiche Region, immer mit den gleichen Personen im Umfeld, aber mit wechselnden Rollen. Wir übernehmen dabei das Genom, das wir bereits einmal hatten, das aus einer unserer früheren Inkarnationen stammt, aber angereichert ist mit den Eigenschaften und Erfahrungen weiterer Vorfahren. Das würde erklären, warum so manche Nachkommen die gleichen Charakterzüge aufweisen, wie die Vorfahren, wo doch Charakter die Summe unserer Erfahrungen und Erkenntnisse ist – wir sind z.T. unser eigener Nachkomme. Vielleicht haben wir das Haus, das wir von der Großmutter geerbt haben, selber gebaut, als wir ein Vorfahre unserer jetzigen Großmutter waren?

Ich werde auch nie vergessen, was eine Chorfreundin erlebte:
Sie war ein Kriegskind, saß in den fürchterlichen Bombennächten mit anderen verängstigten Leuten in einem Bunker in Ostberlin, begleitet von ihrer Mutter, die sie, während es ringsum krachte und bebte, fest in den Armen hielt. Das Kind wurde damals heftig traumatisiert, konnte aber als Seniorin sehr gut mit den Dingen umgehen, die sie einst so geängstigt hatten.

Die ganze Familie war sehr spirituell ausgerichtet. Die Tochter bekam ihre Kinder im Beisein ihrer ganzen Familie, einschließlich der Eltern, zu Hause. Als das zweite Enkelkind, ein Mädchen, geboren wurde, sagte die Oma, meine Chorfreundin: „Sie sieht genauso aus wie meine Mutter". Später, als die Kleine laufen und sprechen konnte, verstärkte sich dieser Eindruck: die gleichen Gesten, die gleichen Charakterzüge wie die Mutter ihrer Großmutter (meine Chorfreundin) sie hatte, wies die Kleine auf und zudem eine frappierende äußerliche Ähnlichkeit. Dann, eines Abends, als die jetzige Großmutter am Bett ihrer Enkelin saß und den Kindern noch eine Gute-Nacht-Geschichte erzählte, kam sie auf die Bombennächte im Bunker zu sprechen und erzählte, dass sie sich so sehr gefürchtet hatte. Die damals vierjährige Enkelin sagte zu ihr: „Aber warum hast du dich gefürchtet? Ich war doch die ganze Zeit bei dir, hab dich in den Armen gehalten und dich getröstet." Die Enkelin der Chorfreundin war also mit ziemlicher Wahrscheinlichkeit ihre eigene Urgroßmutter.

Ich glaube, das zu wissen, ist wichtig für das Verstehen von Ahnenverstrickungen.

SICH WIEDERHOLENDE FAMILIENTHEMEN UND AHNENVERSTRICKUNGEN AUFLÖSEN

Hierzu eignen sich fast alle in diesem Buch vorgestellten Meditationen und Rituale, die generell zur Auflösung von Ahnenverstrickungen gedacht sind: Immer mit dabei und **am allerwichtigsten, ein Vergebungsritual**, wie in der nachfolgenden Meditation beschrieben. Dann die Meditationen „Reise zum

Tempel des Inneren Friedens (Seite 56)", die „Meditation des Friedens mit den Ahnen (Seite 115)", die „Meditation zur Heilung traumatischer Erlebnisse und Auflösung ungeklärter Situationen nach Anna Pogacnik", das Ritual der liegenden Acht, die Auflösung von Eiden, Gelöbnissen usw., wie in den nachfolgenden Texten beschrieben. Lass dich einfach führen von Gott in dir, spüre, was wann am zielführendsten ist. Wichtig sind folgende Punkte:

- Überzeuge, wenn es sich um Besetzungen oder Anhaftungen handelt, den Besetzer davon, dass er längst gestorben ist, was Verstorbene oft nicht begreifen, da sie sich den Tod anders vorgestellt haben.
- Sage ihm, dass seine familiären Bindungen aufgehoben sind und auch sein Besitz nicht mehr zu ihm gehört.
- Überzeuge ihn davon, dass er im Lichtreich, das seine wirkliche Heimat ist und in dem er seit seinem Tod sein sollte, nicht bestraft wird für seine dunklen Seiten und Taten, sondern dass ihm vielmehr Friedenswege und Wege der Wiedergutmachung gezeigt werden,
- dass er dort Frieden und Heilung finden wird.
- Verurteile nicht, bewerte nicht. Sage ihm, dass du dich vor seinem Leben neigst, egal wie es war, denn weder du noch die anderen Menschen können sein Leben beurteilen und ihn deshalb richten. Vertraue darauf, dass Gott in ihm weiß, wie er seine verletzte Seele heilen kann.
- Danke dem Besetzer oder der uneingereihten Seele, dass er dich, sein Kind, gezeugt bzw. geboren hat, ohne dass du jetzt nicht in diesem Körper leben könntest. Sage dem Ahnen, dass du sein Leben würdigst.
- Danke ihm, dass er für deinen Vorfahren gesorgt hat und dieser selbst Vater bzw. Mutter werden konnte.
- Überzeuge den Besetzer davon, dass er trotzdem keinerlei Recht hat, das Leben und den Seelenweg seines Nachkommen zu beeinflussen und sich weiter versündigt mit der Besetzung fremden Seelenraumes und der Beeinflussung fremden Seelenweges.
- Sage ihm, dass wir alle immer wieder geboren werden, oftmals in die gleiche Sippe, aber mit stets wechselnden Rollen.
- Sage ihm, dass wir geistige Wesen sind, geboren aus Gott vor aller Zeit, dass wir von Gott bedingungslos geliebt werden und dass wir hier auf

Erden nur die körperliche Hülle an unsere Nachkommen weitergeben, in die der Geist, das Bewusstsein, das Unsterbliche des Kindes, einzieht. Kein Vater, keine Mutter hat das Kind ins Leben gerufen, es war eine vorgeburtliche Abmachung, dass die späteren Eltern und das spätere Kind für dieses Leben diese Rolle füreinander übernehmen werden. Gezeugt und geboren wurden wir alle aus Gott, noch bevor es diese materielle Welt gab. Gezeugt und geboren aus unseren Eltern wurde lediglich unsere körperliche Hülle, die vergänglich ist, uns aber das Lernen und Wirken in der Materiewelt ermöglicht.

- Bitte Vater-Mutter-Gott um die Gnade der Aufnahme der Vorfahren in das Lichtreich und Erzengel Michael um das Herabbringen des Lichttunnels und Heimführung der verlorenen Seelen in ihre jenseitige Heimat.
- Hilf dem Besetzten, Vertrauen in die göttliche Präsenz in sich zu entwickeln und sein gottgegebenes Recht auf Willensfreiheit zu nutzen, um den Besetzer abzulösen und in die Schranken zu weisen.
- Überzeuge den Besetzten davon, dass eine bewusste Aufhebung früherer Eide, Versprechungen usw. möglich ist und diese, wenn er will, aufgelöst werden können, was ein erster Schritt zu seiner Heilung ist.

Gegenseitige Vergebung und Vergebung gegenüber sich selbst sind der Schlüssel zur Heilung, dann lass die Heilige Wandlung erfolgen:

- **Bitte Gott, er möge dir helfen, all deine schmerzhaften Erfahrungen zu wandeln in den Seelenschatz der Erkenntnis von Gut und Böse, von Ursache und Wirkung aus eigener, unmittelbarer Erfahrung.**
- **Lass danach die Situation los, grüble nicht mehr nach, vergib dir selbst und dem Täter aus ganzem Herzen, wissend, dass ihr beide in eurem innersten Kern wunderbare Wesen seid, die in der Zerrissenheit der Welt der Polarität um ihre Höherentwicklung kämpfen.**

Du kannst den Besetzerseelen, wenn sie bereit sind, in die Lichtwelt zu gehen und den Besetzten frei zu geben, zum Dank einen Strauß weißer Rosen mitgeben, denn weiße Rosen sind die Blumen, die der Seele unendlich gut tun.

Hilfreich kann auch die nachfolgend beschriebene Meditation „Friedensfest mit den Ahnen“ sein, in der es in erster Linie um die Kraft und den Segen der Ahnen geht, die diese meist gern auf ihren Nachkommen übertragen.

DAS VERGEBUNGSRITUAL

> Denn ich werde ihnen alles Unrecht vergeben
> Und ich werde nie mehr an ihre Sünden denken.
> Darum jagt dem Frieden nach mit jedermann
> und der Heilung, ohne die niemand den Herrn
> sehen wird.
>
> Bibel: Hebräer 8,12-14

Spüre in dich hinein, wo Vergebung notwendig ist, sei es, dass du um Vergebung bitten solltest, sei es, dass dir Leid angetan wurde und du vergeben solltest, sei es, dass du dir selbst vergeben musst, die schmerzliche Situation irgendwann einmal auf seelischer Ebene geschaffen zu haben, auch wenn das nicht mehr in deinem Bewusstsein ist. Lass die Heilige Wandlung erfolgen: Bitte Gott, er möge dir helfen, all deine schmerzhaften Erfahrungen zu wandeln in den Seelenschatz der Erkenntnis von Gut und Böse, von Ursache und Wirkung aus eigener, unmittelbarer Erfahrung. Denn um Polarität kennenzulernen, bist du auf Erden inkarniert. Lass danach die Situation los, grüble nicht mehr nach, vergib dir selbst und dem Täter aus ganzem Herzen, wissend, dass ihr beide in eurem innersten Kern wunderbare Wesen seid, die in der Zerrissenheit der Welt der Polarität um ihre Höherentwicklung kämpfen.

Vergebung ist Heilung auf allen Ebenen, denn sie bedeutet, negative Verstrickungen, die uns nicht nur beständig Schmerz bereiten, sondern uns auf unserem Seelenweg, den wir nach dem Willen Gottes ungehindert und ohne Krankheit gehen sollten, mächtig blockieren. Zudem machen uns diese Verstrickungen, wenn wir sie nicht lösen, krank und unglücklich.

Lieblose, verletzende Entscheidungen treffen wir alle Adamae (= Erdlinge), immer wieder. Wir haben uns ja entschieden, Gut und Böse aus eigener Erfahrung kennenzulernen, wollen wissen, wie sich das eine und das andere anfühlt. Deshalb gehen wir auch alle immer wieder einmal den Pakt mit dem Bösen ein und haben dann, genauso wie bei guten Entscheidungen, die Folgen zu tragen. Und das so lange, bis wir aus diesen Folgen Einsicht und Erkenntnis gewinnen, dass unsere Entscheidung schlecht war. Dann werden wir uns aus freier Entscheidung darum bemühen, das Negative wieder auszugleichen, Lieblosigkeit durch das gleiche Maß an Liebe aufzuheben. Es ist kein strafender Gott, der sich für unser Tun rächt. Diese Gottesbild wurde ausnahmslos von Menschen erfunden, die eine Religionsgemeinschaft aufbauten und sich über ihre „Glaubensbrüder“ erheben wollten, Macht und/oder Geldgewinn im Fokus hatten. Es hat mit der Realität nichts zu tun. Gott ist reinste, bedingungslose Liebe, die uns Willensfreiheit geschenkt hat, obwohl er/sie wusste, wozu das führen kann. Sein Eingreifen wird niemals unsere Willensfreiheit tangieren, denn diese ist nicht nur eine Farce, sie ist ein Geschenk aus höchsten Höhen. Ein Eingreifen des Allerhöchsten erfolgt, sofern die Angelegenheit uns betrifft, nur auf unseren ausdrücklichen Wunsch hin und nur, wenn das Gewünschte gut für uns ist. Die „Strafe“ ist im negativen Handeln inbegriffen durch das Prinzip von Ursache und Wirkung, das unsere Entwicklung durch die Welt der Polarität steuert, und nicht von Gott verursacht. Sie ist durch das Handeln selbst erzeugt, denn all unser Tun, Denken und Wollen erzeugt Energie, die nie verloren geht, aber durch die entgegengesetzte Energie ausgeglichen werden kann. Sofern die von uns gesetzte Ursache negativer, verletzender Art war, strebt die göttliche Seele in uns nach Ausgleich durch Liebe.

Wir Reisende durch die Welt von Zeit und Raum, der Welt der Polarität, sind hier auf dieser Erde, weil wir – geboren vor aller Zeit in der Lichtwelt Gottes

– begehrten, „vom Baum der Erkenntnis von Gut und Böse zu essen“. Diese biblische Symbolgeschichte bedeutet, dass wir die Polarität kennenzulernen wünschten, aus eigener, unmittelbarer Erfahrung oder aus Erkenntnis, die wir durch die Erfahrung anderer gewinnen. Wir müssen nicht alle zum Mörder werden, um zu erkennen, dass Mord nicht in Ordnung ist. Erkennen von Gut und Böse macht verantwortlich und hat Folgen. Die Urquelle allen Seins hat uns zwar gesagt, welche Folgen der Gang durch die polaren Welten haben wird, dass wir des Todes sterben, im Schweiße unseres Angesichtes unser Brot verdienen und unter Schmerzen unsere Kinder gebären werden, alles Dinge, die wir in der Lichtwelt nicht kannten. Aber sie hinderte uns nie und verbot uns nie, diesen Weg zu gehen. Sie begleitet ihn vielmehr liebevoll.

Obwohl wir kreative, schöpferische Wesen sind, können wir auf dieser Welt nichts Bleibendes schaffen und manches Mal ist es gut für uns, uns von der Weltbühne auf den Zuschauerrang zu begeben und diesem absurden Treiben, das sich in unserer Welt abspielt, amüsiert zuzuschauen.

Alles, was wir in Lieblosigkeit entscheiden, denken, anstellen oder was wir an Verletzungen durch Andere erleiden, schafft eine Verstrickung mit dem betroffenen Menschen und diese blockiert uns, macht u.U. sogar krank, tief traurig und hindert uns, in Liebe und Frieden mit den Mitmenschen zu leben. Deshalb ist es so wichtig, das Geschehene loszulassen, die Verstrickung zu lösen und das geschieht durch Vergebung.

Vergebung bedeutet nicht, das Geschehene zu rechtfertigen, es kleinzureden. Sie schafft auch keine Beziehung. **Vergebung heißt nur, Gott im Gegenüber zuzutrauen, dass er das Richtige tun wird. Sie bedeutet, die Bewertung des Geschehenen und die Beurteilung des Menschen, durch den es geschah, der höchsten Weisheit und Liebe, die im Universum existiert, zu überlassen.** Wahre Bitte um Vergebung heißt

- sich die Lieblosigkeit des durch dich Geschehenen einzugestehen und Verantwortung dafür zu übernehmen,
- bereit zu sein, die Negativität durch Liebe auszugleichen, wieder gut zu machen und so den Schmerz im Opfer unserer Lieblosigkeit und in uns selbst aufzulösen.
- Unrecht, das uns zugefügt wurde, an die kosmische Gerichtsbarkeit zu übergeben, ihr das Urteil zu überlassen und darauf vertrauen, dass diese

höchste Macht der Weisheit und Liebe das Richtige tun wird, um den Täter wieder auf einen guten Weg zu bringen.

Um die Auflösung unserer negativen Verstrickungen zu bewirken, schlage ich nachfolgende Meditation vor. Sie kann und soll dem eigenen Empfinden eines jeden angepasst und verändert werden. Wege zu Gott gibt es wohl so viele, wie es lebende, bewusste Wesen gibt. Deshalb ist es so wichtig, das nötige Selbstvertrauen und Gottvertrauen zu haben, in die bewusste Beziehung zu Gott in uns zu gehen, um eigene Modelle zu entwickeln, die zu 100 % für dich passen. Ob es nun darum geht, welche Wesenheiten aus der Lichtwelt du als Begleiter wünscht, welche Worte du wählst oder mit wem du das Friedensfest der Vergebung feiern willst – entscheide frei und vertraue Gott in dir, dass er den für dich richtigen und wichtigen Weg weisen wird. Deshalb kann nachfolgender Text nur eine „Muster-Meditation“ sein, die du für dich so anpasst, dass dein Inneres „Ja“ dazu sagen kann.

Alle Meditationen gelingen besonders gut in Gemeinschaft mit Gleichgesinnten und unter Anleitung durch einen Meditationsleiter, der den Text vorgibt, so dass niemand durch Verstandesdenken (was kommt als nächstes?) abgelenkt wird.

Das Ritual: Vergebung und Heilung des Ortes des Geschehens

- Baue den Heiligen Raum auf, schaffe einen würdigen Rahmen.
- Veranlasse, dass du während der Meditation nicht gestört wirst.
- Zünde eine Kerze an, lege meditative Musik auf, mittels der du dich gut auf die göttliche Präsenz einstimmen kannst.
- Entspanne dich körperlich und mental, lass alles Belastende draußen.
- **Rufe die göttliche Präsenz in dir und allen Beteiligten an und bitte, dass du diese Meditation durchführen darfst und sie unter göttlichem Schutz steht.**
- **Umarme Gott in dir, deinen Geist, der du bist und lass euer Licht durch euer ganzes Sein strahlen, göttliche Liebe und tiefen Frieden, weit hinaus über deine Aura in die Welt.**
- Niemals darf der freie Wille des Hilfesuchenden tangiert werden. Sollte es nicht im göttlichen Sinne sein, dieses Ritual durchzuführen, wird es keine Auswirkung auf die betroffene Person haben. Aber jedes in guter

Absicht durchgeführte Ritual erzeugt eine positive Energie und Resonanz und nichts wird mehr so sein, wie es vorher war. Es hat sich das ganze Weltgefüge ein klein wenig zum Positiven gewandelt.

- Bitte deinen Körper, deine Seele, alle deine energetischen Ebenen, sie mögen sich dem göttlichen Heilstrom der Vergebung, des Loslassens und der Neuausrichtung öffnen.
- Begib dich auf die Reise zum Tempel des Inneren Friedens.
  Richte dir deinen Rückzugsraum ein und nimm den Schlüssel dazu an dich. Du kannst jederzeit, wenn es für dich zu anstrengend wird, aus der Meditation aussteigen und in deinen Rückzugsraum zurück- kehren um zu entspannen.
- Bitte um Inspiration und Führung bei der Heilarbeit und lade mit Dank und in Liebe **die** Wesenheiten, die dich bei der Vergebung und der Rückkehr zu Friedenswegen unterstützen sollten, ein**:**

<u>Christus Jesus</u>,

den Friedensfürsten, den Heiland (Heiler) der Seelen und unserer irdischen Körper, mit der Bitte, seine Kraft zur Verfügung zu stellen und die Heilige Wandlung zu vollziehen, d.h. uns zu helfen, die Angst und den Schmerz unserer Verletzungen umzuwandeln in den kostbaren Seelenschatz der Erkenntnis von Gut und Böse, von Ursache und Wirkung, aus eigener, unmittelbarer Erfahrung.

Bitte ihn, mit dieser Energie auch den Ort des verletzenden Geschehens, die Seele und die betroffenen Zellen zu heilen.

<u>Die Heiligen Frauen Mutter Maria und Maria Magdalena,</u>

die Brückenbauerinnen zwischen Diesseits und Jenseits aus dem Team der Ur-Mutter-Göttin, die mütterliche Liebe, Trost und Geborgenheit schenken. Das Team Maria ist auch tröstend zur Stelle, wenn sich jemand anschickt, zu sterben. Ihre immense mütterliche Kraft und Liebe ist dann deutlich spürbar. Das Team Maria ist der Göttlichen Mutter, der Heiligen Geistin, die der weibliche Anteil Gottes ist, unterstellt.

<u>Die Meister der Akasha-Chronik</u>

mit der Bitte, das verletzende Geschehen wieder in die Jetztzeit zu bringen und die Verbindung zwischen dem Ort des Geschehens, dem Mitmenschen, durch den und mit dem das Verletzende geschah und dir herzustellen zwecks Heilung.

Erzengel Michael
mit der Bitte, die verlorenen Seelen- und Energieanteile zum Betroffenen bzw. Täter und zu dir zurückzubringen und danach die Verbindung zwischen dir, dem Ort des Traumas und dem Betroffenen / Täter zu trennen. Bitte ihn, im Lichte der göttlichen Gnade die negativen Verstrickungen mit der blauen Flamme seines Lichtschwertes zu trennen und aufzulösen. Michael ist auch zuständig bei Anhaftungen und Besetzungen durch fremde Wesen. Er bringt den Lichttunnel zu den verlorenen Seelen und führt sie in das Lichtreich, wo sie Heilung und Frieden finden.

Die Engel des Friedens, des Lichtes, der Liebe, der Freude, des Trostes und der Heilung
Sie sind bei jeder unserer Heilmeditationen zugegen, sind liebliche, lichte Wesen. Oftmals löst sich einer der Engel aus der Runde und ich spüre, wie er an mich herantritt und seine Hände über meine legt, was einen intensiven Energiefluss hin zum Gegenüber zur Folge hat.

Schutzgeister und die geistigen Führer,
die einen Schutzraum um alle Beteiligten aufbauen, damit selbst bei weit geöffneten Chakren nichts Negatives an die Meditierenden herankommen kann. Sie sorgen auch dafür, dass in niemandem Bilder aufsteigen, die er zurzeit nicht verkraften könnte.

Es spielt im Grunde genommen keine Rolle, bei welchem Namen du die anzurufenden Wesenheiten nennst, ob du sie als Energien anrufst oder dir darunter reale Individuen vorstellst. Deine Bitte kommt an.

- Stell dir vor, wie all die angerufenen Helfer aus der Lichtwelt durch eine Tür in deinen Tempel des Inneren Friedens treten. Sie sind strahlend hell und wunderschön.
- Bitte nun all diese Wesen, ihre starken Kräfte wirken zu lassen für dich und jene, für die du arbeitest bzw. die mit dir meditieren, zur Heilung auf allen Ebenen, zur gegenseitigen Vergebung und Frieden. Bitte sie um Führung und Anwendung der göttlichen Heilenergien nach ihrer Weisheit.
- Blick dich im Tempel des inneren Friedens um. Du siehst nun eine weitere Tür. Öffne sie und tritt hinaus – du bist jetzt auf der Straße deines Le-

bens. Bitte deine Begleiter aus der Lichtwelt, mit dir zu gehen auf die Reise durch deine Vergangenheit.

- Rufe **die erhabenen Meister der Akashachronik** und bitte sie, die Situationen, die du auflösen willst, wieder in die Erinnerung zu bringen, damit sie verwandelt werden können...
- **Hole dir die Bilder aus der verletzenden Lebenssituation für einige Augenblicke wieder her**. Wenn du keine Bilder wahrnehmen kannst, macht das auch nichts, die Energien – und um die geht es – sind da.
- Alles darf jetzt da sein. Du bist innigst geliebt von der allerhöchsten Macht der Universen und eingehüllt in ihr Licht und ihre Liebe.
- Du bist umgeben vom mächtigen Schutz der Engel. Alles, alles darf jetzt da sein, nichts kann dich verletzen...Lass deinen Schattenseiten Raum, lass zu, dass sie sich dir zeigen.
- **Atme tief durch dein geistiges Herz**, das ganz aus Licht besteht und sich in der Mitte deiner Brust befindet und **spüre, wie das silberhelle Licht in deinem Herzen mit jedem Atemzug stärker und strahlender** wird...
- Lade nun **im Schutz der Engel,** die ganz nahe bei dir stehen, den **Menschen aus der verletzenden Lebenssituation ein, dem du vergeben willst oder den du um Vergebung bitten willst.**
- Der Betroffene kommt dir nun auf der Straße deines Lebens entgegen und bleibt dir gegenüber stehen. Achte darauf, wie er reagiert: sieht er dich an? blickt er zur Seite?
- Bitte nun deine Begleiter aus der Lichtwelt, sich im Kreis um dich und dein Gegenüber zu stellen...
- Rufe in diesen Kreis auch **all jene, von denen du bisher nicht wusstest, dass sie irgendwie am Geschehen beteiligt** waren...
- Stell dir vor, dass **sich dein Herz immer mehr mit silberglänzendem Licht von oben anfüllt. Dein Herz ist vollkommen heil und unbeschädigt**. Es ist silberhell, glasklar und wird immer heller. Die **Engel um dich herum schützen dich** und hüllen dich in eine Kristallhülle, die nichts durchdringen kann, was nicht Licht und Liebe ist. Du stehst unter höchstem Schutz...
- Stell dir vor, dass nun **aus deinem Herzen ein Lichtstrahl fließt**, der alle, die um dich herum stehen, von Herz zu Herz wie auf einer Perlenkette

aufreiht. Neben dir, **links und rechts, stehen die schützenden Engel.** Binde sie zuerst in diesen Lichtfaden-Kreis ein und danach alle sichtbaren und unsichtbaren Wesenheiten aus den negativen Begegnungen, deren Wirkung du auflösen willst.

- Denke nun an **Räume, Lokalitäten, Landschaften**, die mit der ungeklärten Situation/dem verletzenden Ereignis zu tun haben. Der Lichtstrom fließt jetzt neben den Menschen auch durch sie, durchleuchtet und durchflutet sie. Auch der Ort des Geschehens will geheilt werden von seiner negativen Erinnerung...

Für einen Augenblick spürst du, wie **der Lichtstrom durch den ganzen Lichtkreis fließt und alle und alles miteinander verbindet.** Spüre hin, ob du es im physischen Körper wahrnehmen kannst.

- Nun lass alles, was du damals, als die Verletzung geschah, gefühlt hast, in den Lichtstrom fließen. Alle deine Gefühle und Stimmungen aus der damaligen Situation fließen in den Lichtstrom. Alles darf jetzt da sein, alles darfst du fühlen:
- Wut, Ekel und Zorn, Empörung, Hilflosigkeit, Ohnmacht, Trauer, Scham, Schuldgefühle - alles, was du damals empfunden hast, was zu der verletzenden Situation geführt hat.
- Du siehst, wie diese dunklen Energien aus dir in den Lichtstrom hineinfließen.
- Bitte **alle Menschen und alle an der Verletzung Beteiligten um dich herum, das gleiche zu tun** und gebt alle Kraft hinein...
- Du siehst, wie dunkle Schlieren aus den Herzen der Beteiligten im Lichtstrom kreisen.
- Wende dich an **die reinste und höchste göttliche Energie, die Herzensliebe**, und bitte darum, dass **alles durchlichtet und alles Dunkle, Verletzende und Verletzte aufgelöst** wird.
- **Rufe nun den Heiler der Seelen, Jesus Christus.** Er ist da, stellt sich hinter dich und legt dir seine Hand auf die Schulter... Stell dir vor, wie die **göttliche Herzensliebe, die Liebe des Christus,** in einem silbernen, glit-

zernden Strom über dich fließt, als seiest du unter einer Lichtdusche. Sieh die silberglänzende Lichtdusche über allen Anwesenden.

Nun sage zu jenen, mit denen du negativ verstrickt bist:

- **Meine lieben Weggefährten durch die Welt von Zeit und Raum, ich habe euch verletzt und ihr habt mich verletzt.**
- **Ich bereue das Geschehene zu tiefst, ich erkenne es als unlicht und bitte um Vergebung, so wie ich euch vergebe von ganzem Herzen.**
- **Bitte verzeiht mir und verzeiht euch selbst, so wie ich mir verzeihe.**
- **Ich bin bereit zum Ausgleich aller Lieblosigkeit in Liebe.**
- **Lasst uns unsere Beziehung auf eine ganz neue Basis stellen, getragen von**
- **gegenseitigem Respekt,**
- **von der gegenseitigen Achtung unserer Willensfreiheit und unserer Würde kraft des Göttlichen in uns.**
- **Friede sei mit euch und mit mir und zwischen uns.**
- Nun werden alle verlorenen und übertragenen Seelenanteile zu jedem aus der Runde zurückgeführt, zu dem sie gehören. Sage:
- **Bitte nehmt nun alles, was ihr auf mich übertragen habt und was nicht zu mir gehört, zu euch zurück.**
- **Bitte gebt alles, was nicht zu euch gehört und was ich auf euch übertragen habe, zu mir zurück.**
- **Friede sei mit euch und zwischen uns für alle Zeit.**
- **Wir wollen der göttlichen Präsenz in uns vertrauen, das Beste aus der Situation für uns zu machen und lassen alle Rachegefühle, alle negativen Gedanken und Urteile los und legen das Geschehene in die Hände Gottes.**

Du siehst nun, wie alle fremden Seelenanteile aus dir strömen, hin zu jenen, die sie auf dich übertragen haben. Sie sind wie sprühende Funken, wandern von dir zu ihnen und integrieren sich wieder in das Energiegefüge von jenen, zu denen sie gehören. Umgekehrt wandern Seelenanteile, die du auf sie übertragen hast, aus ihren Herzen hin zu dir und ordnen sich in dein Energiegefüge ein.

Nun erfolgt die Heilige Wandlung. Christus Jesus steht hinter dir und hilft dir dabei.

- Bitte die **göttliche Allmacht, alles Leid zu verwandeln in den kostbaren Seelenschatz der Erkenntnis aus Erfahrung**.
- Fühle und sieh vor deinem inneren Auge, wie **helles, violettes Licht** durch alle deine Körperzellen und alle deine energetischen Ebenen strömt und alles umwandelt, was verletzt und beschädigt ist, an deinem Körper, in deiner Aura, in deinen energetischen Körpern und in deiner Seele...
- Du siehst, dass das Gleiche mit den Menschen geschieht, mit denen du verstrickt bist.
- Sieh nun das **violette Licht auch** in den **Lichtkreis strömen** und alles Dunkle, das im Lichtstrom kreist, umwandeln und aufhellen, bis nur noch glitzerndes, helles Silberlicht vorhanden ist...
- Bitte nun Jesus Christus, euch zu helfen, die Heilige Wandlung zu vollziehen...

Jetzt stellt er sich vor dich hin und überreicht dir drei Geschenke, ein Diadem, einen Spiegel und einen Kelch.

- Das glitzernde **Diadem aus violettem Amethyst**, setzt er dir auf das Haupt.
- Nun blicke in den Spiegel, den dir Jesus Christus reicht. Du darfst dich für einige Momente so darin sehen, wie du wirklich bist und auch in der Vergangenheit immer warst – unbeschreiblich schön, rein und licht. Nichts an dir ist unharmonisch oder beschädigt. Keine noch so schlimme Erfahrung hat dein wahres Ich beschädigen können. Erfreue dich an deinem wunderbaren Bild...Dann sprich die **Worte der Heiligen Wandlung**:

- **Ich wandle hiermit Kraft der göttlichen Präsenz in mir das Geschehen, das mich verletzt hat und mein Gegenüber verletzt hat, um in den kostbaren Seelenschatz der Erfahrung von Gut und Böse, von Ursache und Wirkung.**

- **Ich wandle hiermit Kraft der göttlichen Präsenz in mir das Geschehen, das mich verletzt hat und mein Gegenüber verletzt hat, um in den kostbaren Seelenschatz der Erfahrung von Gut und Böse, von Ursache und Wirkung.**
- **Ich vergebe allen, durch die ich Leid erfahren habe und bitte um Vergebung für alles, was ich anderen an Leid zugefügt habe.**
- **Ich vergebe mir selbst, dass ich die Situation irgendwann auf seelischer Ebene geschaffen habe.**
- **Ich bin bereit zu Ausgleich und Wiedergutmachung.**
- **Ich bin rein und heil.**
- **Ich lege den kostbaren Seelenschatz der Erkenntnis nieder in den Heiligen Gral meiner Seele und bewahre ihn als meinen Besitz für alle Ewigkeit...**

Vertraue der göttlichen Gerechtigkeit, die alles wieder neu ordnet und in Harmonie bringt

Nun reicht dir **Jesus den goldenen Kelch**, deinen Heiligen Gral. Er ist gefüllt mit den Edelsteinen der Erkenntnis aus eigener, unmittelbarer Erfahrung, die dein Eigentum sind...Bleibe offen, spüre hin und lass es geschehen...

Alles, was du in Erkenntnis umgewandelt hast, braucht dir nie wieder zu begegnen. Du hast deinen Lernprozess gemeistert.

- Bitte die **göttliche Allmacht**, dass **alle nunmehr geheilten Gefühle** aus der ungeklärten, verletzenden Situation gereinigt und **neu verteilt** werden und danach wieder zurück **zu dir bzw. von dir zurück zur Quelle dieser Gefühle** fließen...
- Du siehst nun, wie die nunmehr gereinigte, hell strahlende Energie der Gefühle, die du in den Lichtkreis geschickt hast, zu dir zurückkehrt und sich in deiner Hand zu einem kostbaren Diamanten formt. Lege ihn in deinen goldenen Kelch, den du in der Hand hältst und stelle den Kelch

auf dem Rückweg auf den Altar neben die Feuerschale in deinem Kristalltempel des inneren Friedens.

- Er ist für alle Ewigkeit dein Eigentum...

Wenn du das Gefühl hast, dass **genug Licht geflossen ist**, ziehst du den Lichtfaden, der alle und alles verbunden hat, wieder zurück in dein Herz...
Schau alle noch einmal an und danke jedem von ihnen für alles, was du mit ihnen erlebt hast und **danke für alle Geschenke** dieser Erfahrung...

Wenn es dir möglich ist, so nimm deinen früheren Kontrahenten in die Arme und danke ihm für die Vergebung.

- Bitte nun Erzengel Michael, er möge mit seinem Lichtschwert alle Verstrickungen zwischen euch lösen.
- Stell dir vor, wie die blaue Lichtflamme aus dem Schwert alle Ketten und Stricke zwischen euch abtrennt. Sie liegen nun locker am Boden.
- Im Strahl des Lichtschwertes lösen sie sich vollständig auf.
- Bitte nun alle Anwesenden, sich jetzt aus dem inneren Bild herauszuziehen und auf die Straße ihres eigenen Lebens zurückzukehren...

Nun bitte Gott darum, dass der **Ort des verletzenden Geschehens** nun geheilt wird kraft seiner bedingungslosen Liebe. Dass alle, die diesen Ort künftig passieren, dort arbeiten oder dort leben, gesegnet sind und seinen Frieden spüren.

- Sieh, wie sich der Ort des Geschehens aufhellt. Bitte Mutter Erde um Vergebung und um Auflösung alles Negativen an diesem Ort und an den anderen Orten der Verletzung.
- Silbernes Licht strömt aus dem Kosmos an den Ort und durchlichtet ihn tief bis in das diamantene Herz von Mutter Erde.
- Violettes Licht löst alles Dunkle, Negative, das an diesem Ort geschehen ist, auf wandelt es in den Seelenschatz der Erkenntnis von Mutter Erde.

- Goldenes Licht strömt nun aus dem Kosmos und überschüttet den Ort mit Licht, damit alle, die ihn künftig passieren, die dort wohnen und arbeiten oder dort verweilen, tiefen Frieden und Harmonie empfinden.

Danke der göttlichen Präsenz, Jesus Christus, dem Erzengel Michael, den Engeln und den Meistern der Akashachronik für die Unterstützung...
Spüre, wie du mit deinem Atem mit der Erde und dem Kosmos verbunden und im eigenen Herzen fokussiert bist...
Bitte **die Engel**, die dir beistehen, **dich weiterhin mit ihren Energien zu schützen und zu durchströmen** an allen Tagen deines Lebens.

Verlasse nun den Tempel des Friedens, steige die Kristalltreppe wieder hinauf, bis zum Pavillon am Ufer des Sees. Dort siehst du nun eine große Tafel stehen, darauf sind mit bunter Kreide alle Bilder gezeichnet, die du in dieser Meditation gesehen hast.
Nimm einen Schwamm, tauche ihn in das Wasser des Sees und **lösche alle Bilder** aus, bis die Tafel völlig rein und sauber ist...Die Bilder sollen in deinem Herzen bleiben und wirken, nicht im Äußeren.

Nach ein paar tiefen Atemzügen komme zurück ins Hier und Jetzt, ganz nach deinem Empfinden und deinem Tempo.

Meditation Friedensfest mit den Ahnen

Rückgabe und Rücknahme aller Fremdprägungen und Seelenanteile, Vergebung und Ahnensegen

- Baue den Heiligen Raum auf.
- Verbinde dich innig mit Gott in dir
- Begib dich zum Tempel des Inneren Friedens (Meditation Seite 56).
- Öffne die Tür, die dich auf die Straße deiner Leben führt.
- Du trittst hinaus, auf die Straße deiner Leben. Bis an den Horizont erstrecken sich die Landschaften, die du während deiner vielen, vielen Inkarnationen durchwandert hast. Du siehst liebliche Hügellandschaften mit Wäldern und Wiesen, du siehst Hochgebirge und tiefe, finstere Schluch-

ten, bezaubernde Seen, aber auch Wüste, graue Häuserschluchten und trostlose Gegenden.

- Durch all diese Landschaften windet sich die Straße deiner Leben bis an den Horizont und immer wieder siehst du das Sternentor, durch das du in diese vielen Leben kamst und aus diesen vielen Leben gingst.
- Das alles liegt nun vor dir. Sieh es dir gut an. Aus diesen Leben werden dir deine Ahnen, mit denen du heute ein Friedensfest feierst, entgegenkommen.
- Du bist aber jetzt in deinem jetzigen Leben. Gehe die Straße entlang und sieh auf der linken Seite einen sanften Hügel.
- Er ist mir kurzem Gras bewachsen und tausende von Blumen blühen darin, in allen Farben. Diese Wiese ist wunderbar anzusehen.
- Auf ihrer riesigen, großen Kuppe, auf deren höchstem Punkt, ist ein Steinkreis aufgerichtet, darinnen befindet sich Feuerholz.
- Daneben steht ein prächtiger Baum, der Baum des Lebens. Er trägt gleichzeitig Blüten sowie noch grüne, aber auch voll reife Früchte.
- Einige mächtige Linden, die Bäume der göttlichen Mutterqualitäten, der Geborgenheit und des Friedens, stehen in weitem Kreis um den Feuerplatz und dem Baum des Lebens herum.
- Vor dem Lindenkreis steht ein Brunnen und aus dem Brunnenrohr strömt frisches, glasklares Quellwasser, das aus den Tiefen der Erde heraufsprudelt.
- Das Quellwasser strömt in den Brunnentrog und von dort in einem kleinen Bächlein den Hügel hinab, entlang der Straße deines Lebens, bis es sich in der Ferne verliert.
- Gehe nun auf die Kuppe des Hügels.
- Rufe den Meister der Heiligen Wandlung, Jesus Christus.
- Rufe die Erzengel Michael und Uriel.
- Rufe die Heiligen Frauen Maria und Maria Magdalena.
- Rufe die Meister der Akashachronik.
- Rufe die Engel des Lichtes und der Liebe, der Lebenskraft und der Lebensfreude, des Friedens und der Vergebung und bitte alle diese Spirits um Hilfe bei der Aussöhnung mit allen deinen Vorfahren.

- Rufe alle Schutzengel und geistigen Lehrer und Führer, deine und jene, die deine Vorfahren begleiten oder begleitet haben.
- Du siehst nun, wie alle diese erhabenen und wunderschönen Wesen zu dir auf die Wiese kommen und sich in weitem Kreis um dich lagern.
- Nun rufe deinen Vater und deine Mutter und bitte sie, zu dir zu kommen.
- Vater und Mutter kommen zu dir. Bitte sie, sich hinter dich zu stellen und dir die Hand auf die Schulter zu legen.
- Nun rufe deine Großeltern. Erst die Eltern des Vaters. Sie kommen zu dir. Begrüße sie und bitte sie, sich links und rechts hinter deinen Vater zu stellen und ihm die Hand auf die Schultern zu legen.
- Dann rufe die Eltern deiner Mutter. Sie kommen zu dir auf die Wiese. Begrüße sie und bitte sie, sich links und rechts hinter deine Mutter zu stellen und ihr die Hand auf ihre Schultern zu legen.
- Nun rufe deine Urgroßeltern und verfahre gleichermaßen. Sie legen ihre Hände auf die Schultern ihrer Söhne und Töchter.
- Bitte diese deine Vorfahren, ihre Vorfahren zu rufen und sie zum Fest der Ahnen einzuladen, wer immer kommen mag.
- Sie kommen in Scharen, deine Ahnen, und freuen sich über die Einladung und dass du ihrer gedenkst
- Begrüße sie alle mit Dankbarkeit und Liebe
- Nun sprich zu ihnen:

Lieber Vater, liebe Mutter, liebe Vorfahren, ich danke euch, dass ihr gekommen seid. Ich habe euch gerufen, weil ich heute mit euch und mit allen unseren Vorfahren ein Fest der Liebe, der Versöhnung und des Friedens feiern will. Ich danke euch für das Geschenk meines derzeitigen Lebens, denn ohne euch wäre ich nicht hier. Ich danke euch für alles, was ihr mir und meinen Vorfahren Gutes gegeben habt und dafür, dass ihr für mich und meine Vorfahren gesorgt habt, als wir selber noch nicht in der Lage dazu waren.
Ihr habt mich geprägt durch euer Verhalten und eure Denk- Gefühls- und Glaubensmuster und das war wichtig für mich, um als Kind und in der Jugend in der Welt zurecht zu kommen. Ich habe unbewusst oder auch bewusst Seelenanteile von euch angenommen, indem ich Kummer und Schmerz von euch

übernommen habe, damit es euch besser geht und ich weiterhin leben konnte. Desgleichen habt auch ihr von euren Vorfahren diese Verhaltens- und Denkmuster und Seelenanteile übernommen.

Heute aber bin ich erwachsen und übernehme die volle Verantwortung für mein Leben selbst.

- **Ich gebe euch deshalb hiermit all das zurück, das zu euch gehört, nicht aber zu mir: Alle eure Denk- und Gefühlsmuster, Prägungen,**
- **Glaubenssätze, Erwartungen und Seelenanteile und übernehme hiermit die volle und alleinige Verantwortung für mein Leben.**
- **Ich gebe euch hiermit alles zurück, was ich an Kummer und Schmerz von euch übernommen habe**
- **Ich bitte euch, eurerseits an mich zurückzugeben, was nicht zu euch gehört und von mir übernommen wurde.**
- **Ich segne euch und bitte Gott, mir und euch zu helfen, meine bzw. eure Probleme zu lösen.**

Stell dir nur vor, wie aus dir Ströme von Energien fließen, hinein in das Bächlein, der aus dem Brunnen des Lebens fließt, bis hinunter in den Quellsee.

- Das silberne Licht der Reinigung und das violette Licht der Transformation ergießen sich in die Energieströme und reinigen sie, bis sie in hellem Licht aufstrahlen und glasklar sind, wie der Quellsee.
- Stell dir nun vor, wie diese gereinigten Energieströme hin zu den Eltern und Großeltern, zu denen sie gehören, fließen. Wenn der Energiefluss beendet ist, so sprich:

- **Ich bitte euch nun, mir eurerseits all das zurückzugeben, was ich auf euch übertragen habe und was nicht zu euch gehört und entlasse euch aus der Verantwortung als Eltern und Großeltern.**

- Stell dir nun vor, wie Energieströme aus deinen Eltern und Großeltern zu dir fließen. Bitte um Reinigung und Transformation, bis sie nur noch

- helles Licht sind. Nimm sie in Liebe auf. Wenn den Energiefluss beendet ist, dann sprich:

- **Meine lieben Vorfahren,. Ich würdige euer Leben, wie immer es war und neige mich davor in Dankbarkeit.**
- **Was immer ich an Lieblosigkeit gegenüber euch gedacht oder getan habe, bitte ich von ganzem Herzen, mir zu verzeihen. Ich übernehme die volle Verantwortung dafür und bin bereit zu Ausgleich und Wiedergutmachung.**
- **Was immer ihr an Lieblosigkeit gegenüber mir gedacht und getan habt, vergebe ich euch von ganzem Herzen.**

Ich weiß, wir alle sind im Grunde unseres Herzens wunderbare, einmalige Wesen, die auf dem Weg in der Welt der Polarität um Erkenntnis von Gut und Böse, von Ursache und Wirkung, von Licht und Schatten ringen und dass auch Fehlentscheidungen wichtig sind, um die Mitte in Harmonie zu finden.

Ich vergebe auch mir selber, all die verletzenden Situationen, die mir Leid brachten, weil ich sie einst in Unliebe aussandte und die Ursachen hierfür, irgendwann einmal, auf der Seelenebene selbst geschaffen zu haben. Lasst uns unsere Beziehung zueinander auf eine neue Basis stellen:

- **Auf tiefe, verlässliche, bedingungslose Liebe zueinander, die nichts vom anderen fordert und erwartet,**
- **auf Frieden, gegenseitige Achtung und wertschätzenden Umgang miteinander auf Augenhöhe**
und auf Vertrauen.
- **Vergesst nie: Wir Menschen sind Schöpferwesen, keine Richterwesen. Ich bin nicht euer Richter, ihr sind nicht meine Richter. Das Werten überlassen wir alle Vater-Mutter-Gott, der weiß, auf welche Weise er verletzte und zerrissene Seelen heilen kann.**
- **Wir sind dazu bestimmt, zu lieben und geliebt zu werden. Vergib allen, indem du Lieblosigkeiten zwar nicht rechtfertigst oder**

> **kleinredest, dir aber bewusst bist, dass du weder zum Richteramt noch zum Rächer berufen und befähigt bist.**

Nun siehst du, wie silbern glitzerndes Licht aus dem Himmel über euch alle fällt, euch gänzlich einhüllt, alle eure Zellen durchleuchtet, klärt und erfrischt. Alles Leidvolle, das auf dem Umgang mit deinen Vorfahren oder deren Umgang miteinander beruht, wird in diesem Licht aufgelöst.

Von allen Herzen ausgehend, strömt nun das violette Licht der Transformation in den Himmel, wandelt alle negativen Gefühle um in liebevolle Erkenntnis und lässt jeglichen Schmerz, jegliche Verletzung heilen.

Dann sprich zu den Vorfahren:

> **Meine lieben Vorväter, meine lieben Ahninnen, Ich schätze eure Weisheit und Lebenserfahrung, und bitte um eine Botschaft, so ihr sie mir geben wollt.**

- Nun spüre genau hin: Bekommst du eine Botschaft von deinen Müttern oder von deinen Vätern?
- Freuen sie sich, dich zu sehen? Wie gehen sie mit dir um? Wenden sie sich dir zu oder wenden sie sich ab?
- Lass dir Zeit, höre und fühle.
- Sieh dir jeden deiner Vorväter und jede deiner Vorfahrinnen genau an, lächle ihnen freundlich zu, neige dich in Dank vor ihnen.

Nun rufe die Eltern deiner Großeltern, jeden einzeln, den Vater, die Mutter, dann deren Vorfahren bis in die ferne Vergangenheit, in die siebte Generation.

- Stell dir vor, wie diese große Schar von Menschen zu dir auf die Blumenwiese auf dem Hügel kommt. Immer legen die Eltern ihre Hand auf die Schulter ihres Kindes. Rufe die Vorfahren bis in die siebte Generation.

Sind alle Vorfahren bis in die 7. Generation versammelt, so sprich folgende Worte:

Liebe Vorfahren, wir sind heute hier her gekommen, um ein Fest der Liebe, des Friedens und der Versöhnung zu feiern. Ich danke euch dafür, dass ihr meine Vorfahren gezeugt und geboren habt, denn würde nur einer aus euren Reihen fehlen, wäre ich heute nicht hier. Ich neige mich vor eurem Leben und würdige es, was immer ihr an Erfahrungen gemacht habt. Ich bitte nun um euren Segen.

- Sieh nun, wie eine Flut von weiß-blau-goldenem Licht aus den Herzen deiner Vorfahren strömt und dich mit Kraft und Lebensfreue erfüllt.
- Bedanke dich bei deinen Vorfahren für dieses wunderbare Geschenk und bitte sie, nun ihrerseits ihre Vorfahren zum Friedensfest zu rufen.
- Und sieh dir die Menschen genau an, die nun in Scharen auf die Wiese strömen. Mit allen bist du in Liebe verbunden.
- Manche mögen bereits in reiner Lichtgestalt erscheinen, wunderschön anzusehen, mange mögen altmodische Kleidung tragen. Von allen hast du ein Stück Lebenserfahrung und Weisheit und dein Genom bekommen. Alle sind in Liebe mit dir verbunden.
- Du siehst, wie sie sich jetzt untereinander mischen, sich gegenseitig umarmen und sich über das Wiedersehen freuen. Lass die Musik spielen, lass sie tanzen und erzählen und freue dich mit ihnen.
- Lade nun alle ein, aus der Quelle unter den Linden Heilkraft zu trinken um jene Wunden zu heilen, die noch in ihren Seelen sind.

Dann bitte alle deine Vorfahren, alle ihre Nachkommen und dich zu segnen mit der Liebe der Eltern zu ihren Kindern, mit der Liebe Gottes zu seinen Kindern.

Es strömt nun ein breiter Strom von weiß-blau-goldenem, wunderbarem, glitzernden Licht aus dem Kosmos auf euch alle nieder, füllt die Herzen all deiner Vorfahren mit Liebe, Lebenskraft und Lebensfreude und fließt über deren Hände zu ihren Kindern und von deren Hände wieder zu ihren Kinder usw., bis hin zu dir. Fühle die Kraft und die Liebe deiner Vorfahren und beantworte sie mit Dankbarkeit und Liebe, mit Vergebung und Frieden.

Trinke nun selbst aus der Heilquelle unter den Linden und spüre, wie alle Wunden deiner Seele durchlichtet und geheilt werden.

- Dann feiere ein Fest mit deinen Ahnen und entlasse sie mit Dank.
- Bedanke dich bei den Spirits für ihre Hilfe und singt alle gemeinsam ein Danklied an Vater-Mutter-Gott.
- Kehre von der Straße des Lebens zurück in den Tempel des inneren Friedens, steige die Kristalltreppe hinauf, gehe zurück durch den Frühlingswald und komme zurück ins Hier und Jetzt.

BEGEGNUNG MIT DEN GROSSMÜTTERN
UND WEIBLICHEN VORFAHREN
Heilung der verletzten, Rückkehr zur göttlichen Weiblichkeit

Ein kurzer Ausflug in die Astrologie, der Lehre der Zeitqualitäten: Lilith und Chiron, die beiden Kleinplaneten in unserem Sonnensystem, die Anzeiger von Zeitqualitäten im Tierkreis sind, haben mit der im dunklen Zeitalter des Patriarchats verletzten Weiblichkeit und der Rückkehr zur göttlichen Weiblichkeit des nun mit Macht hereinbrechenden Wassermann-Zeitalters zu tun. Die Verbindung dieser zwei Kräfte ist maßgeblich für die Befreiung der gebundenen Energien unserer kraftvollen Weiblichkeit. Wenn Lilith zusammen mit Chiron im Zeichen des Aufbruchs und der Neuschöpfung wirkt, im Zeichen des Widder, kann der alte Schmerz heilen und ein neues Miteinander von Mann und Frau als die Gleichen, jeder in seiner Kraft, entstehen. Dieser Wandel ist nun eingeleitet.

Chiron ging voran und ist bereits seit dem Jahr in Widder und hat damit einen neuen Zyklus begonnen und uns frischen Wind gebracht. Der große Heiler möchte uns erinnern an unseren Urkern. Durch das Bewusstsein über deine Seelenessenz, die du anhand von Chiron in deinem Horoskop erkennst, heilt diese Zeitqualität deinen Urschmerz der Trennung.

Wenn du in dir selbst wieder ganz bist und die Liebe des Ganzen fühlen kannst, bist du auch in der Bereitschaft, dem anderen Teil, dem Männlichen zu vergeben, dich auszusöhnen mit all dem, was wir in uns abgespaltet haben und uns stellvertretend dafür im Außen gegenseitig durch die Zeiten angetan haben.

Mit Lilith und Chiron in Konjunktion erkennen wir nun, wie wir einander dienten und wie wir uns so weit wie möglich vom Schöpfergeist entfernten. Jetzt entdecken wir nach und nach, dass wir im Innersten die Gleichen sind, Mann und Frau, wie zwei Schalen einer Waage, randvoll mit Leben. Konkret kann das natürlich durchaus bedeuten, dass die alten Verletzungen in Bezug auf unsere unterdrückte Weiblichkeit ans Licht kommen.

Begrüße alles, was aufscheint, es ist dazu da, erlöst, transformiert, endgültig entlassen zu werden.

<u>Die Meditation:</u>

- Baue den Heiligen Raum auf.
- Verbinde dich innig mit Gott in dir
- Öffne dich der Kraft der Mutter Erde und nimm sie auf, wie die Wurzeln eines Baumes ihre Kraft und ihr Lebenselixier aus der Erde ziehen…
- In kräftigen, glitzernden Rottönen strömt die Kraft von Mutter Erde in deine Körper und deine energetischen Systeme ein, belebend, liebevoll, voller Kraft.
- Öffne deine Zellen für diese belebende Kraft, lass diese belebende, heilende Ur-Energie durch deinen ganzen Körper fließen, fülle deine Kraftreserven in allen deinen Zellen damit auf.
- Nun öffne dich für die Kraft des Kosmos, spüre, wie das kosmische Licht in silberhellen Kaskaden über das Kronen-Chakra in dich fließt, in dir
- atmet, sich in alle deine Zellen verbreitet. Du bist beides, irdisch und kosmisch.

Im Tempel des Inneren Friedens

- Begib dich zum Tempel des Inneren Friedens (Meditation Seite 56).
- Nun rufe **die Engel des Lichtes und der Liebe, der Lebensfreude, der Heilung, des Friedens und des Trostes** zu dir und bitte sie, sich neben dich zu stellen und dich ganz in ihre Energie einzuhüllen...
- Es öffnet sich die Tür und die wunderbaren Lichtwesen treten ein und stellen sich im Kreis um dich auf. Nimm sie wahr, in all ihrer Schönheit, sie sind da, um dich zu beschützen, dich zu begleiten und dir zu helfen, wieder ganz heil zu werden, wieder in deine ursprüngliche göttliche weibliche Kraft zu kommen.
- Bitte sie um Hilfe bei der Heilung deiner seelischen Wunden, die dir in der langen Zeit des Patriarchats geschlagen wurden...
- Du bist bereit, dich deiner Urwunde zu stellen, damit sie jetzt geheilt wird und du in deine Uressenz gelangen kannst und die hilfreichen Geschwister aus dem Lichtreich sind bereit, dir dabei behilflich zu sein, mit ihrer speziellen Kraft, ihrem Wissen und ihrer unendlichen Liebe.
- Bitte sie, dir zu helfen, dich zu erinnern, wer du wirklich bist und wieder in deine Göttlich-Weibliche Kraft zu kommen.
- Alles darf jetzt auf dieser Reise in dein Bewusstsein aufsteigen. Du bist innigst geliebt von der allerhöchsten Macht der gesamten Welt und eingehüllt in ihr Licht und ihre Liebe. Nichts kann dir schaden. Gehe in das Vertrauen.
- Du bist umgeben vom mächtigen Schutz der Engel. Alles, alles darf jetzt da sein, darf sich erinnern, nichts kann dich verletzen...
- Nun tritt mit deinen dich begleitenden Engeln durch eine Tür des Tempels hinaus auf die Straße deiner Leben.
- Du kannst sie heute bis zum Horizont überblicken. Dort, in weiter, weiter Ferne siehst du das Meer des Friedens und der bedingungslosen Liebe. Von dort her kamst du, als du so voller Begeisterung und mit so großen Plänen deine Reise durch Zeit und Raum begannst und zum ersten Mal inkarniertes.
- Hinter dem Horizont, umgeben vom Meer des Friedens, liegt deine wirkliche Heimat, in der Lichtwelt.
- Auf dem Friedensmeer siehst du, sehr klein, weiße Segelboote hin und herfahren. Es glitzert wie ein Silberstreif am Horizont, doch all das ist so weit, weit weg.

- Bis hin zu diesem Meer des Friedens überblickst du nun die Straße einer vielen, vielen Leben. Du siehst sonnenüberflutete Abschnitte, tiefe, düstere Täler, blühende Blumenwiesen, schroffe Felswände und tiefe Schluchten... Wüstenstriche und steinige Landschaften, aber auch liebliche Hügellandschaften voller Licht.
- Dazwischen immer wieder das Sternentor, durch das du am Ende deiner Erdenleben heimgingst in die Welt der Verstorbenen und wieder, auf der anderen Seite des Sternentores, in ein neues Erdenleben geboren wurdest...viele, viele hundert oder gar tausend Mal...das alles liegt jetzt vor dir.

Rückkehr zur Lilith-Energie mit den Ahninnen

- Nun rufe deine weiblichen Ahninnen aus all diesen Leben, die bereit sind, mit dir ein Friedensfest zu feiern. Lade sie ein in Liebe und hoher Wertschätzung. Und schau, sie kommen...
- Du wirst sehen, es sind immer die gleichen Wesen, die dich von Leben zu Leben begleitet haben und die unterschiedlichsten Rollen für dich spielten, wie du sie auch mit ihnen spieltest:
- Mal Mutter und Tochter, mal in einer Großmutter-/Enkelbeziehung, mal Schwester, Tante, Nachbarin, mal Freundin, viele unterschiedliche Rollen füreinander und miteinander, sogar hin und wieder wart ihr in einem männlichen Körper inkarniert, um zu lernen, was deine Seele lernen wollte.
- Wenn alle Ahninnen, die dieses Fest mit dir feiern wollen, bei dir angekommen sind, gehe mit ihnen einen Hügel hinauf, den du links neben deinem jetzigen Standort der Straße deines Lebens siehst.
- Dort oben steht eine Linde an einer Quelle, die einen kleinen See mit glasklarem Wasser bildet, von dem ein kleiner Fluss ausgeht, den du sehen kannst bis zu seiner Mündung in das Meer des Friedens, auf dem weiße Segelboote im Sonnenschein aufleuchten.
- Nun lade alle deinen Ahninnen ein, dich mit dir bei Quelle bei der Linde, dem Göttin-Mutter-Baum, ins weiche Gras zu setzen. Sie tun es.
- Eines der Engelwesen, die uns begleiten, tritt in unsere Mitte und fordert

uns auf, eine Münze, die wir in der Tasche tragen, in die Hand zu nehmen. Es ist wohl eine Silbermünze, doch sie ist grau/schwarz von der Patina der Jahrhunderttausende.

- Du siehst dir die Münze genauer an. Sie zeigt all die Wunden, die dir in der Zeit des Patriarchats wegen deines weiblichen Geschlechtes geschlagen wurden. Du wurdest so entmündigt, so erniedrigt. Du hast so viel männliche Gewalt, aber auch Gewalt von Frauen erfahren. Erinnere dich.
- Der Engel fordert uns alle auf, den Schmerz aus all den Begebenheiten der Vergangenheit, die unsere Würde als Frau verletzt haben, von der Münze und von unserer Seele abzunehmen und in den Fluss zu werfen.
- Wir tun es alle und sehen, wie sich die dunklen Schatten, die förmlich aus uns fließen, im Strömen des Wassers verdünnen und dann auflösen.
- Arbeite sehr genau, lass kein dunkles Fleckchen auf deiner Münze zurück. Wasche die Münze rein mit dem Wasser der Heiligen Quelle. Übergib alles dem kleinen Fluss, der die dunklen Schlieren, die aus der Münze und der Seele fließen, durchflutet, verdünnt und schließlich im Spiel des Lichtes auf den Wellen auflöst und zum Meer des Friedens trägt.
- Dann bittet der Engel uns, die Münze umzudrehen. Wir sehen nun nicht mehr unsere Opferseite, sondern die Täterseite. Er bittet, wir sollten ein Vergebungsritual durchführen, sowohl für unsere Opferrollen, als auch für unsere Täterrollen.
- Der Engel erinnert uns daran, wer wir wirklich sind: Wunderbare Lichtwesen, einmalig und voller Licht und Liebe, doch unterwegs durch die Polarität von Zeit um Raum, um Gut und Böse zu erforschen.
- Er sagt uns, dass wir in der Zerrissenheit der Polarität nicht nur die lichten, sondern auch die schattenhaften Seiten erforschen und trotzdem im Inneren wunderbare, einzigartige göttliche Sohn/Töchter sind.
- Der Engel sagt uns, dass Vergeben nicht heißt, etwas kleinzureden oder zu rechtfertigen, was verletzend war. Er sagt, Vergeben heißt, der göttlichen Präsenz im Gegenüber zuzutrauen, dass sie weiß, was zu tun ist, um Täter und Opfer zu heilen. Vergeben heißt, den Griff zu lockern, loszulassen.
- Bittet um Vergebung in diesem Sinne und vergebt in diesem Sinne. Lasst all den Schmerz los...lasst Dankbarkeit fließen für das Geschenk eures Lebens und des wunderbaren Lebens um euch herum.
- Nun bittet uns der Engel, die Münzen in den Fluss zu werfen. Sie sinken sofort auf den Grund, zwischen die silberhellen Kiesel, über denen sich sehr dynamisch das Spiel von Sonne und Wellen zeigt.
- Nun bittet uns der Engel, alle unsere Kleider abzulegen und in den Quellsee zu steigen. Es ist herrlich befreiend, wir plantschten in dem

glasklaren Wasser, lachen, spielen und spritzen, freuen uns. Genießt dieses wunderbare Bad zusammen mit unseren Schwestern, den Ahninnen.

- Du fühlst dich von neuer Kraft durchströmt. Aus dem Wasser gestiegen, erhält jede von uns ein weißes Kleid, wolkenweich, hauchzart, von den Engelwesen überreicht.
- überhaupt nichts beengt uns und wir sehen alle sehr schön in diesen Kleidern aus. Jede von uns bekommt einen Goldreif in das Haar gesetzt mit einem wunderbar funkelnden Kristall in der Mitte. Es ist der Seelenschatz der Erkenntnis aus eigener, unmittelbarer Erfahrung von Gut und Böse, von Ursache und Wirkung.
- Nun bittet uns der Engel, unsere Münzen wieder aus dem Flüsschen zu angeln...sie sind nun wie frisch geprägt, silberhell und strahlend. Wir dürfen sie uns umhängen und bekommen dazu eine Silberkette.
- Dann spricht der Engel zu uns: Der schreckliche Albtraum des Patriarchats ist vorüber. Kommt wieder in eure Würde als Frau, als Tochter, Geliebte und Mutter, als Freundin und weise Großmutter. Erkennt das Göttlich Weibliche in euch und lasst es wieder erstrahlen.
- Und so strahlt plötzlich hellstes Licht aus allen Anwesenden, das Licht des Göttlich Weiblichen. Der Engel macht uns darauf aufmerksam, dass alle Schatten verschwinden, wenn das Licht aus dem Inneren erstrahlt.

Wir werden nun weitergeführt, durch Wälder und Wiesen, erhellen mit unserem inneren Licht die Räume um uns.

- Wieder geht es einen Hügel hinauf und der Engel sagt, "lasst uns nun Lilith aufwecken".
- Wir kommen an ihr Lager. Lilith sieht zauberhaft schön aus, inmitten ihres Bettes aus Blüten, sie schläft aber tief. Vorsichtig berühren wir sie, um sie zu wecken.
- Sie schlägt die Augen auf, noch ganz verwundert, richtet sich auf ihrem Lager auf.
- Sie sagt: "Da seid ihr ja endlich, geliebte Schwestern. Ich hab mich so nach euch gesehnt. Wo ward ihr denn so lange?"
- "Wir waren in Zeit und Raum und haben das Patriarchat und den Fall in die Dreidimensionalität durchschritten", ist unsere Antwort.
- "Dieser Albtraum ist nun vorbei, kommt in eure wirkliche weibliche Kraft", fordert Lilith uns auf.
- Sie zieht ein Bild unter ihrem Bett hervor, das Eva zeigt.

- Sie sagt: "Erkennt, liebe Schwestern, Eva, das duldsame Weib, das dem Manne untertan war, war nur ein Bild, war nie Wirklichkeit.
- Ihr habt euch mit dem Bild identifiziert, doch ihr wart immer wie ich, Lilith, ein Aspekt des Göttlich Weiblichen, voller weiblicher Kraft und Würde, strahlend wie tausend Sonnen".
- Sie geht zu einer Feuerschale, in der eine violette Flamme brennt, und wirft das Eva-Bild hinein. Die Flammen lösten es im Nu in helle Asche auf.
- Dann bittet Lilith uns, ihr zu folgen. Sie führt uns durch einen sonnendurchfluteten Wald bis an eine hohe, weiße Mauer, darin sich ein goldenes Tor befindet.
- Die Torflügel stehen einen Spalt breit offen, das Schloss am Tor ist auf.
- Lilith sagt: "Hinter dieser Mauer liegt das ewige Frühlingsland, das Land voller Frieden, voller Wertschätzung für alles Leben, das Land ohne Gewalt und Hierarchien, ohne Tod und Schmerz. Es ist das Land eurer ersten Erfahrungen in Raum und Zeit, als alles noch schön und gut war.
- Diese meditative Reise, die euch hierher gebracht hat, ist der Anfang der Heilung aller Verletzungen der patriarchalen Zeit, aller Verletzungen eurer weiblichen Würde. Es ist der Beginn der Auflösung der Familienthemen, die von Generation zu Generation weitergegeben wurden.
- Die Göttlich Weibliche Kraft wird weiter wirken und euch heilen und je mehr ihr eure seelischen Wunden heilt, umso weiter wird sich dieses Tor für euch öffnen.
- Kommt noch oft hierher zu diesem goldenen Tor. Erinnert euch...ihr kennt das ewige Frühlingsland dahinter...erinnert euch immer mehr. Alles Wissen ist noch immer in euch und wird für immer bleiben."
- Mit einem Lächeln und einem Winken zum Abschied verschwindet Lilith hinter dem Tor, wir gehen zurück zum Quellsee unserer Sippe.
- Der Engel sagt: Erinnert euch: Ihr alle kamt mit einer solchen Begeisterung und mit so großen Pläne zur Erde, damals, als ihr zum ersten Mal hier ward, in einer noch paradiesischen Welt.
- Nur die mutigsten Seelen wagten diese lange Wanderung durch Raum und Zeit und wir Lichtgeschwister, die nie inkarnierten, bewundern euch dafür und begleiten euch aus der Lichtebene voller Liebe.
- Ihr seid hergekommen, die Polarität zu erforschen, mit allen ihren lichten und dunklen Seiten, deshalb probiertet ihr auch das Dunkle, Negative irgendwann einmal aus, das euch dann in Zuge des Prinzips von Ursache/Wirkung Verletzungen durch karmische Prozesse brachte.

- Nie wurde eure wirkliche Essenz, das Göttliche in euch, von einem Lernprozess beschädigt. Nie gab es einen strafenden, zürnenden Gott, er ist eine menschliche Erfindung. Die Urquelle, aus der ihr alle geboren seid und die euch in alle Ewigkeit am Sein erhält, ist reinste bedingungslose Liebe
- Übergebt alle Gefühle von Schuld, Ohnmacht, Erniedrigt sein, nicht genügen, nicht geliebt zu werden ab und übergebt sie dem Quellfluss. Lasst los, was euch schwächt.
- Erkennt eure Schönheit, eure Würde, eure innere Größe. Ihr seid strahlendes Licht, heller und mächtiger als tausend Sonnen. Erkennt das ewig weiblich Göttliche in euch.
- Der Engel segnet uns zum Abschied und zieht sich lächelnd mit seinen Lichtgeschwistern wieder auf die Lichtebene zurück, von der aus uns die Engel begleiten, unser ganzes Leben lang.
- Zum Abschied umarmen wir uns alle, danken für die Erfahrung und jede der Anwesenden geht jetzt zurück auf ihre eigenen Straßen des Lebens...

Steige auf dem Rückweg noch einmal in den Quellsee und wasche alles ab, was dich noch belasten sollte. Lass es los. Werde frei, unendlich frei und leicht, so wie du aus Gott geboren wurdest.

...und ganz nach deinem Rhythmus, so wie es für dich passt, nimm ein paar tiefe Atemzüge, spüre deine Gliedmaßen, deine Wirbelsäule, deinen gesamten Körper und komme zurück in das Hier und Jetzt.

BEGEGNUNG MIT DEN GROSSVÄTERN UND DEN MÄNNLICHEN VORFAHREN

Die Heilung der verletzten, Rückkehr zur Göttlichen Männlichkeit

Unser langer Weg durch Zeit und Raum, von Inkarnation zu Inkarnation, für den wir Mutigen uns aus freiem Willen entschieden haben, weil es uns wichtig ist, Gut und Böse, Ursache und Wirkung, Licht und Schatten aus eigener, unmittelbarer Erfahrung kennenzulernen, begann in einer paradiesischen

Welt, ohne Sorgen um unser Dasein, ohne jegliche Gewalt, ohne Spaltung und Trennung. Unsere Beziehungen zueinander waren wertschätzend und innig, unsere Partnerschaften glücklich, die Verbindung zu Gott in uns intakt und bewusst. Doch nicht, um nur kennenzulernen, wie sich das Gute anfühlt, sind wir ausgezogen in die polaren Welten, sondern auch, um die Schatten kennenzulernen und darum kam es, wie es kommen musste – wir stürzten nach dem Untergang von Atlantis von der Ebene der 5. Dichte in die 3-D-Welt ab. Trennung war nun, wo einst Einigkeit war, Spaltung, Gewalt und Unterdrückung, wo einst Harmonie und Frieden war. Das Patriarchat baute sich auf mit all seinen Macht-Missbrauchs-Pyramiden und Hierarchien, unser einstiges Wissen um unser Woher-Wohin-Warum, um Gott in uns, sank in Vergessenheit. Doch diese Zeit ist nun vorbei, Mutter Erde, die wunderbare Göttin, die aus Liebe zu uns sich in die uns bekannte Dichte begeben hat, und ihre Kinder werden nun vorbereitet auf den Wiederaufstieg in die Ebene der 5. Dimension, der 5. Dichte, die uns ermöglicht, gerechte und respektvolle Gesellschaftssysteme zu erschaffen und das ursprüngliche Glück des Eins-Seins von Allen mit Allem, in der vollkommenen Freiheit , zu erfahren. Es ist die Zeit der Rückkehr unserer Erinnerung.

Wir haben all die Zeit-Epochen hindurch die verschiedensten Rollen füreinander auf dem Welttheater gespielt, beinahe ausschließlich mit immer den gleichen Statisten aus unserer geistigen Sippe, haben füreinander und miteinander in verschiedenen Rollen gewirkt, haben unser Genom weitergegeben in unseren irdischen Sippen, die meist auch identisch mit unseren geistigen Sippen sind. Jetzt, vor dem Wiedererwachen in der 5. Dimension, ist es deshalb enorm wichtig, Frieden zu schließen mit unseren irdischen Vorfahren und sie mitzunehmen auf die wunderbare Reise in das neue Goldene Zeitalter.

Von den spirituellen Lehrern, die mich inspirieren, ist mir mitgeteilt worden, es sei sinnvoll, in mehreren Meditationen das Fest der Vergebung, der Rückgabe übernommener Seelenanteile und des Friedens mit den Ahnen zu feiern, erst mit den weiblichen Vorfahren, dann mit den Männern unserer Ahnenreihe und zum Abschluss mit allen Vorfahren bis etwa in die 7. Generation. In späteren Generationen begegnen wir nämlich wieder den gleichen Mitgliedern unserer geistigen Sippe, diese Inkarnationen werden deshalb mitgeheilt.

Vielleicht musst du die Meditation mehrmals wiederholen. Spüre in dich hinein, ob du mit deinen Ahninnen in absolutem Frieden bist, erst dann wende dich den Urvätern zu. Ein sicheres Zeichen für diesen Frieden mit den Ahnen ist, wenn du sie, ohne zu zögern, liebevoll in die Arme schließen kannst. Spüre ihre Freude, ihre Liebe zu dir, spüre, dass sie auf dich stolz sind. Du bist es wert, geliebt zu werden, das ist es, was sie dir vermitteln werden. Und sie sind es wert, geliebt zu werden, wir alle sind es wert, glücklich zu sein.

Was immer sie auch für „Schattenrollen“ für dich gespielt haben – es ist nicht deine Angelegenheit, sie zu beurteilen. Gott in ihnen weiß, wie sie geheilt werden können und wird für gerechten Ausgleich sorgen, wird aus den größten Tragödien das unsäglich Gute erschaffen. Was immer auch war, die göttliche Präsenz, die sie sind und die du bist, bleibt von all den Licht- und Schattengeschehnissen völlig unberührt, bleibt immer im Licht und in der bedingungslosen Liebe. Das soll die Basis sein für wirkliche Vergebung und Frieden, für ein wertschätzendes Weitergehen in die Zukunft, ohne all das Belastende, das in der Vergangenheit ihren Platz hat und zum kostbaren Schatz der Erkenntnis von Gut und Böse, von Ursache und Wirkung gewandelt wurde. In diesem Sinne – lass los, was kränkend war, vergib, traue Gott im Gegenüber zu, das Richtige zu tun und übernimm niemals die Verantwortung eines Richters oder gar eines Henkers.

Die Zeit des Patriarchats hat nicht nur den Frauen ihre Würde genommen, sie hat auch die Männer reduziert auf den gewalttätigen, gehorsamen Soldaten, den fleißigen Ernährer und das Oberhaupt der Familie und den Samenspender für die Zeugung von Kindern. Dabei ist das Göttlich Männliche viel, viel mehr und dahin wollen wir mit allen unseren Vorvätern in der nachfolgenden Meditation gehen. Das Göttlich Männliche umfasst auch den Krieger, stark und mutig, kraftvoll, klar und wahr, der Grenzen setzt, die zu überschreiten er nicht duldet. Doch niemals drückt es sich im Soldatentum voller Grausamkeit und Gewalt aus, voller Unterwerfung unter einen fremden Willen. Das Göttlich Männliche umfasst den liebevollen Familienvater, der schützend in seiner männlichen Kraft vor seiner Familie steht, seinen Kindern Vorbild und Lehrer ist, doch immer auf Augenhöhe mit seiner Gattin und wertschätzend mit seinen Kindern, die Willensfreiheit seiner Familienmitglieder verteidigend und achtend. Doch niemals macht es ihn zum Oberhaupt einer Familie, denn das würde bedeuten, dass es Untertanen in der Familie gibt.

Patriarchat war Spaltung, das Zwillingspaar Eros und Sexus wurde getrennt. Männer lebten meist nur den Sexus, ohne die tiefe Herzensliebe des Eros, Frauen lebten, wenn sie das Glück einer einigermaßen wertschätzenden Partnerschaft hatten, nur den Eros und verabscheuten den Sexus als etwas Schmutziges, Unerlaubtes, etwas, das man auf keinen Fall genießen durfte, denn das wäre verbotene Wollust gewesen, so sagten die großen Religionsgemeinschaften. Auch dieses Zwillingspaar, Eros und Sexus, gilt es wieder in uns zu vereinen und zu integrieren.

Doch nun zur eigentlichen Meditation. Nachfolgender Text stellt nur einen möglichen Rahmen dar, bitte verwendet immer eure eigenen Ideen und Worte. Den Weg zum Tempel des Inneren Friedens habe ich schon oft beschrieben, möchte ihn nicht wiederholen. Bewährt hat sich, wenn man auf diesem Weg durch den Frühlingswald und auf den Grund eines tiefen Bergsees alle Sinne anspricht, sehen, hören, riechen, fühlen...

- Begib dich in einen meditativen Zustand.
- Verbinde dich innig mit deinem göttlichen Geist.
- Reise zu deinem Tempel des Inneren Friedens.
- Rufe deine Begleiter aus der spirituellen Welt und bitte sie um Begleitung, wenn das für dich stimmig ist. Du kannst rufen: Die Engel des Lichtes und der Liebe, der Lebensfreude und der Heilung, des Friedens und des Trostes oder jene Wesen, die für dich diese Eigenschaften verkörpern.
- Bitte nun deine spirituellen Begleiter, dich in ihre Energie einzuhüllen.

- Du bist nun bereit, das Männliche und Weibliche in dir in Einklang zu bringen und zu heilen.
- Du bist bereit, dich deiner Urwunde zu stellen, damit sie jetzt geheilt werde und du in deine Uressenz gelangen kannst
- und die hilfreichen Geschwister aus dem Lichtreich sind bereit, dir dabei behilflich zu sein, mit ihrer speziellen Kraft, ihrem Wissen und ihrer unendlichen Liebe.
- Bitte sie, dir zu helfen, dich zu erinnern, wer du wirklich bist, um wieder in deine göttliche Kraft zu kommen.
- Alles darf jetzt auf dieser Reise in dein Bewusstsein aufsteigen. Du bist innigst und bedingungslos geliebt von der allerhöchsten Macht des gesamten Universums und eingehüllt in ihr Licht und ihre Liebe.
- Nichts kann dir schaden, gehe ins Vertrauen.
- Du bist umgeben vom mächtigen Schutz der Engel. Alles, alles darf jetzt da sein, darf sich erinnern, nichts kann dich verletzen.
- Tritt hinaus auf die Straße des Lebens.
- Du bist durch die Tür getreten und die Landschaften deiner Inkarnationen, mit lichten, herrlichen Gegenden, aber auch bedrohlichen Schluchten und steilen Felswänden liegen vor dir. Die Straße deines Lebens windet sich durch diese Landschaften, bis an den lichten, fernen Horizont, dort siehst du den Silberstreif des Meeres des Friedens.
- Hinter dem Horizont, umgeben vom Meer des Friedens, liegt deine wirkliche Heimat, die Lichtwelt.
- Auf dem Friedensmeer siehst du, sehr klein, weiße Segelboote hin und herfahren. Es glitzert wie ein Silberstreif am Horizont, doch all das ist so weit, weit weg.
- Auf der Straße deiner Leben siehst du immer wieder das Sternentor, durch das du am Ende deiner Erdenleben heimgingst in die Welt der Verstorbenen und wieder, auf der anderen Seite des Sternentores, in ein neues Erdenleben geboren wurdest...viele, viele hundert oder gar tausend Mal...alles liegt jetzt vor dir.
- Rufe nun deinen Vater und deine Vorväter aus all diesen Leben, bis ins 7. Geschlecht und, wer dies darüber hinaus will, auch der sei herzlich willkommen. Lade sie ein, mit dir ein Friedensfest der Vorväter zu feiern.
- Sie kommen aus allen Richtungen, aus deinen vielen Inkarnationen.
- Du wirst sehen, es sind immer die gleichen Wesen, die dich von Leben zu Leben begleitet haben und die unterschiedlichsten Rollen für dich gespielt haben, wie du sie auch mit ihnen gespielt hast:

- Mal Vater und Tochter/Sohn, mal in einer Großvater-/Enkelbeziehung, mal Bruder, Onkel, Nachbar, mal Freund, viele unterschiedliche Rollen füreinander und miteinander.
- Wenn alle Ahnen, die dieses Fest mit dir feiern wollen, bei dir angekommen sind, gehe mit ihnen einen Hügel hinauf, den du rechts neben deinem jetzigen Standort der Straße deines Lebens siehst.
- Dort oben steht eine Linde an einer Quelle, die einen kleinen See mit glasklarem Wasser bildet, von dem ein kleiner Fluss ausgeht, den du sehen kannst bis zu seiner Mündung in das Meer des Friedens, auf dem weiße Segelboote im Sonnenschein aufleuchten.
- Nun lade alle deinen Vorväter ein, dich mit dir bei Quelle bei der Linde, dem Göttin-Mutter-Baum, ins weiche Gras zu setzen. Sie tun es. Deine spirituellen Begleiter sind mit euch.
- Danke den Ahnen für ihr Kommen und sage

Liebe Väter, liebe Vorväter, ich lade euch heute ein zu einem großen Familienfest. Wie immer euer Leben war, ich neige mich vor euch und vor eurem Leben mit großer Dankbarkeit.
Danke, dass ihr mir das Leben geschenkt habt, danke, dass ihr mir so viele gute Gaben und Talente vererbt habt.
Danke, dass ihr mir auch Schattenspieler ward, so dass ich die Lektionen meines Lebens lernen durfte.

- Sieh sie dir an, die Männer aus deiner Ahnenreihe. Nimm wahr, wie sie sich fühlen: Vielleicht noch etwas verunsichert, vielleicht eher abweisend oder voller Stolz und Liebe zu dir

Sage: Liebe Vorväter, wir alle haben Prägungen, Denkweisen, Glaubenssätze, Verhaltensmuster und Schmerz, die nicht zu uns gehörten, voneinander übernommen. Ich bitte euch nun, all diese übernommenen oder abgegebenen Seelenanteile, die nicht zu uns gehörten, an denjenigen zurückzugeben, dem sie zugehören. Wir tun dies in Liebe und Vergebung.

- Sieh, wie sich nun in Wellen diese fremden Wesensanteile aus dir und deinen Vorfahren heraus bewegen, hin zum Quellfluss, in dessen silbernen Fluten sie gereinigt werden und dann weiter strömen zu demjenigen, dem sie zugehören.

- Danke deinen Ahnen für die Rücknahme ihrer Seelenanteile und die Rückgabe deiner Seelenanteile.
- Eines der Engelwesen, die uns begleiten, tritt nun in unsere Mitte und fordert uns auf, eine Münze, die wir in der Tasche tragen, in die Hand zu nehmen. Es ist wohl eine Silbermünze, doch sie ist grau/schwarz von der Patina der Jahrhunderttausende.
- Du siehst dir die Münze genauer an. Sie zeigt all die Wunden, die dir in der Zeit des Patriarchats geschlagen wurden. Du wurdest so oft entmündigt, so oft erniedrigt, hast viel Gewalt erfahren. Auch deine Vorväter haben so viel Gewalt als Kind, aber auch als Mann erfahren. Dir wurde so viel Verantwortung aufgebürdet, die du nicht tragen konntest. Erinnere dich.
- Der Engel fordert uns alle auf, den Schmerz aus all den Begebenheiten der Vergangenheit, die unsere Würde verletzt haben, von der Münze und von unserer Seele abzunehmen und diese Schatten in den Fluss zu werfen.
- Wir tun es alle und sehen, wie sich die dunklen Schatten, die förmlich aus uns fließen, im Strömen des Wassers verdünnen und dann auflösen.
- Arbeite sehr genau, lass kein dunkles Fleckchen auf deiner Münze zurück. Übergib alles dem kleinen Fluss, der die dunklen Schlieren, die aus der Münze und der Seele fließen, durchflutet, verdünnt und schließlich im Spiel des Lichtes auf den Wellen auflöst und zum Meer des Friedens trägt.
- Dann bittet der Engel uns, die Münze umzudrehen. Wir sehen nun nicht mehr unsere Opferseite, sondern die Täterseite. Er bittet, wir sollten ein Vergebungsritual durchführen, sowohl für unsere Opferrollen, als auch für unsere Täterrollen.
- Der Engel erinnert uns daran, wer wir wirklich sind: Wunderbare Lichtwesen, einmalig und voller Licht und Liebe, doch unterwegs durch die Polarität von Zeit um Raum, um Gut und Böse zu erforschen.
- Er sagt uns, dass wir in der Zerrissenheit der Polarität nicht nur die lichten, sondern auch die schattenhaften Seiten erforschen und trotzdem im Inneren wunderbare, einzigartige göttliche Sohn/Töchter sind.
- Der Engel sagt uns, dass Vergeben nicht heißt, etwas kleinzureden oder zu rechtfertigen, was verletzend war. Er sagt, Vergeben heißt, der göttlichen Präsenz im Gegenüber zuzutrauen, dass sie weiß, was zu tun ist, um Täter und Opfer zu heilen.
- Vergeben heißt, den Griff zu lockern, loszulassen.

- Bittet um Vergebung in diesem Sinne und vergebt in diesem Sinne. Lasst all den Schmerz los...lasst Dankbarkeit fließen für das Geschenk eures Lebens und des wunderbaren Lebens um euch herum.
- Nun bittet uns der Engel, die Münzen in den Fluss zu werfen. Sie sinken sofort auf den Grund, zwischen die silberhellen Kiesel, über denen sich sehr dynamisch das Spiel von Sonne und Wellen zeigt.
- Nun bittet uns der Engel, alle unsere Kleider abzulegen und in den Quellsee zu steigen. Es ist die Quelle der Körper, die Mutter Erde für unsere Sippe geschaffen hat. Es ist herrlich befreiend, wir plantschten in dem glasklaren Wasser, lachen, spielen und spritzen, freuen uns. Genießt dieses wunderbare Bad zusammen mit unseren Brüdern, den Ahnen.
- Du fühlst dich von neuer Kraft durchströmt. Aus dem Wasser gestiegen, erhält jeder von uns ein weißes Kleid, wolkenweich, hauchzart, von den Engelwesen überreicht.
- überhaupt nichts beengt uns und wir sehen alle sehr schön in diesen Kleidern aus. Jeder von uns bekommt einen Goldreif in das Haar gesetzt mit einem wunderbar funkelnden Kristall in der Mitte. Es ist der Seelenschatz der Erkenntnis aus eigener, unmittelbarer Erfahrung von Gut und Böse, von Ursache und Wirkung.
- Nun bittet uns der Engel, unsere Münzen aus dem Flüsschen zu angeln...sie sind nun wie frisch geprägt, silberhell und strahlend. Wir dürfen sie uns umhängen und bekommen dazu eine Silberkette.
- Dann spricht der Engel zu uns: Der schreckliche Albtraum des Patriarchats ist vorüber. Kommt wieder in eure Würde als Mann, als Sohn, Geliebter und Vater, als Freund und weiser Großvater. Erkennt das Göttlich Männliche in euch und lasst es wieder erstrahlen.
- Du hast vergessen, was du wirklich bist, doch du warst es immer, auch während der dunklen Zeit des Patriarchats, auch wenn dir das nicht bewusst war. Erinnere dich.
- Du bist göttlicher Sohn, gezeugt und geboren aus der Urquelle allen Seins, die bedingungslose Liebe ist.
- Du bist Vater, trägst in dir Fruchtbarkeit, Ideensaat, Mitgefühl, Kreativität, Schönheit und Wahrheit und zärtliche Liebe und natürliche Autorität für deine Kinder
- Du bist König, voller Gerechtigkeit und Wohlwollen, Segen und Kraft und sorgst für das Gleichgewicht.

- Du bist Priester, spirituell, erleuchtet, wohltätig und in der Lage, die Verbindung von oben und unten zu manifestieren.
- Du bist Krieger, entschlossen, selbstlos, ohne jegliche Gewalt, aber voller Mut und Stärke, Klarheit und Wahrheit.
- Du bist Liebender, zärtlich und voller Wertschätzung und Hochachtung deiner Partnerin und den Frauen gegenüber, trägst Eros und Sexus in dir, tiefe Herzensliebe, Leidenschaft, Wohlbefinden, Einheit und Freude am Spiel.
- Du bist Weiser, überprüfst alle Quellen, um Richtiges zu tun, verbindest Geist und Erde.
- Du bist Vertrauter, Freund, Bruder, Meister, Pionier und Lehrer,
- Du bist Bewahrer, Erinnerer, Seher, Verbinder, Heiler und Lichtseele.
- Du bist all das und warst es immer und wirst es immer sein, ein mutiger Pionier und Forscher, ausgezogen, die Polarität mit all ihrem Licht und Schatten kennenzulernen.
- Erinnere dich.
- Und so strahlt plötzlich hellstes Licht aus allen Anwesenden, das Licht des Göttlich Männlichen, egal, ob sie in diesem Leben Mann oder Frau sind. Wir tragen alle beides in uns, das Göttlich Weibliche und das Göttlich Männliche.
- Der Engel macht uns darauf aufmerksam, dass alle Schatten verschwinden, wenn das Licht aus dem Inneren erstrahlt.

Wir werden nun weitergeführt, durch Wälder und Wiesen, erhellen mit unserem inneren Licht die Räume um uns.

- Wieder geht es einen Hügel hinauf und der Engel sagt, "lasst uns nun Eros aufwecken, die hingebungsvolle, zärtliche Herzensliebe, der in Verbindung mit seinem Zwillingsbruder Sexus das Glück der Zweisamkeit bedeutet und der so lange Zeit von seinem Zwillingsbruder getrennt war.
- Wir kommen an sein Lager. Eros sieht wunderschön aus, inmitten seines Bettes aus weichem Moos, er schläft aber tief. Vorsichtig berühren wir ihn, um ihn zu wecken.
- Er schlägt die Augen auf, noch ganz verwundert, richtet sich auf seinem Lager auf. Er sagt: "Da seid ihr ja endlich, geliebte Brüder, geliebte Schwester. Ich hab mich so nach euch gesehnt. Wo ward ihr denn so lange?"

- "Wir waren in Zeit und Raum und haben das Patriarchat und den Fall in die Dreidimensionalität durchschritten", ist unsere Antwort.
- "Dieser Albtraum ist nun vorbei, kommt in eure wirkliche männliche Kraft", fordert Eros uns auf.
- Er zieht ein Bild unter seinem Bett hervor, das Eva zeigt, die Frau Adams. Eros sagt:

"Erkennt, liebe Brüder, Eva, das duldsame Weib, das dem Manne untertan war, war nur ein Bild, war nie Wirklichkeit.
Ihr habt an das Bild geglaubt, habt eure Frauen mit dem Bild identifiziert, doch sie waren immer Lilith, ein Aspekt des Göttlich Weiblichen, voller weiblicher Kraft und Würde, strahlend wie tausend Sonnen. Und ihr trugt nie die Verantwortung eines Oberhauptes über die Frau und die Familie, ihr wart immer gleichberechtigter Partner und Geliebter und Vater auf Augenhöhe". In eurem wahren Sein werdet ihr die Liebe aussenden und empfangen, die ihr verdient und die alles Leben um euch verdient – die bedingungslose göttliche Liebe, absolut frei, erstrahlend in überirischem Glanze".

- Dann nimmt er zwei weitere Bilder, die unter seinem Lager lagen. Eines zeigt den früh gealterten, abgearbeiteten Mann, der unter der Last der Verantwortung für seine Familie stöhnt, das andere den verwundeten Krieger, der seinen Vorgesetzten gehorcht, Gewalt anwendet und unter seinen Schmerzen zusammengebrochen ist.
- Eros sagt: „Seht euch diese Bild an und erkennt, sie waren nie Wirklichkeit. Ihr habt an das Bild geglaubt, habt euch mit dem Bild des brutalen Kriegers, des abgearbeiteten Ernährers der Familie und des kaum geliebten, autoritären Familienoberhauptes identifiziert. Es hat euch Fesseln angelegt, doch die Zeit der Sklaverei ist vorbei. Ihr trugt immer die Würde des Göttlich Männlichen in euch und es darf wieder ganz und gar in euch wirken.
- Eros geht zu einer Feuerschale, in der eine violette Flamme brennt, und wirft die Bilder hinein. Die Flammen lösten sie im Nu in helle Asche auf.
- Dann bittet Eros uns, ihm zu folgen. Er führt uns durch einen sonnendurchfluteten Wald bis an eine hohe, weiße Mauer, darin sich ein goldenes Tor befindet.
- Die Torflügel stehen einen Spalt breit offen, das Schloss am Tor ist auf.

- Eros sagt: "Hinter dieser Mauer liegt das ewige Frühlingsland, das Land voller Frieden, voller Wertschätzung für alles Leben, das Land ohne Gewalt und Hierarchien, ohne Tod und Schmerz. Es ist das Land eurer ersten Erfahrungen in Raum und Zeit, als alles noch schön und gut war.
- Diese meditative Reise, die euch hierher gebracht hat, ist der Anfang der Heilung aller Verletzungen der patriarchalen Zeit, aller Verletzungen eurer männlichen Würde. Es ist der Beginn der Auflösung der schmerzlichen Familienthemen, die von Generation zu Generation weitergegeben wurden.
- Die Göttlich Männliche Kraft wird weiter wirken und euch heilen und je mehr ihr eure seelischen Wunden heilt durch Vergebung gegenüber anderen und euch selbst und durch loslassen, umso weiter wird sich dieses Tor für euch öffnen.
- Kommt noch oft hierher zu diesem goldenen Tor. Erinnert euch...ihr kennt das ewige Frühlingsland dahinter...erinnert euch immer mehr. Alles Wissen aus dieser Zeit ist noch immer in euch und wird für immer bleiben."
- Mit einem Lächeln und einem Winken zum Abschied verschwindet Eros mit seinem geliebten Bruder Sexus an der Hand hinter dem Tor.
- Wir gehen zurück zum Quellsee unserer Sippe.
- Der uns begleitende Engel sagt: Erinnert euch: Ihr alle kamt mit einer solchen Begeisterung und mit so großen Pläne zur Erde, damals, als ihr zum ersten Mal hier wart, in einer noch paradiesischen Welt.
- Nur die mutigsten Seelen wagten diese lange Wanderung durch Raum und Zeit und wir Lichtgeschwister, die nie inkarnierten, bewundern euch dafür und begleiten euch aus der Lichtebene voller Liebe.
- Ihr seid hergekommen, die Polarität zu erforschen, mit allen ihren lichten und dunklen Seiten, deshalb probiertet ihr auch das Dunkle, Negative irgendwann einmal aus, das euch dann in Zuge des Prinzips von Ursache /Wirkung Verletzungen durch karmische Prozesse brachte.
- Nie wurde eure wirkliche Essenz, das Göttliche in euch, von einem Lernprozess beschädigt. Nie gab es einen strafenden, zürnenden Gott, er ist eine menschliche Erfindung. Die Urquelle, aus der ihr alle geboren seid und die euch in alle Ewigkeit am Sein erhält, ist reinste bedingungslose Liebe. Ihr seid geboren, um geliebt zu werden.
- Legt nun alle Gefühle von Schuld, Ohnmacht, erniedrigt sein, nicht genügen, nicht geliebt zu werden ab und übergebt sie dem Quellfluss. Lasst los, was euch schwächt.

- Erkennt eure Schönheit, eure Würde, eure innere Größe. Ihr seid strahlendes Licht, heller und mächtiger als tausend Sonnen. Erkennt das ewig männlich und weiblich Göttliche in euch.

Der Engel segnet uns zum Abschied und zieht sich lächelnd mit seinen Lichtgeschwistern wieder auf die Lichtebene zurück, von der aus uns die Engel begleiten, unser ganzes Leben lang.

- **Bitte nun, bevor du Abschied nimmst, deine Vorväter um ihren Segen. Öffne dich dem Segen deiner Vorväter, die dich lieben.**
- Wir umarmen uns alle zum Abschied, danken für die Erfahrung und jeder der Anwesenden geht jetzt zurück auf seine eigene Straße des Lebens, reich beschenkt....
- Steige vor dem Rückweg noch einmal in den Quellsee und wasche alles ab, was dich noch belasten sollte. Lass es los. Werde frei, unendlich frei und leicht, so wie du aus Gott geboren wurdest.
- ...und ganz nach deinem Rhythmus, so wie es für dich passt, nimm ein paar tiefe Atemzüge, spüre deine Gliedmaßen, deine Wirbelsäule, deinen gesamten Körper und komme zurück in das Hier und Jetzt.

MEDITATION ZUR HARMONISIERUNG DES MÄNNLICHEN UND WEIBLICHEN IN DIR

- Baue den Heiligen Raum auf
- Verbinde dich innig mit der göttlichen Präsenz in dir, deinem Geist
- Sorge dafür, dass du während der Zeit der Meditation nicht gestört wirst.
- Setze dich bequem auf einen Stuhl, fühle Mutter Erde unter deinen Füßen und spüre die Anbindung an den Kosmos über dein Kronenchakra.
- Begib dich unter göttlichen Schutz, damit du darauf vertrauen kannst, dich ungestört zu tiefst öffnen zu können.
- Bitte die göttliche Präsenz in dir um Führung und
- unterstelle die gesamte Meditation dem Willen der Urquelle allen Seins, Vater-Mutter-Schöpfer-Gott, die höchste, bedingungslose Liebe und Weisheit ist.
- Nun lege alles ab, was dich belastet: Sorgen, Schmerzen, Verletzungen, Kränkungen, Beziehungsprobleme, was immer es ist. Du darfst es als Paket vor den Raum legen, in welchem du die Meditation durchführst.

Du kannst, wenn du willst, deine spirituellen Begleiter rufen, sie werden dir immer dann und immer dort behilflich sein, wo du noch Unterstützung brauchst. Aber den Weg in deinen Seelengarten musst du allein gehen, dorthin, in das Reich des Göttlichen in dir, kann dir niemand folgen.

Nun begebe dich auf die Reise in den Tempel des inneren Friedens (siehe Seite 56).
Erlebe die Schönheit des Frühlingswaldes und des Bergsees mit allen Sinnen.
Steige auf der Kristalltreppe in die Tiefen des Sees, betrete den wunderbaren Kristalltempel des inneren Friedens.

- Du stehst nun vor dem Altar in der Mitte des Tempels.
- Darauf steht ein goldener Kelch, der Heilige Gral deiner Seele, in dem alle Erkenntnisse aus eigener Erfahrung, die du jemals gewonnen hast, als kostbare Edelsteine aufbewahrt sind.
- Auf dem Altar sind drei goldene Schalen, in denen jeweils eine Flamme brennt: eine im goldenen Licht, die steht in der Mitte, eine in zartem Rosa, eine in zartem Blau.
- Genieße die Schönheit des Raumes.
- Viele Türen siehst du in der runden Halle des kristallenen Tempels. Einige kennst du. Durch eine der Türen kommen deine spirituellen Begleiter, wenn du sie rufst, die andere führt in deinen Rückzugsraum, den wir jetzt nicht benötigen, wieder eine andere führt auf die Straße deiner Leben, die wir heute nicht betreten.
- Da ist nämlich noch eine Tür, reich verziert mit zarten, goldenen Arabesken, und durch diese Tür gehst du nun.
- Du stehst jetzt mitten in einer unbeschreiblich schönen Landschaft, einem riesigen Park in der Blütenpracht des Frühlings.
- Eine Blumenwiese liegt vor dir, Margeriten, Glockenblumen, Lichtnelken, blühende Gräser, Blumen in allen Farben, soweit das Auge reicht. Male dir diese Wiese aus und genieße ihre Schönheit.
- Höre den Gesang von tausenden von Vögeln, das Summen der Insekten, das Zirpen der Grillen.
- Erfreue dich am Tanz der bunten Schmetterlinge.

- Beobachte das bunte Treiben an und in dem kleinen Teich, der in eine Mulde dieser herrlichen Landschaft gebettet ist – den Flug der Libellen über den Seerosen, den Tanz der zarten Elfen, das geschäftige Treiben des kleinen Völkchens, das du jetzt sehen kannst.
- Genieße die Schönheit des Gartens mit all deinen Sinnen.
- Das alles bist du, das alles ist in dir. Es ist der Garten deiner Seele, in dem dein Inneres Kind wohnt, deine Krafttiere leben, mit denen dein Inneres Kind jetzt fröhlich und ausgelassen spielt.
- Die Wiese wird umrahmt von einem lichten Frühlingswald. Am Waldrand stehen uralte Bäume und zu einem von diesen Bäumen gehst du nun.
- Suche dir nun den schönsten, bequemsten Platz unter dem Baum aus und lass dich dort nieder.
- Nun stell dir vor, du dehnst dich aus zu einem Oval, in dessen Mitte du eine zarte Trennungslinie siehst. Sie teilt das Oval in einen männlichen und einen weiblichen Teil, in das Göttlich Männliche und das Göttlich Weibliche in dir, das sich in diesem ovalen Seelenraum immer mehr entfalten, entwickeln und in Harmonie kommen will.
- Betrachte die zart rosafarbene und die zart blaue Flamme in diesem Oval. Sind beide Flammen gleich hell? Sieh genau hin.

Setze dich nun wieder auf deinen schönen, bequemen Platz, nimm deine jetzige Gestalt wieder ein und lade den Mann in dir ein, zu dir zu kommen.

- Du siehst ihn kommen, er tritt rechts aus dem Wald heraus. Betrachte ihn ganz genau.
- Wie sieht er aus?
  - ist er voller Kraft und Lebendigkeit?
  - ist er groß oder klein?
  - wirkt er kräftig oder schwach?
  - bewegt er sich dynamisch oder schleppend?
  - Wie ist seine Mine, seine Körpersprache?
  - Voller Fröhlichkeit und Lebenslust ?
  - oder eher traurig, bedrückt, überfordert, einsam?
- lade ihn ein, sich an deine rechte Seite zu setzen, an den Platz, der für ihn am schönsten und bequemsten ist.
- Sage ihm:

Danke, dass du gekommen bist. Ich habe dich gerufen, weil ich dich kennenlernen will. Ich möchte wissen, wie du dich all die Jahre meines jetzigen Lebens in mir gefühlt hast. Hast du dich wohlgefühlt in mir? Hast du dich geliebt und wahrgenommen gefühlt? Bitte erzähle es mir, denn ich will Frieden mit dir schließen und ich will, dass du glücklich bist.

Nun höre genau hin, was dir der Mann sagt.

- Nimm dir viel Zeit dafür.
- Du erfährst nun die Wahrheit über das Befinden des Männlichen in dir.
- Alle seine Gefühle, alle seine Aussagen dürfen jetzt da sein. Alles ist gut. Alles will angenommen und umarmt sein, auch die Schatten, damit es erlöst werden kann.
- Wenn du das Gefühl hast, dass der Mann alles über sein Befinden in dir gesagt hat, bedanke dich bei ihm.
- Bitte ihn, dir zu vergeben, wo du ihn vernachlässigt hast.
- Sage ihm, dass du dich in der Beziehung zu ihm verändern willst, damit er sich wohl und glücklich in dir fühlt.
- Lasse ihm nun aus deinem Herzen all das zufließen, was er bisher vermisst hat: Liebe, Wertschätzung, Vertrauen, was immer es ist.
- Nun bitte die göttliche Präsenz in dir, deinen Geist, der du bist, deinen männlichen Teil in dir mit Lebenskraft und Lebensfreude zu erfüllen und ihn in die absolute Harmonie mit deiner Göttlichen Weiblichkeit zu bringen.

Nun lade die Frau in dir ein, zu dir zu kommen.

- Du siehst sie kommen, sie tritt links aus dem Wald heraus. Betrachte sie ganz genau.
- Wie sieht sie aus?

- ist sie voller Kraft, Lebendigkeit und Fröhlichkeit?
- geht sie voller Anmut und Leichtigkeit oder sieht sie träge und schwer aus?
- ist sie groß oder klein?
- wirkt sie kräftig oder schwach?

- bewegt sie sich dynamisch oder schleppend?
- Wie ist ihre Mine, ihre Körpersprache?
- Voller Lebensfreude und froher Erwartung des Zukünftigen?
- oder eher traurig, bedrückt, überfordert, einsam?

° lade sie ein, sich an deine linke Seite zu setzen, an den Platz, der für sie am schönsten und bequemsten ist.
° Sage ihr:

Danke, dass du gekommen bist. Ich habe dich gerufen, weil ich dich kennenlernen will. Ich möchte wissen, wie du dich all die Jahre meines jetzigen Lebens in mir gefühlt hast.
Hast du dich wohlgefühlt in mir?
Hast du dich geliebt und wahrgenommen gefühlt?
Bitte erzähle es mir, denn ich will Frieden mit dir schließen und ich will, dass du glücklich bist.

° Nun höre genau hin, was dir die Frau dir sagt.
° Nimm dir viel Zeit dafür.
° Du erfährst nun die Wahrheit über das Befinden des Weiblichen in dir.
° Alle ihre Gefühle, alle ihre Aussagen dürfen jetzt da sein. Alles ist gut. Alles, auch die Schatten, will angenommen und umarmt sein, damit es erlöst werden kann. Wenn du das Gefühl hast, dass die Frau alles gesagt hat, bedanke dich bei ihr.
° Bitte sie, dir zu vergeben, wo du sie vernachlässigt hast.
° Sage ihr, dass du dich in der Beziehung zu ihr verändern willst, damit sie sich wohl und glücklich in dir fühlt.
° Lasse ihr nun aus deinem Herzen all das zufließen, was er bisher vermisst hat: Liebe, Wertschätzung, Vertrauen, was immer es ist.
° Bitte die göttliche Präsenz in dir, deinen Geist, der du bist,
deinen weiblichen Teil in dir mit Lebenskraft und Lebensfreude zu erfüllen und ihn in die absolute Harmonie mit deiner Göttlichen Männlichkeit zu bringen.

Jetzt steh auf, bitte den Mann zu deiner Rechten und die Frau zu deiner Linken, ebenfalls aufzustehen und dir und sich gegenseitig die Hand zu

reichen. Ihr steht jetzt zu dritt, eng bei einander, am Waldrand, blickt euch an und haltet euch an den Händen.

Nun bitte die göttliche Präsenz in dir, alle Schatten in dir, im Männlichen und im Weiblichen in dir, zu erlösen, aufzulösen und zu transformieren:
Ich rufe dich, wunderschöne, liebevolle Gottheit in mir, meinen Geist, der ich bin.

Du kannst dir Gott in dir vorstellen, wie du willst, als strahlendes Licht, als strahlend lichte, zarte Gestalt, voller Anmut und Schönheit. Sie ist dein ICH BIN, dein Leben, dein individuelles Sein. Sie blickt voller Liebe auf dich, es ist dein Geist, der bist du.

Umarme Gott in dir. Nun trage der göttlichen Präsenz in dir, in der alle Aufmerksamkeit der Urquelle allen Seins auf dich gerichtet ist, deine Bitte vor:

Ich, deine Seele, neige mich vor dir, meinem Geist, du wunderbare Sohn-Tochter Gottes, die ich bin, in großer Liebe und Dankbarkeit und ich neige mich in dir vor der Urquelle allen Seins, Vater-Mutter-Schöpfer-Gott, mit großem Dank für das Geschenk meines Seins und das wunderbare Sein um mich herum. Danke für deine bedingungslose Liebe.

- **Ich bin gekommen, um dich zu bitten, nun alle Schatten, die meine göttlich weibliche und meine göttlich männliche Seite belasten, beeinträchtigen und blockieren, im violetten Licht der Transformation aufzulösen und zu heilen.**
- **Ich bitte, die männliche und die weibliche Seite in mir zu reinigen und in die Harmonie und Wertschätzung zu bringen.**
- **Ich vergebe mir selbst, all diese Schatten irgendwann auf der Seelenebene erschaffen zu haben und**
- **ich vergebe von Herzen all jenen, die mich jemals verletzt haben, als sie als Werkzeug dienten, mich aus meiner Komfortzone zu holen und zum Weitergehen auf dem Weg meiner Entwicklung in der Erfahrung der Polarität zu bewegen.**

- **Ich bitte alle um Vergebung, denen ich im Unlicht und in der Unliebe begegnet bin. Ich bin bereit zum Ausgleich in der Energie von Licht und Liebe.**
- **Ich will in Frieden, Freiheit, liebevollem Verbunden sein mit Allem und Jedem und erwartungsvoller Freude meinen Seelenweg der Erfahrung der Polarität durch Zeit und Raum gehen.**
- **Ich will tiefen Frieden in mir und Harmonie zwischen meiner männlichen und weiblichen Seite.**

Nun stell dir vor, wie über dein Kronenchakra vom Kosmos her strahlendes violettes Licht einströmt. Es fließt durch deinen Körper, durch alle deine Zellen, es fließt durch deine Chakren und alle energetischen Ebenen, durch deine Aura, deine feinstofflichen Ebenen. Es reinigt alles, was an Schatten und Unordnung in dir ist und transformiert es in eine höhere Schwingung, bis sich alle Schatten in Licht aufgelöst haben.

- Nimm dir Zeit für diese Reinigung und Transformation.
- Öffne dein ganzes Sein diesem reinigenden, transformierenden violetten Licht
- Lass alles Dunkle, Verhärtete, Vergiftende, Fesselnde und Blockierende in dir in Mutter Erde abfließen, wo es in ihrem inneren Feuer gereinigt, aufgelöst und erlöst wird.
- Du siehst und du spürst, wie der Mann und die Frau, die mit dir Hand in Hand stehen, ebenfalls vom violetten Licht durchflossen und gereinigt werden.
- Ihr steht in einer strömenden, violetten Lichtwolke und seid völlig eingehüllt und durchflossen vom violetten Licht der Reinigung und Transformation. Wenn du das Gefühl hast, dass sich alle Schatten aufgelöst haben, bitte um das silbern glitzernde Licht der Lebenskraft und Lebensfreude mit den Worten:

Ich danke dir, Vater-Mutter-Gott, für die Reinigung im violetten Licht deiner Liebe. Ich bitte dich nun, mein ganzes Sein mit deinem weißen, glitzernden Licht der Lebenskraft und Lebensfreude zu durchströmen.

Nun strömt weißes, helles, glitzerndes Licht aus dem Kosmos ein. Es fließt durch dich, durch den Mann und durch die Frau, mit denen du durch das

Händehalten verbunden bist, und erfüllt euch durch und durch mit Lebenskraft und Lebensfreude. Es hüllt euch ein in eine Wolke weißen, hell strahlenden, glitzernden Lichtes. Ihr spürt, wie euch Lebenskraft durchströmt und eure Seele mit Freude erfüllt, mit purer Lebenslust, Leichtigkeit, Liebe.
Bedanke dich für dieses Geschenk.

Sieh nun den Mann und die Frau, die sich wieder an deine rechte bzw. linke Seite stellen, genau an. Haben sie sich verändert? Sind sie größer geworden, sind sie beide nun gleich groß, sind sie nun voller Lebenskraft und Lebensfreude? Bitte sie nun, sich wieder mit dir zu vereinigen, in tiefer Liebe und in völliger Gleichwertigkeit und Gleichberechtigung.

Wieder siehst du das Bild des Ovales mit der Linie in der Mitte vor dir, zu dem du dich anfangs ausgedehnt hattest. Doch das Bild verändert sich vor deinen Augen. Es formt sich ein Kreis und die Mittellinie biegt sich schwungvoll zum harmonischen Zeichen von YIN und YANG.

- Nun gehe zurück, durch die Blumenwiese, zum Tempel des inneren Friedens. Tritt ein.
- Sieh nach den Feuerschalen neben dem goldenen Kelch deines Heiligen Grals. Es ist nun nur noch eine einzige goldene Feuerschale vorhanden und in ihr brennen drei Flammen, eine rosa, eine blau und eine goldfarben. Sie vereinen sich jetzt zu einer strahlend hellen weißen Flamme.

Verlasse nun mit Dank den Tempel des inneren Friedens, steige die Kristalltreppe hinauf an das Ufer des Bergsees und kehre zurück durch den Frühlingswald in das Hier und Jetzt.
Es empfiehlt sich, diese Meditation erst einmal wirken zu lassen und sie dann, wenn du fühlst, dass es an der Zeit ist, zu wiederholen, bis sich das göttlich Männliche und das göttlich Weibliche in dir gleich groß, stark und lebendig zeigen und YIN und YANG des Seelenbildes am Ende der Meditation völlig harmonisiert und ausgeglichen sind.

DIE VERSCHMELZUNG MIT DEM GÖTTLICHEN GEIST IN DIR, QUELLE DER HEILUNG UND STRAHLENDER GESUNDHEIT

Vom Anbeginn des Seins sind wir eins:
Deine Seele ich und du, mein Geist.
Ephides

Immer dann, wenn es dir gelingt, dich innig mit deinem Geist, der göttlichen Urlichtquelle in dir, zu verschmelzen, bist du angebunden an die Quelle der Allweisheit, der Heilung und der strahlenden Gesundheit. Aus eigener, beglückender Erfahrung kann ich meine Leserinnen und Lesern nur raten, dies immer wieder zu vollziehen, am Morgen, im Laufe des Tages, wenn man daran denkt, am Abend, bevor man einschläft. Du wirst wahren Wundern begegnen, Tag für Tag, und wirst immer gesünder, freier und glücklicher werden, ohne dass äußere Einflüsse daran beteiligt wären. Medikamente werden bald überflüssig werden, denn du hast in Anbindung an die kosmische Apotheke eine genau auf deine Bedürfnisse abgestimmte Heilenergie, ohne jegliche schädliche Nebenwirkungen. Dabei ist es so einfach:

- Rufe deinen göttlichen Geist in dir, er ist dir so nahe wie sonst nichts und niemand. Stell ihn dir vor als strahlendes Licht, heller als die Sonne.
- Bitte deinen göttlichen Geist, der sich nach dir sehnt, dich in die Arme zu schließen und sich mit dir innig zu verschmelzen.
- Sendet zusammen durch alle eure Systeme von Körper, Seele und Geist, weit hinaus über die Aura, hinaus in die Welt,

  - bedingungslose, göttliche Liebe und tiefen Frieden,

  - die göttliche Energie der Heilung und Harmonisierung,

  -Licht, Lebenskraft und Lebensfreude.

Das ist alles, mehr braucht es nicht.

KORREKTUR VON DISHARMONIEN IN KÖRPER UND PSYCHE

Gesundheit ist ein Zustand kompletter
Harmonie zwischen Körper, Geist und Seele
B.K.S. Iyengar

Disharmonien in Körper und Psyche können auf ganz einfache Weise positiv beeinflusst und völlig geheilt werden, sobald du in der Lage bist, die bewusst und ohne eine leise Spur von Misstrauen dich mit deinem göttlichen Geist zu verbinden, zu verschmelzen. Du, das göttliche Bewusstsein, das du bist, dein ICH BIN DER ICH BIN ist der Souverän in deinem gesamten Sein: Deine göttliche Seele, Trägerin all deiner Erfahrungen und deiner Gefühle, ist König in deinem heiligen Königreich des Seins. Dein Körper ist das Mutter Erde zugehörige „Werkzeug", das dir ermöglicht, während deiner Inkarnation hier in der polaren, materiellen Welt zu wirken. Das alles zusammen bist DU, so wie du jetzt bist.

In dem Moment, wo es dir gelingt, dich mit deinem göttlichen Geist zu verschmelzen, kannst du alle Disharmonie in dir vollkommen heilen und so ohne Krankheit und Blockaden deinen Seelenweg gehen. Dann sind auch sämtliche in diesem Buch vorgestellte Heilweisen nicht mehr nötig. Doch bis du dir dieses unerschütterliche Gott- und Selbstvertrauen erworben hast, sind sie durchaus sinnvoll.

Verschmelze dich mit dem Göttlichen in dir und gib deinem Körper und deiner irdischen Seele, Egoseele genannt (die Seele, die von Psychologen etc. behandelt werden kann) **ganz klare Anweisungen.** Von nichts kommt nichts, klare Anweisungen, also der Ausdruck deines freien Willens, sind notwendig.

Ich empfinde es als sinnvoll, Schritt für Schritt vorzugehen, also erst das Wichtigste anzuordnen, aber das musst du für dich selber herausfinden, auf welche Weise die Korrektur am besten für dich funktioniert. Ich nehme mir

immer nur eine Unstimmigkeit pro Tag vor, am nächsten Tag dann die nächste. Aber du kannst natürlich auch die gesamte Palette von gesundheitlichen Störungen auf einmal aufrufen und die Korrektur anordnen.
Ja, anordnen, nicht darum bitten, denn du bist der Souverän in deinem Körper und deiner Seele und das muss auch klar zum Ausdruck kommen.

Wenn ich um Korrektur oder Harmonisierung u.ä. bitte, beginne ich immer mit der Entsäuerung und Entgiftung des Körpers. Da ich keine mich schwer beeinträchtigenden Krankheiten habe, ist dies für mich am sinnvollsten, denn ohne Entsäuerung, Entgiftung und Auflösung der Entzündungen im Körper ist Heilung schwierig. Doch das kann für dich ganz anders sein, gehe also bitte nach deinem Empfinden vor.

Ich stimme auch bei Anrufung der kosmischen Apotheke 8787 die Bitte um Heilmittel auf den Bereich ab, den ich zu korrigieren anordne.

Nach der Entsäuerung und Entgiftung folgt am nächsten Tag die Anordnung an das Immunsystem, Überreaktionen aufzuheben und sich neu auszurichten nach dem göttlichen Bauplan für den Körper in absoluter Gesundheit. Die Korrektur nach diesem Bauplan ordne ich an. Damit verbunden ist die Anordnung, alle Entzündungen im Körper aufzulösen, die ja auf eine Reaktion, meist Überreaktion des Immunsystems zurückgehen. Das Immunsystem erhält die Anordnung (du kannst auch sagen den Befehl), sich nach dem göttlichen Bauplan für den absolut gesunden Körper auszurichten und nur auf dieser Basis zu wirken. Sende Frieden und Ruhe in deinen Körper, du verfügst ja über diese Energie im absoluten Maße.

Je mehr du Gott in dir, der du bist, vertraust, umso wirkungsvoller wirst du dich selber heilen können.

Der mittelalterliche Prophet Johannes von Jerusalem (1042-1119) wies in seinen Prophezeiungen vom Ende dieses Jahrtausends darauf hin, dass es Krankheiten nicht mehr geben wird, weil sie im Vorfeld erkannt werden und jeder sein eigener und seines Bruders Heiler ist. Die Verschmelzung mit dem eigenen göttlichen Geist und die klare Anordnung der Korrektur sind das ganze Geheimnis, das dahinter steckt.

Das Ritual:

- Verbinde und verschmelze dich mit dem göttlichen Geist in dir.
- Konzentriere dich auf den Bereich oder das Problem, das der Heilung und Harmonisierung bedarf.
- Sprich die Worte:

Kraft der göttlichen Urlichtquelle in mir gebe ich jetzt den Auftrag: Korrektur (bzw. Harmonisierung, Lösung)

HEILWEISEN DER ZUKUNFT: MEDBETTEN UND DIE GRÜNE STADT DER HEILUNG

Schon vor langer Zeit und immer wieder wurde uns von weitaus fortgeschritteneren, licht- und liebevollen Zivilisationen von anderen Welten eine Bauanleitung für eine Technologie geschenkt, die es uns Menschen ermöglichen würde, alle Krankheiten auf Basis der Quantenphysik ohne schädigende Medikamente zu heilen. Die Rede ist von den sog. MED-Betten, das sind holographische Medizinbetten. . Wieder einmal, vor dem 1. Weltkrieg, bekamen wir die Baupläne für diese Technologie übermittelt durch den genialen Nicola Tesla (1856 – 1943). Doch Tesla war materiell arm und konnte sich die teure Anmeldung eines Patentes nicht leisten und stellte seine vielen genialen Erfindungen anderen Leuten, die das nötige „Kleingeld" hatten, sie zum Patent anzumelden und zu produzieren, zur Verfügung. Leider den falschen Leuten, die nur ihren eigenen Profit im Focus hatten und Patente, die für die Menschheit segensreich gewesen wären, wie z.B. die Technologien zur Nutzung der freien Raumenergie oder eben auch die MED-Betten, sofort in den Schubladen von Leuten verschwinden ließen, die ihre eigenen

Profite bedroht sahen. So ist es leider auch mit den MED-Betten geschehen, die natürlich dem profitablen Medizin-System, wie wir es heute haben, im Wege standen, viele Sparten überflüssig gemacht hätten. Es gibt angeblich MED-Betten, aber sie stehen der „Herde", wie wir von ultrareichen Strippenziehern genannt werden, nicht zur Verfügung. Aber wir werden diese Technologien wieder bekommen und diesmal werden die Ideengeber aus den Lichtwelten, die sich die Abartigkeit so mancher Menschen nicht vorstellen konnten, nicht mehr so naiv sein und ihre Technologie einem einzigen Menschen anzuvertrauen.

MED-Betten kann man sich ähnlich vorstellen wie einen Computertomographen. Auf dem kastenähnlichen „technischen Unterbau" befindet sich eine Liegefläche, darüber eine gläserne Röhre, über die ein Metallbogen läuft, der den gesamten Körper scannt und danach „repariert", was nicht dem ursprünglichen Bauplan des Körpers in absolut gesundem Zustand entspricht. MED-Betten gibt es auch in den Welten der 5. Dichte, ich durfte sie dort sehen und es wurde mir in einfachen Worten, so dass ich Nichttechnikerin es fassen konnte, die Wirkungsweise erklärt.

Meine Traumreise in die Grüne Stadt der Heilung

Wie so manches Mal schon, entwickelte sich mein Besuch der Grünen Stadt der Heilung aus einem Traum, der mir ganz klar in der Erinnerung blieb.

Ich wurde an einen Ort geführt, in dem tiefer Frieden, Harmonie und Schönheit ringsum herrschten. Ich sah bei strahlendem Sonnenschein einen riesigen Park vor mir, so weit das Auge reichte. Baumgruppen gab es dort, Wiesenflächen, Wassergärten und Blumeninseln, kunstvoll in Farben und Mischung mit Gräsern, Steinen und Naturmaterialien gestaltet, so wunderschön anzuschauen, dass einem das Herz aufging. Mein erster Eindruck war, hier war Gärtnerkunst in höchstem Maße umgesetzt. Zahlreiche verschlungene Wege führten durch die Parklandschaft, ich sah keine geraden oder exakten geometrischen Formen folgenden Linien.

Inmitten dieser Gartenlandschaften waren zahlreiche kleine „Häuschen“ zu sehen, rund oder achteckig, das kann ich nicht genau sagen. Sie hatten jeweils nur ein Zimmer, gerade mal so groß, dass darin ein Bett und ein Tischchen Platz hatten. Der Zugang war ein Türstock ohne Tür. Der untere Bereich der weiß getünchten Häuschen war gemauert, darüber befand sich ein luftiger, filigraner, ringsum laufender Bereich von gemauerten, gitterähnlichen Strukturen, wie man sie ähnlich in manchen arabischen Bauten sieht, durch die die Luft frei ziehen konnte. Dann kam eine Kuppel aus grünem Glas, in das weiße, kugelige Strukturen eingebettet waren, wie Luftblasen. Das Sonnenlicht fiel durch die Glaskuppel und tauchte den ganzen Innenraum in grünes, sanftes Licht. Die Einrichtung eines solchen Häuschen bestand aus einem sauber bezogenen Bett und einem Tischchen daneben, auf dem ein Schnapsglas mit einer grünen Flüssigkeit stand, die wohl bitter schmeckte, wie ich an der Reaktion eines Patienten bemerkte, der mir später gezeigt wurde.

Der Park umschloss den Ausläufer eines ziemlich hohen, bis zur Baumgrenze bewaldeten Berges, über dem mächtige Felsgipfel thronten, die jedoch nicht mit Schnee bedeckt waren. Am Waldrand, um den Ausläufer herum, war eine mehrstöckige weiße Klinik zu sehen. Dort befanden sich die MED-Betten. Ich durfte sie sehen. Mir wurde auch am Beispiel eines Patienten gezeigt und erklärt, was in dieser „Grüne Stadt der Heilung“ genannten Gegend geschah. In meinem Fall war es die Behandlung eines soeben an Krebs verstorbenen Mannes, der in seinem Denken noch immer so sehr den unerträglichen Schmerz seiner zum Tode führenden Krankheit präsent hatte, dass er meinte, die Schmerzen immer noch zu spüren. Erst dachte ich, die Grüne Stadt der Heilung wäre nur für Verstorbene zugänglich, doch meine Führer durch diesen Traum klärten mich darüber auf, dass auch inkarnierte Menschen, deren Seele im feinstofflichen Körper während des Schlafes aus dem Körper tritt, dort behandelt werden können.

Der traumatisierte Mann wurde auf die Liege gelegt. Der Metallbogen an der gläsernen Röhre wanderte, Licht auf den Mann aussendend, die Röhre entlang, hin und zurück, einige Male. Erst wurde der Körper gescannt und sein Zustand erfasst, dann kamen die Heilenergien, gezielt auf sein Problem abgestimmt. Zwei in weiß gekleidete, freundliche Pflegekräfte halfen danach dem Mann auf die Beine und führten ihn, in links und rechts stützend, in den Park, in eines der weiß-grünen Häuschen. Er taumelte leicht, wurde aber sicher gestützt. Die beiden Helfer betteten den Patienten auf die Liege und deckten ihn sorgfältig zu. Vorher gaben sie ihm die Flüssigkeit im Schnapsgläschen zu trinken, er schluckte sie, verzog das Gesicht ein wenig und schüttelte den Kopf in einer Weise, die ich so interpretiere, dass die Flüssigkeit sehr bitter geschmeckt hat. Nun, da der Mann sorgfältig zugedeckt in seinem Bett lag, fielen ihm die Augen zu und er versank in tiefen Schlaf. Die beiden Helfer erklärten mir, er würde jetzt so lange schlafen, bis sich die Bilder und Gefühle des Schmerzes in seiner Erinnerung aufgelöst haben. Dann kann er ungehindert seine lichte Heimat genießen und seinen Weg in der Lichtwelt gehen.

Wie mir meine unsichtbaren Führer durch diesen Traum erklärten, können nicht nur Verstorbene die MED-Betten nutzen. Wenn heilungsbedürftige Menschen im tiefen Schlaf liegen, entfernt sich ihre Seele vom irdischen Körper zur Reise in die Astralwelten, wo sie entweder Tätigkeiten nachgeht oder sich neue Kraft für den folgenden Tag holt. Sie ist dann nur mit einem sehr dehnbaren, silbern schimmernden Lichtband mit dem Körper verbunden. Erst wenn einst diese Silberschnur reißt, ist der Mensch tatsächlich unwiederbringlich verstorben, doch jede Nacht, während unserer Traumreisen, dehnt sie sich ins Unendliche, ohne beschädigt zu werden und zieht beim Erwachen Seele und Bewusstsein wieder in den Körper zurück. In diesem Zustand des Astralreisenden kann sich der Mensch auch in die Grüne Stadt der Heilung begeben. Dort werden in den MED-Betten seine energetischen und feinstofflichen Systeme auf den Weg der Heilung gebracht.

Du kannst darum bitten, in der Nacht die MED-Betten benutzen zu dürfen.

DIE AKASHA-CHRONIK: KEINE ENERGIE GEHT JEMALS VERLOREN

Jeder Gedanke ist Saat.
Einst, über kurz oder lang,
führt durch dies Feld dich dein Gang.
Jeder Gedanke ist Tat.
Einst, über lang oder kurz,
wird er dein Sieg oder Sturz.
Wie dir das Schicksal auch naht,
nenn es nicht fremde Gewalt:
Du bist's, in eigner Gestalt!

Ephides

Quelle: Hella Zahrada „EPHIDES, ein Dichter des Trans zendenten" mit freundlicher Genehmigung des Bürger-Verlages, Hans Dienstknecht, Neuenstadt-Bürgen, 2002, Seite 104

Um das Problem der verlorenen Seelenanteile, das in den nachfolgenden Kapiteln behandelt wird, besser verstehen zu können, ist es sinnvoll, sich mit der Akashachronik zu befassen, denn sie ist wichtig dafür, dass man die verlorenen Seelenanteile wiederfinden kann. Keine Energie, keine Erfahrung, kein Ereignis geht jemals verloren. Alle Ereignisse, Vorhaben, Gedanken, Worte und Taten hinterlassen eine Spur in der Seele des Betroffenen, am Ort des Geschehens und in der Akashachronik. Die Akashachronik hat drei Ebenen, die Ebene der Vergangenheit, in der alle Erfahrungen der Vergangenheit festgehalten sind, die Ebene der Gegenwart, in der die momentane Gemütslage und Entwicklung des Betroffenen sichtbar ist und die Ebene der Zukunft, in der sich aus dem Prinzip von Ursache und Wirkung das künftige Schicksal formt. Man kann sich die Akashachronik vorstellen wie eine riesige Schriftrolle mit lebendigen Bildern. Sie ist die Sammlung aller Erfahrungen, die jemals von einem Wesen, einem Kollektiv oder von irgendwem im Kosmos irgendwo gemacht wurden. All diese Erfahrungen sind festgehalten nicht nur wie in einem Film, sondern auch die Gefühle und Sinneseindrücke wie Gerüche usw., die mit dem Ereignis verbunden waren, sowie die Ursache, die gerade zu dieser Entscheidung geführt hat sowie die Gefühle und Folgen der Mitbetroffenen und für einen selbst manifestieren sich und werden für jenen, der die Akashachronik „liest", sichtbar, erlebbar. Deshalb ist es für die Menschen in Raum und Zeit nicht nötig, alle möglichen Erfahrungen selbst zu machen, sie können auch in das Eintauchen in die Akashachronik erleben und erspüren, wie sich Gut und Böse anfühlen.

Es gibt dabei die ganz ***persönliche Akashachronik***, die auf deiner ***Kausalebene*** verankert ist und die ***Erkenntnis aus eigener, unmittelbarer Erfahrung***, die in der **unsterblichen *göttlichen Seele*** (nicht zu verwechseln mit der körperlichen und der mentalen Egoseele, die vergänglich sind) niedergelegt ist. Aus deinen Entscheidungen und dem Prinzip von Ursache und Wirkung erschaffst du auf deiner Kausalebene, die dem göttlichen Bereich zugeordnet und nicht durch deinen Willen beeinflussbar ist, dein künftiges Schicksal.

Durch jeden neuen Gedanken, durch jede neue Entscheidung und Tat zeichnet sich in dem sehr dynamischen Zukunftsfeld der Akashachronik dein künftiges Schicksal ab. Dabei kannst du die negativen Seiten der Schicksalsebene beeinflussen durch Einsicht, Bitte um Vergebung und Wiedergutmachung begangenen Unrechts. Du kannst den Ausgleich aber auch dem Schicksal überlassen, indem du nichts veränderst. Wenn die negative Energie sich stark genug angesammelt hat, so bricht das von dir erschaffene Schicksal über dich herein.

Ja, so könnte man sagen, wo bleibt dann unsere Willensfreiheit? Wir sind doch als freie Wesen mit freiem Willen geboren und dann zwingt uns unser Schicksal in eine Richtung, die wir gar nicht wollen? Nun, die Sache ist ein wenig komplexer. Nur unser ganz individueller, göttlicher Kern, verbunden mit unserer göttlichen Seele, das, was wir im Wesentlichen sind, ist absolut willensfrei. Von hier aus gehen die Impulse, die unser Schicksal zuschlagen lassen in eine Richtung, die unsere Ego-Seele nicht will. Von hier aus gehen auch die Impulse, die zu unserem Sterben führen. Wir gehen dann, wenn die göttliche Seele es entscheidet. Freier Wille ist gekoppelt mit Verantwortlichkeit, die aus Erkenntnis durch durchgemachte Reifeprozesse entstanden ist und zur Selbstverständlichkeit wird. In die Lichtwelt zurückgekehrt, bringen wir unsere Lebensernte in der Lebensrückschau ein, erkennen unsere Entscheidungen mit ihren Auswirkungen und sehnen uns danach, die Energie liebloser Entscheidungen durch Wiedergutmachung in Liebe auszugleichen. Wir werden so willig, erneut in eine Inkarnation zu gehen. In Zusammenarbeit mit bereits fortgeschrittenen Seelen, unseren geistigen Führern, die uns über viele Inkarnationen hinweg begleiten, beschließen und erschaffen wir unseren künftigen Lebensplan mit den wichtigsten Schicksalsstationen und diese erfüllen sich, ob freiwillig oder gezwungen. Unsere Freiheit ist, dass wir vor unserer Inkarnation diesen Plan selber ausgewählt haben. Ephides sagt dazu:

Indess ihr tastend eure Füße setzt im Ungewissen,
ist eures Erdenschicksals Bild schon längst umrissen,
nur Licht und Schatten füget ihr noch ein.
Ihr geht den vorgeschriebnen Weg, ob willig, ob gezwungen,
und eure Freiheit ist, dass ihr um ihn gerungen,
bevor ihr niederstiegt ins Erdensein.
Durchs dunkle Tor der Erde schreitend, schlosset ihr die Lider.
Den Weg, den ihr erwählt, erkennt ihr nun nicht wieder,
weil ihr verblendet und erblindet seid.
Doch müsst ihr's sein?
Könnt, Träumer ihr, des Schlafs euch nicht entraffen,
um schon hienieden euer Schicksal umzuschaffen,
zum Gold des Glücks zu glühen euer Leid? *

Ephides [Anm. 18)]

Aus der Erkenntnis von Gut und Böse, von Ursache und Wirkung aus eigener, unmittelbarer Erfahrung erschaffst du dir einen kostbaren Seelenschatz, der dir niemals wieder verloren geht und der dir hilft, aus der Zerrissenheit der polaren Welt deine Mitte, deine Einheit, deinen inneren Frieden wiederzufinden. Du erwirbst dir dabei Erkenntnisse, die dir helfen, nach und nach dein wunderbares, einmaliges göttliches Potential zu entwickeln. Erkenntnis aus Erfahrung schafft geistiges Wachstum.

Es gibt zudem die ***kollektive Akashachronik***. Sie befindet sich auf der ***Kausalebene von Mutter Erde*** und setzt sich aus den persönlichen Erfahrungen eines ganzen Kollektivs, wie z.B. einer Sippe, eines Stammes, eines Volkes, zusammen. Auf der einen Seite siehst du die Summe der Erfahrungen der Mitglieder des Kollektivs, auf der anderen, der Zukunfts-Seite siehst du die Auswirkungen, die sich aus der Summe der Entscheidungen der einzelnen Kollektivmitglieder entwickeln. Jeder Gedanke eines Kollektivmitglieds verändert dabei das Zukunftsfeld, doch nach und nach ergeben sich aus den überwiegenden Gedanken und Taten des Kollektivs deutliche Bilder eines zukünftigen Geschehens gemäß dem Prinzip von Ursache und Wirkung. Das ist die Ebene, in der die Seher für ihre Zukunftsvorhersagen Einsicht nehmen können. Je mehr Energie dabei einem Aspekt des künftigen Geschehens zufließt, umso deutlicher zeigen sich die künftigen Folgen. Wenn „das Maß voll ist", entlädt sich diese Energie als kollektives Schicksal, wie z.B. als Krieg oder Naturkatastrophe oder ein ähnliches Geschehen. Dabei können aber einzelne Mitglieder des Kollektivs durchaus mehr oder weniger betroffen sein vom Kollektivschicksal, je nachdem, welchen Schutz es sich erworben hat durch sein gutes Denken und Handeln und durch die Notwendigkeit, dass sich sein persönliches Schicksal erfüllt, seine persönliche Lebensaufgabe abgeschlossen werden kann.

Die ***kosmische Akashachronik***, die in der ***geistigen Welt*** aufliegt, umfasst alle Möglichkeiten, die jemals durch irgendein Wesen erprobt wurden und alle Möglichkeiten, die es gibt, die aber noch nicht erprobt wurden.

Mir wurde eine kollektive Akasha-Chronik gezeigt, ich denke aber, das war nur eine Möglichkeit, sie einzusehen, es stellt sich eher als Symbolik dar:
Ich stand in einem dunklen Raum und hatte vor mir ein breites Lichtband, ähnlich den mit Glas überdeckten Lichtbändern, wie man sie früher zur Herstellung von Zeichentrickfilmen nutzte. Auf dem Lichtband flossen feine farbige Lichtstrahlen und dunkle, schmutzig aussehende Linien. Es war ein sehr dynamisches Bild. Gleiche Strahlen verbanden sich, es gab dort richtige Wellen und Wirbel, Verknotungen und Klumpen wieder auseinander stre-

bende Knoten und gleichfarbige Flächen. Alle Strahlen und Wellen liefen in einer Richtung, von der Vergangenheit in das Zukunftsfeld. Hatten sich im Zukunftsfeld größere Zusammenballungen entwickelt, so sah man darin erst schwache, dann immer deutlicher werdende, bewegte Bilder, wie in einem Film. Mir wurde gesagt, jeder feine Lichtstrahl sei die Energie eines Menschen des Kollektivs, die er ausstrahlt. Wenn gleichartige Energien von vielen Menschen für längere Zeit oder immer wieder ausgesandt werden, so bilden sich die Verknotungen mit den gleichschwingenden Energien anderer Kollektivmitglieder und formen sich allmählich – im Sinne des Ursache-Wirkungs-Prinzips - zu Bildern und künftigen Handlungsabläufen, also zum künftigen Schicksal. Es trifft dann ein, wenn ein gewisser Energielevel überschritten ist. Das ist der Bereich, den Propheten und Seher wahrnehmen, die dann das Schicksal eines Kollektivs voraussagen können, das aber noch veränderbar ist, so lange, bis das Energielevel überschritten ist. Dann trifft das, was in den Bildern zu sehen war, auf unserer irdischen Ebene ein.

VERLORENE UND FREMDE SEELENANTEILE UND DIE ZEITENWENDE

„Es ist dem Geist gegeben,
sich machtvoll zu erhoben
und im Emporgestalten
der Welt sich zu entfalten.
Und liegt die Welt darnieder
Erkenn dich in ihr wieder
Und gib ihr neue Prägung
Durch geistige Erhebung..."
Ephides

Zitat aus Hella Zahrada „Die Ephides-Gedichte", Adyar-Verlag Graz, 1988 ,Seite 119

Wir befinden uns nun in der Zeitenwende, dem Ende eines sehr dunklen Äons, in dem das Patriarchat um sich gegriffen hat mit all seinen negativen Folgen des damit verbundenen Machtmissbrauchs. Uns ist in diesen Jahrtausenden sehr viel Leid und Schmerz, Unterdrückung, Gewalt und Ausbeutung geschehen, und zwar den Frauen wie den Männern gleichermaßen. Doch diese Zeit ist jetzt an ihrem Ende angelangt.

Unsere Realität als Inkarnierte war bisher die Schwingungsebene der 3. Dichte, doch von Tag zu Tag erhöht sich die Frequenz, wandeln sich Mutter Erde und die meisten ihrer Bewohner in immer höher schwingende Wesenheiten, bis hin zur 5. Dichtestufe. Die sog. Schumann-Resonanz-Frequenz zwischen Erde und Ionosphäre, der Herzschlag der Erde, deren Grundfrequenz bei 7.83 Hz liegt, die in engem Zusammenhang steht mit dem Erdmagnetfeld und damit mit dem Wetter, spielt verrückt. Das Erdmagnetfeld weist immer größere Störungszonen auf, es steht offensichtlich dicht vor der Umpolung, wie sie im Laufe von Jahrhunderttausenden immer wieder einmal vorkam. Die Sonnenaktivität ist so heftig wie seit langem nicht. All das sind die eigentlichen Faktoren des Klimawandels, nicht das, was uns vom Mainstream weisgemacht wird. Das spüren wir körperlich und psychisch natürlich sehr stark.

Der spirituelle Hintergrund ist, dass die neue Zeit der Menschlichkeit, der Brüderlichkeit/Schwesterlichkeit, des Friedens und der Liebe sich erst durchsetzen kann, wenn die satanisch-dunklen Systeme, die uns so lange beherrscht und gequält haben, uns immer noch beherrschen, zusammengebrochen sind. Trotz aller Schwierigkeiten, die das Sterben der alten Systeme und das Aufbäumen der Dunkelmächte gegen ihren Untergang aufwirft, dem wir aber voller Gottvertrauen aus der Perspektive des Zuschauers, Beobachters, zusehen dürfen, ist eines gewiss: wir gehen einer glücklichen Zukunft entgegen, in der tiefe Menschlichkeit, konkurrenzlose Zusammenarbeit, Liebe, Frieden, Achtsamkeit und Wertschätzung von allem, was Leben und Bewusstsein hat, im Zentrum stehen wird.

Während unserer vielen Inkarnationen in dem zu Ende gehenden Äon haben wir immer wieder Seelenanteile verloren. Sie gehen dem Menschen verloren aus den verschiedensten Gründen. Jedes traumatische Geschehen, wie z.B. ein Unfall oder eine psychische Situation, die als schockierend und unerträglich empfunden wird oder die Todesängste auslöst, führt dazu, dass sich ein Teil unserer Seele abspaltet, der einen Anteil der Energie aus der unerträglichen Situation in sich hat, damit wir überhaupt in der Lage sind, das Ereignis zu überstehen. Diese Seelenanteile, die – wenn unerlöst – selbst in früheren Inkarnationen anzutreffen sind, bleiben dann verängstigt am Ort des Geschehens und suchen verzweifelt nach ihrer Seele und können sie nicht finden. Wenn ein Kind z.B. in einem dunklen Keller eingesperrt oder stark misshandelt wird, glaubt es – oft unbewusst –jetzt sterben zu müssen. Ein Teil der Seele verlässt auf Grund dieses Glaubens den kindlichen Körper. Gleiches kann auch bei schweren Unfällen oder Krankheiten geschehen, die oftmals mit Ohnmacht und Bewusstlosigkeit verbunden sind, und es geschieht immer bei traumatischen Erlebnissen, die uns in einen Schockzustand versetzen.

Verlorene Seelenanteile sind aber ein unverzichtbarer Teil unseres Energiegefüges, das durch jeden Verlust von Seelenanteilen geschwächt wird. Deshalb ist es wichtig, diese verlorenen Seelenanteile nach und nach zu uns zurückzuholen und sie wieder in unser Energiesystem zu integrieren.
Jeder verloren gegangene Seelenanteil, der sich bei traumatischen Erlebnissen abgespalten hat und am Ort des Geschehens zurückgeblieben ist, hinterlässt eine Lücke in deinem Energiegefüge.

„Verlorene" Seelenanteile kommen nicht automatisch in den Körper zurück, können ihn meist nicht von selber finden, sondern bedürfen des ganz bewussten Rufens und Einladens, um zu uns zurück zu kommen.

Gerade jetzt, in der Zeit des Überganges zum Wassermann-Zeitalter, ist es sehr wichtig, unsere verlorenen Seelenanteile wieder zu uns zurückzuholen und in unser Energiegefüge einzubinden, denn wir sind dabei, in die 5. Dichteebene aufzusteigen und es wird dann schwierig, Seelenanteile aus der 3. Dichte zu finden und zu integrieren. Die Rituale zur Rückholung der verlorenen Seelenanteile sind deshalb überaus fördernd, wenn du wieder König im Reich deiner Seele sein willst, voller Kraft und Lebensfreude.

Übernahme fremder Seelenanteile

Auf der anderen Seite übernehmen wir oft Seelenanteile von anderen Menschen, seien es die Eltern, Lehrer, Freunde usw., Energien, die nicht zu uns gehören, uns durch fremde Prägungen, Programmierungen, Denk- und Gefühlsmuster, Glaubenssätze usw. aber hindern, unseren eigenen Weg zu gehen. Jeder fremde Seelenanteil, den du übernommen hast, ist belastend und schwächt dich unnötiger Weise. Wenn z.B. ein kleines Kind wahrnimmt, dass Vater oder Mutter geschwächt sind, übernimmt es oft unbewusst einen Teil ihres Leides auf sich, um selber überleben zu können. Nach Ansicht des kleinen, noch hilflosen Kindes hängt sein eigenes Überleben nämlich vom Überleben der Mutter und/oder des Vaters ab. Hinzu kommen noch die Manipulationen durch fragwürdige Erziehungsmethoden, die das Kind verletzen und durch Erzieher, die es kränken und unter Druck setzen, um es gefügig zu machen und die es, damit es die vermeintlich verlorene Liebe der Eltern und Erzieher wieder zurückerobert, freiwillig übernimmt. Auch übernehmen Kinder von ihren Eltern oft nicht nur deren geschwächte Seelenanteile, sondern auch deren übernommene Seelenanteile von den Vorfahren und das kann bis in die 7. Generation gehen. Auf diese Weise sind wir mit unseren Ahnen mehr verstrickt, als wir meinen.

Seelenraub

Auch Seelenraub kommt vor – unbewusste Abgabe von Seelenanteilen und freiwillige Abgabe von Seelenanteilen. Du nimmst dem anderen, wenn auch meistens im Glauben, ihm Gutes zu tun und aus scheinbar guter Motivation, Seelenanteile ab, indem du ihn manipulierst und ihn an dich bindest. Dies geschieht häufig in der Eltern-Kind-Beziehung, ist im Kleinkindesalter normal, aber völlig unangebracht und schädlich, wenn das Kind erwachsen wird. Aber auch in Partnerbeziehungen oder im Berufsleben kommen solche Übergriffigkeiten vor. In allen Fällen wird derjenige, der die Seelenanteile verliert, geschwächt, während es demjenigen, der die Seelenanteile aufnimmt, nichts nützt und ihm negatives Karma beschert. Deshalb ist es wichtig, fremde Seelenanteile, die man angenommen hat, wieder an den rechtmäßigen Eigentümer zurückzugeben, um Vergebung zu bitten und die eigenen Seelenanteile zurückzuholen.

Die nachfolgende Meditation ist ein kraftvoller und segensreicher Prozess, unser komplexes Energiesystem wieder zu reinigen von Fremdeinflüssen, es ganz in Besitz zu nehmen, zu integrieren und zu harmonisieren.

Wir nehmen die abgespaltenen Elementale und Seelenanteile, die aus negativen Gefühlen, die wir ausgesandt haben, geschaffen wurden oder sich abspalteten, nicht in die Lichtwelt mit. Sie verbleiben in der irdisch-materiellen Ebene, bis „ihr" Mensch wieder inkarniert, können aber auch andere Menschen, die mit ihrer Energie in Resonanz gehen, ziemlich schikanieren, sich an ihnen anhaften oder sie gar besetzen, immer in der verzweifelten Suche nach ihrer Seele, von der sie sich getrennt haben.

Seelenanteile wieder zusammenführen

Besetzungen und Anhaftungen sind deshalb fast immer und überall vorhanden, weil wir nicht in der Wahrheit sind. Wir alle leben im Mangel, leben Illusionen von Schmerz, leben in Abhängigkeiten, die zu erlösen eine Aufgabe ist, die in der Regel die Reife der Erfahrung vieler Erdenleben braucht.

Um die eigenen Seelenanteile wieder zurückzuholen, kann folgende Meditation durchgeführt werden.

Meditation zur Befreiung von Fremdeinflüssen und Rückholung von verlorenen Seelenanteilen

Nimm ein paar tiefe Atemzüge und spüre, wie der Atem durch dich fließt, immer tiefer, durch deinen gesamten Körper, vom Kopf bis zu den Füßen und durch deine Füße, bis tief in die Erde hinein...

- Rufe die göttliche Präsenz in dir an, deinen göttlichen Geist, der du bist, bitte ihn um seine Umarmung und verschmelze dich mit ihm inniglich.
- Öffne dich der Kraft der Mutter Erde und nimm sie auf, wie die Wurzeln eines Baumes ihre Kraft und ihr Lebenselixier aus der Erde ziehen...
- Öffne dich für die Kraft des Kosmos, spüre, wie das kosmische Licht in silberhellen Kaskaden über das Kronen-Chakra in dich fließt, in dir atmet, sich in alle deine Zellen verbreitet. Du bist beides, irdisch und kosmisch...
- Bitte um allerhöchsten Schutz und stelle die Meditation unter den Willen der Urquelle allen Seins, Vater-Mutter-Gott.

Nun gehen wir auf die Reise:

- Stell dir vor, du wanderst an einem winterlichen See entlang...

- Die Sonne strahlt vom blauen Himmel. Frischer Schnee ist gefallen, die Luft ist frisch, rein und klar. Du fühlst dich frei und leicht.
- Der See ist zugefroren, du gehst auf das blau schimmernde, blanke Eis, dorthin, wo sanfter, goldener Nebel aufsteigt….
- Dort siehst du Treppenstufen aus Kristall, die im Schutz eines Kristallgewölbes in die Tiefe des Sees führen.
- Du steigst diese Treppe hinunter, tiefer und tiefer, bis du zu einer Tür kommst, die du jetzt öffnest und eintrittst…
- Du bist nun am Grund des Sees. Über dich wölbt sich eine Kristallkuppel, die vom glasklaren Wasser des Sees umgeben ist…
- Sonnenstrahlen fallen ein und hüllen alles in golden schimmerndes Licht…
- In der Mitte des Raumes ist eine Feuerschale, in der eine golden glänzende Flamme brennt…
- Am Feuer steht ein bequemer Sessel für dich bereit. Nimm darin Platz…

Rufe nun die höchste Energie im Kosmos, Vater-Mutter-Gott an und bitte um allerhöchste Kraft und Führung.

- Rufe den liebevollen Heiler der Seelen, **Jesus Christus**.
- Rufe die **erhabenen Meister der Akashachronik** und bitte sie, sie mögen dich an jene Stellen und zu jenen Ereignissen führen, wo die Belastung mit Fremdenergien und der Verlust von Seelenanteilen ihren Ursprung haben…
- Rufe **deinen geistigen Führer und deine Schutzengel**…
- Rufe **Erzengel Michael und die mächtigen Engel der Chakren**…
- Das **Licht Gottes** überstrahlt dich…**Meister Jesus tritt ein** und stellt sich rechts neben dich…
- Die **Meister der Akashachronik** treten in den Raum und stellen sich links neben dich…
- Die **wunderschönen Engelwesen** treten ein, die sich in einem Kreis um dich stellen…

Spüre, was jetzt da ist, was gefühlt werden will, was erlöst werden will…

Vertraue dich deiner inneren Führung an und grüße die helfenden Wesen mit den Worten:

Ich grüße alle Kräfte des Lichtes und der Liebe und lade sie ein, mich zu begleiten auf diesem Weg der Heilung und Reinigung meines Heiligen Raumes aus Körper, Seele und Geist und allen meinen energetischen und feinstofflichen Ebenen, meines Denkens und Intellekts.
Möge diese Meditation gesegnet sein mit Klarheit, Harmonie und Frieden.

- Stell dir nun vor, dass sich um dich herum **goldenes Licht** formiert zu einer **Lichtsäule,** in die du völlig eingehüllt bist...
- Sie geht nach oben bis ins Unendliche...
- **Kaskaden von goldenem Licht überströmen dich,** als seist du unter einer Lichtdusche... Alles um dich ist weit, warm, prickelnd, angenehm...
- Du fühlst die **Verbindung zu Mutter Erde** und bittest sie um eine kraftvolle energetische Unterstützung für die Zeit dieser Meditation...

Nun bitte **Meister Jesus**, dich ganz persönlich in dieser Meditation zu begleiten und **alle negativen Energien**, die sich in deinem Körper befinden, **zu heilen und zu erlösen, weil es dein Wille ist, frei und unbeeinflusst durch fremde Mächte und fremde, dunkle Energien deinen Seelenweg zu gehen.**

Meister Jesus lädt dich ein, innerlich in deine Meisterschaft zu gehen, ganz besonders die Verantwortung für all das zu tragen, was du einmal erschaffen und genährt hast in dir und was du angezogen hast ...

Sage nun sehr kraftvoll und bestimmt folgende Sätze:

- **Ich spreche jetzt alle Energien in meinem Heiligen Raum von Körper, Seele und Geist an, die nicht zu meinem wahren, göttlichen Selbst gehören.**
- **Ich selbst habe euch irgendwann einmal angezogen und eingeladen in meinen Heiligen Raum und ihr habt mir auf eure Weise gedient.**
- **Dafür danke ich euch heute.**

- **Aber heute treffe ich eine neue Entscheidung mit der ich meine Energiekörper wieder ganz für mich selbst in Besitz nehme. Und darum löse ich mich jetzt aus allen Verbindungen mit euch,**
- **aus allen Versprechungen und allen Verpflichtungen,**
- **aus allen Schwüren, Flüchen, Eiden oder Gelöbnissen, die ich jemals abgegeben oder übernommen habe.**
- **Heute brauche ich euch nicht mehr und darum segne und würdige ich euch und die gemeinsame Zeit in meinem Körper und fordere euch jetzt auf,**
- **all meine Körper, materiell oder feinstofflich, all meine Zellen,**
- **all meine Chakren und energetischen Ebenen,**
- **ja meinen ganzen Heiligen Raum zu verlassen.**

Beginne, jetzt in ein **bewussteres Atmen** zu gehen und **ganz besonders bewusst auszuatmen.**

- Während du atmest, beginnt in dir eine **starke Sogkraft von oben** zu wirken, ähnlich einem kraftvollen Staubsauger, der **jetzt beginnt, diese fremden Energien hinauszuziehen** und nach oben zu bewegen, zurück zur Quelle, ins Licht...
- Bitte **Erzengel Michael** darum, den **Lichttunnel** für die fremden Wesen und Energien **herabzubringen** und sie schützend in das Licht zu begleiten, wo sie Heilung und Frieden finden....
- Und während die Sogkraft anhält, **bitte ihn**, in deinen Zellen und energetischen Ebenen jetzt all die Energien zu lösen und zu befreien, die sich noch schwer tun, zu gehen...
- Bei jedem **Ausatmen** wird die **Sogkraft nach oben unterstützt**...
- Atme bewusst, solange du spürst, dass sich Energien in deinem Körper bewegen und nach oben gezogen werden...
- **es wird gelöst, was nicht zu deinem göttlichen Selbst gehört...**
- **Segne** alle Energien, die jetzt durch die Lichtröhre nach oben gezogen werden, und **gib ihnen Frieden und Vergebung mit auf ihrem Weg ins Licht...**

Nun sprich folgenden Heilungssatz:

Kraft der göttlichen Urlicht-Quelle in mir und Kraft der Gnade von Vater-Mutter-Gott, bitte ich, alles zu befreien, was noch nicht ganz in der Freiheit ist, in meinen Zellen, in meinen Körpern, in meinen Energiesystemen, in meinen Chakren. Möge dieses silbern glitzernde Licht durch alle meine Leben fließen, von Anbeginn der Zeit.

- Stell dir vor, wie ein **großer, silbern glitzernder Kraftstrom** durch **viele Inkarnationen** fließt und **mit Lichtgeschwindigkeit alles durchlichtet** mit silbernen Partikeln.
- Spüre in deinen Körper hinein…
- Spürst du jetzt noch in irgendeiner Stelle in dir Unruhe oder Energien, die sich nicht heimisch anfühlen, als ob sie nicht zu dir gehören?
- überströme diesen Körperteil, diese Region, noch einmal besonders mit glitzerndem, silbernem Licht…
- Spüre, wie silbernes Licht diesen Körperteil, diese Region erleuchtend durchströmt und vibriert, alles durchlichtet, bis sich die Stelle verändert…

Während dieses silberne Licht wirkt, sage folgende befreienden Satz:

- **Ich bitte all jene um Vergebung, denen ich jemals in Lieblosigkeit begegnet bin und mit denen ich mich auf irgendeine Weise verstrickt habe in meinem Heiligen Raum von Körper, Seele und Energiesystemen.**
- **Und auch ich vergebe all jenen, die mir in Unliebe begegnet sind, und die sich mit mir in der Unfreiheit und im Unfrieden verstrickt haben, seit Anbeginn der Zeit.**
- **Ich spreche sie frei von aller Schuld und versöhne mich mit ihnen in Frieden und Freiheit.**
- **Ich gehe in Frieden und versöhne mich mit meinem Schicksal durch alle Inkarnationen und vergebe mir selbst.**
- **Segen über alles, was war,**
- **Segen über alles, was ist,**
- **Segen über alles, was sein wird.**

Bedanke dich für das **wunderbare Geschenk der Befreiung und Reinigung deines Heiligen Raumes**...

Du siehst jetzt, wie Lichtröhre nach oben ins Universum verschwindet.

Rückholung der verlorenen Seelenanteile nach Robert Betz [*Anm. 15)]

Noch immer sitzt du auf deinem Sessel am Feuer und jetzt ist es an der Zeit, die verlorenen Seelenanteile zu dir zurückzuholen...

Du **rufst wieder das goldene Licht der Liebe Gottes** herab, der vordem die Lichtröhre aufgebaut hat, aber jetzt in einer anderen Form erscheint: nämlich als **sanfter, goldener Glanz**...

Rufe nun die Anteile deiner Seele zurück, von denen du dich irgendwann einmal getrennt hast und sprich dazu laut folgende Sätze:

- **Ich als Teil der göttlichen Quelle rufe jetzt alle Anteile meiner Seele, von denen ich mich einmal getrennt habe, seit Anbeginn der Zeit...**
- **Ich rufe jetzt alles, was zu meinem wahren göttlichen Selbst gehört in mein Energiesystem zurück und nehme es in Liebe auf.**

- Stell dir vor, wie **Milliarden von goldenen Funken** auf dich herab und von allen Seiten in dich hineinregnen, **in deinen Körper, in deine Energiesysteme, in dein Herz** hinein...
- Warmer, goldener Glanz regnet auf dich hinab, hüllt dich ein und durchströmt deine Zellen...
- Dein Herz wird mehr und mehr durchströmt vom goldenen Glanz und beginnt, in diesem goldenen Glanz zu erstrahlen...goldenes Licht, überall in deinem Körper...

Bitte die Engel, die für deinen Körper, dein Energiesystem und deine Chakras zuständig sind, dieses goldene Licht zu integrieren, mehr und mehr, und für Harmonie in deinem Energiehaus zu sorgen...

- **Atme bewusst ein**... Jedes Einatmen ist ein **Empfangen von verlorenen Seelenanteilen**...
- Spüre die **Kraft** all dessen, **was zu dir zurückfließt**, was zu deinem wahren Selbst gehört...
- Mit diesem Glanz kehren jetzt deine Energieanteile, deine Seelenanteile zu dir zurück, **jetzt und für immer**. Öffne dein Herz und sage innerlich:

- **Heute bin ich bereit, mir all das zu vergeben, was ich mir selbst in Zeiten der Not und des Unerwachtseins angetan habe.**
- **Ich vergebe mir, wo ich mich selbst verlassen habe, als ich verlassen wurde.**
- **Ich schließe auf, was ich verschlossen habe.**
- **Heute öffne ich mein Herz wieder für die Liebe, für die Liebe zu Gott, für die Liebe zu mir selbst, die Liebe zum Leben und die Liebe zu den anderen.**

- Empfange die zurückkehrenden Seelenanteile mit den Worten:

Ich grüße alle Anteile meiner Seele, hier in meinem Energiehaus, und danke euch von Herzen für eure Rückkehr. Herzlichen Dank, dass ihr wieder da seid.

- **Heute bin ich bereit, mir selbst und meinem Herzen treu und treuer zu sein und mich selbst in Liebe, Sanftmut und Freude zu begleiten, auch in Phasen der Schwere und der Dunkelheit.**
- **Ich will darauf vertrauen, dass die Liebe immer um mich herum war und ist und sein wird.**
- **Dass ich in diesem Leben wie in allen Leben von der Liebe begleitet bin.**
- **Und so verbinde ich mein Herz dem Himmel und der Erde.**

Die dich begleitenden Engel unterstützen dich auf deinem Weg, in Treue und in Liebe. Du bist in ihrem Schutz und ihrer Liebe geborgen...

- Danke nun allen, die um dich stehen und dich begleitet haben, für die Geschenke dieser Meditation: Vater Mutter Gott, Jesus Christus, den

Engeln, Erzengel Michael, den Meistern der Akashachronik und den befreiten fremden Seelen und Seelenanteilen.

- Überreiche allen einen Blumenstrauß deiner Dankbarkeit...

Verlasse nun den Raum, steige die Kristalltreppe wieder nach oben...
Du siehst nun die Situation völlig verändert – das Eis ist abgetaut, es grünt und blüht ringsum, die Vögel singen Frühlingslieder... Ein Boot steht für dich bereit, dich ans Ufer zu bringen... Steige ein, fahre ans Ufer...

Nun nimm ein paar tiefe Atemzüge, recke und strecke dich, öffne die Augen und komme wieder ganz zu dir zurück, ins Hier und Jetzt.

Verinnerliche den nachfolgenden weisen Satz von Helen Schucmann, lege alle deine Ängste ab – du bist wirklich, du bist das ewig geliebte, ewig lebende, einmalig im gesamten Universum existierende Kind der höchsten Macht, die es gibt: von Vater-Mutter-Gott, der Urquelle allen Seins, die durch und durch bedingungslose Liebe ist.

Was geschieht, wenn wir sterben?

„Ich glaube, es ist jetzt Zeit, dass die Leute wissen, dass der Tod gar nicht existiert, wenigstens nicht so, wie wir uns das vorstellen...Der Tod ist ganz einfach das Heraustreten aus dem physischen Körper, und zwar in gleicher Weise, wie ein Schmetterling aus einem Kokon heraustritt...Sterben ist nur ein Umziehen in ein schöneres Haus..."

Dr. Elisabeth Kübler-Ross

aus Elisabeth Kübler-Ross Über den Tod und das Leben danach, Silberschnur Verlag Güllesheim 1998, Umschlagseite

Das Thema Tod und Sterben ist so umfangreich, es würde den Rahmen dieses Buches sprengen. Es bleibt deshalb in seiner ganzen Tiefe und Informationsfülle einer weiteren Veröffentlichung vorbehalten. Ein kleines Bändchen mit dem Titel „Ich werde abwischen all eure Tränen" habe ich bereits veröffentlicht unter der ISBN978-3-7418-2626-9. Es beinhaltet Gedanken zu Tod und Auferstehung aus verschiedenen Kulturkreisen und Weltreligionen aus über 5 Jahrtausenden und ist besonders für Trauernde geeignet, die noch nicht besonders tief in die Spiritualität eingedrungen sind.

Diese Frage bewegt den Menschen von dem Moment an, wenn er zum ersten Mal mit dem Tod konfrontiert wird, meistens schon in sehr jungen Jahren, in der Kindheit.

Auch mich quälte die Alternativlosigkeit und Unumgänglichkeit dieses Geschehens, als ich noch klein war und erleben musste, dass meine geliebte Katze plötzlich nicht mehr um mich war, dass unsere Kaninchen und die Schweinchen des benachbarten Bauern getötet wurden, damit wir sie essen konnten...und sie machte mir große Angst, diese Ungewissheit, was wohl nach dem Sterben geschieht, ob es irgendwann ein Wiedersehen gibt, ob dann alles aus ist oder es ein Danach gibt. Doch es gingen nicht nur Tiere, es gingen auch geliebte Menschen und irgendwann musste ich feststellen, dass nichts, aber auch gar nichts so bleibt, wie es ist, dass alles der Veränderung, dem Werden und Vergehen unterworfen ist. Und diese Erkenntnis löste in mir Trauer und Angst aus, bis zu dem Moment, wo ich als 11-jähriges Mädchen dem Weg aus dem Leben gefolgt bin bis beinahe zu dem Punkt, von dem es keine Wiederkehr mehr gibt. Was ich damals erlebte, als mein kindlicher Körper in einer Wasserwalze herumgewirbelt wurde, als mein Bewusstsein jedoch grenzenlos frei und eingehüllt in unbeschreibliche Liebe und Geborgenheit federleicht und in der Schnelle eines Augenblicks meinen Gedanken folgte, diese Geschichte werde ich nachfolgend ausführlich erzählen. Als sich mein ganzes Sein, mein Bewusstsein, meine Gefühle, einfach ich selber, wie ich mich verstand und fühlte, in einem lichten Tunnel auf das Ziel all meiner Sehnsucht zubewegte, als mir erstmals bewusst war, was das Ziel dieser Sehnsucht war, fiel es mir wie Schuppen von den Augen – die Mauern des Vergessens stürzten ein, die Erinnerung kehrte zurück an all das, was ich nach und nach vergessen hatte, als ich als Erdenmensch geboren wurde und aufwuchs. Ich erlebte eine Klarheit des Denkens, wie ich es noch nie zuvor erlebt hatte, doch leider ist das Wissen um die „letzten Dinge“ wieder in das Vergessen gesunken, als ich reanimiert wurde. Ich weiß aber heute, dass das Wissen um unser Woher? Wohin? Warum? in der Seele aller lebenden Wesen gespeichert ist und dass es zu einer Zeit, als die Welt noch voller Glanz und voller Liebe und Mitgefühl war, Allgemeingut aller Völker war.

Mein Schicksal führte mich mit einem der bekanntesten deutschen Sterbeforscher zusammen, Bernard Jakoby. Ein Jahrzehnt lang war er Gast in unserem Haus, wenn er in der näheren Umgebung Vorträge oder Seminare abhielt und durften mein Ehegefährte und ich seine Seminare begleiten, ihn immer wieder in unserem Haus beherbergen. Natürlich drehten sich unsere Gesprächsthemen auch um die Frage, was geschieht, wenn wir sterben und es stimmt keinesfalls, dass niemand Antwort geben könnte, weil niemand aus der Jenseitswelt zurückgekehrt sei. Tausende, ja Millionen von Hinterbliebenen bekamen Zeichen und Botschaften von ihrem geliebten Verstorbenen, begegneten ihnen womöglich sogar im Traum oder in der Realität des Alltags, doch weil derartige Dinge von unwissenden, aber „modernen“ Menschen als Aberglaube abgetan werden, getrauen sich die Betroffenen nicht darüber zu sprechen oder trauen gar ihrer eigenen Wahrnehmung nicht.

Dank der modernen medizinischen Möglichkeiten wurden mittlerweile Millionen von Menschen reanimiert, erlebten Millionen eine Nahtoderfahrung. Manche waren in dem Moment, als ihr Herz stillstand, medizintechnisch überwacht, so dass die Ärzte genau sehen konnten, was sich im Gehirn des Patienten abspielte – die Aussage, der Sauerstoffmangel im Gehirn würde zur Ausschüttung von großen Mengen von Endorphinen führen und dadurch Halluzinationen und Euphorie auslösen, die die Bilder erzeugen, von denen der Patient nach der Reanimation berichtet, ist gründlich widerlegt. Der holländische Arzt Pim van Lommel, einst Anhänger der „Endorphin-Theorie“, hat die Phänomene der Nahtoderfahrung gründlich erforscht und darüber wertvolle Bücher geschrieben.

Doch nicht nur Nahtoderfahrungen lassen Schlüsse auf das Geschehen beim Sterbevorgang und danach zu, sondern auch die Aussagen von vielen, vielen Hinterbliebenen, denen sich die geliebten Verstorbenen bemerkbar gemacht haben. Dass noch niemand aus der Jenseitswelt zurückgekehrt sei, ist Aberglaube, nicht das Gegenteil, das von so vielen, die sich nie ernstlich mit den Fragen des Sterbens befasst haben, behauptet wird.

Doch was geschieht, wenn wir sterben? Hier seien die wichtigsten Punkte zusammengefasst:

- Wir sind ewige, geistige Wesen, nur in der polaren Raum-Zeit-Dimension steht der Geburt der Tod gegenüber. In der geistigen Welt, der wir als geistige Wesen angehören, haben wir zwar auch einen Anfang, eine Geburt als Individuum aus der Urquelle allen Seins, doch in dieser Welt der All-Einheit, die keine Polarität kennt, gibt es keinen Tod, sondern nur Sein.
- Unser Bewusstsein, all das, was uns ausmacht, überlebt den Tod, nur die unbrauchbar gewordene Körperhülle streifen wir ab.
- Über den ganzen Sterbeprozess hinweg bleibt das Bewusstsein kontinuierlich aufrechterhalten, auch wenn wir uns unseres Körpers nicht mehr bedienen können oder bewusstlos scheinen. Der Patient im Koma oder in der Bewusstlosigkeit bekommt alles mit, was um ihn herum geschieht und was gesprochen wird.
- Wir kommen aus der Lichtwelt, wenn wir geboren werden, wir gehen durch das Tor des Vergessens all dessen, was zuvor war. Wir gehen in die Lichtwelt, wenn wir sterben und unser Wissen kehrt zurück.
- Wir werden, um unser gottgegebenes einmaliges Potential entfalten zu können, nicht nur einmal auf dieser Welt der Polarität geboren, sondern viele Male, bis wir all das gelernt haben, was unsere Seele an Wissen aus eigener Erfahrung begehrt. Deshalb ist Sterben keine neue Erfahrung für uns.
- Im Sterbeprozess zeigt sich der Übergang in die andere Dimension, die Lichtwelt, in der wir künftig leben werden, als ein strahlender Tunnel, in den wir hineinschweben. Am Ende des Tunnels begegnen wir Gott in uns.
- Nach dem Übergang in die Lichtwelt zeigt sich uns unser vergangenes Leben noch einmal, und zwar nicht nur in Bildern, sondern mit allen Sin-

neserfahrungen und Gefühlen, die wir damals, als sich wichtige Dinge ereigneten, hatten. Aber auch die Gefühle der anderen Betroffenen in dieser Situation zeigen sich, werden für uns spürbar. Die Masken fallen, wir sehen uns selbst, wie wir wirklich sind.

- Diese Lebensrückschau lässt uns die Ernte unseres Lebens einbringen. Wir können all unsere Erfahrungen in die Erkenntnis von Gut und Böse umwandeln aus eigener, unmittelbarer Erfahrung. Es werden uns Fehlentscheidungen und lieblose Handlungen voll bewusst, aber auch Friedenswege gezeigt und angeboten, um all unsere Lieblosigkeit auszugleichen in Liebe und Frieden.
- Wir treffen in der Jenseitswelt all unsere verstorbenen Lieben wieder, sei es Mensch oder Tier. Die Bande der Liebe werden durch den Tod nicht beschädigt.
- Wir werden zu nichts gezwungen, unsere Willensfreiheit ist in der Jenseitswelt hoch und heilig. Wir können uns in der Lichtwelt weiterentwickeln, wir können Aufgaben übernehmen, die uns Freude und Erfüllung bringen, können aber auch in unser früheres Lebensumfeld
- zurückkehren, allerdings in einer Form, die uns nicht wahrnehmbar für Menschen sein lässt.

Zu all diesen Phänomenen gibt es zahlreiche Literatur und Beweisführung, man muss sich nur die Mühe machen, sich zu informieren und zu vergleichen.

Nicht selten geschieht es, dass Verstorbene als „verlorene Seelen“ oder „Erdgebundene“ in die Menschenwelt zurückkehren. Sie haben sich keine Gedanken über ein Leben nach dem Tod gemacht und können nicht begreifen, dass sie gestorben sind, hatten sie doch erwartet, im Sterbeprozess ausgelöscht zu werden oder bis zur Erweckung am jüngsten Tag ohne Bewusstsein und Gefühl im Grab zu liegen. Andere fürchten, verdammt oder bestraft zu werden. Die Institutionen, die Religion verkaufen, also Kirchen, Religionsgemeinschaften, Sekten, wie immer man sie nennen möchte, haben durch viele ihrer Lehren, die mit der ursprünglichen Lehre durch einen Gottgesandten an der Quelle dieser Religion nichts zu tun haben, sondern einzig ihre Macht festigen, monopolisieren sollten, aber jeglichen Wahrheit entbehren, großen Schaden angerichtet. Wieder andere halten Rachsucht oder das Festhalten wollen ihres Besitzes in der düsteren Ebene der Erdgebundenheit fest.

All diese armen Seelen sind todunglücklich, leben sie doch in einer Zwischenwelt ohne Zeit und Raum, einsam und verlassen, da kaum jemand sie wahrnehmen kann, bis sie Einsicht und Hilfe durch Betende oder Engelwesen zu dem Entschluss bringen, das Angebot, in die Lichtwelt gehen zu dürfen, anzunehmen. Niemand braucht Angst vor Bestrafung haben, niemand wird verurteilt, niemand wird verdammt. Wir selber sind unsere Richter, Christus in uns richtet uns im Sinne von Aufrichten und neu Ausrichten und die Mahner aus der lichten Welt weisen uns Wege der Aussöhnung und Wiedergutmachung. Wir nehmen alle unerledigten Dinge mit in die Jenseitswelt, manchmal sogar in das nächste Erdenleben, doch der Weg des Vergebens und Verzeihens und Wiedergutmachens steht uns jederzeit offen.
Niemand braucht Angst vor dem Tod oder der Lebensrückschau haben. Gut und Böse aus eigener Erfahrung kennenzulernen und daraus Erkenntnis zu gewinnen ist der Sinn unseres Lebens. Deshalb probieren wir beide Seiten aus, deshalb sind wir in der Welt der Polarität, denn in unserer Lichtheimat gibt es keine Gegensätze, kein Gut und kein Böse. An unseren Erfahrungen wachsen wir und entfalten so unser gottgegebenes inneres Potential, das großartig und einmalig im Kosmos ist. Warum sollte uns die Urquelle allen Seins, die Liebe ist, wegen unserer Fehlentscheidungen verdammen? Natürlich ernten wir, was wir gesät haben, natürlich bedarf alles des gerechten Ausgleiches. Doch unser Sein währt ewig und besteht aus Bewusstsein, Willen und Glückseligkeit. Gehen wir also unseren Weg mit Neugierde auf das Kommende und Freude an unserem Dasein, denn das Ziel ist herrlich und wir werden es auf jeden Fall erreichen, ob früher oder später.

Mein Erleben des Sterbens in einer Nahtoderfahrung

Ich war als 11-jähriges Kind auf dem Weg in die andere Welt, als ich beim Baden im Flüsschen Sur in die Wasserwalze eines Wehrs geriet. Nach anfänglicher Panik – es war mir klar, dass ich jetzt sterben werde – nach heftigen Schmerzen in Kopf und Lunge und dem schmerzhaften Dröhnen des Wasserfalls in meinen Ohren ging plötzlich alles in einen wunderschönen, friedlichen Modus über. Ich war völlig einverstanden damit, dass ich jetzt sterben werde, aus dem Dröhnen des Wehrs war leise Harfenmusik geworden und ich konnte so klar denken wie nie zuvor. Es war mir, als würde ich die ganze Welt verstehen, doch erinnere ich mich nur noch an diesen Zustand absoluter Klarheit, nicht aber an das, was sich mir an Wahrheit darbot. Ich wusste, diese Erfahrung des Sterbens war nicht neu, ich hatte sie schon oft erlebt. Ich war neugierig auf das, was kommen würde.

Dann fielen mir meine Eltern ein, die traurig sein würden und in dem Moment war ich bei meiner Mutter in der Küche, oben an der Decke in einer Ecke, und sah, was sie gerade tat. Ich dachte mir, Mama, du pflückst da so ahnungslos die Johannisbeeren von den Stängeln und ahnst nicht, dass gerade dein Kind stirbt!
Ich wunderte mich, warum mir niemand der ebenfalls im Flüsschen Sur badenden Kinder half und war wieder an der Unfallstelle. Ich sah meinen Körper in der Wasserwalze, sah, dass die Beine – gehalten von einem Schwimmreifen – oben waren und mein Kopf unter Wasser. Dass eine Helferin von der Brücke sprang, in voller Kleidung, sah ich nicht. Ich war eingehüllt in einen unendlichen Frieden, in Geborgenheit, in Wohlbehagen. Es drehte mich langsam in einen goldenen Tunnel hinein. An dessen Ende war ein helles Licht, nach dem ich mich sehnte, zu dem ich wollte. Dann wurde ich eingehüllt in eine Liebe, wie es sie auf Erden nicht gibt und wie sie nicht zu beschreiben ist. Alles war licht und klar, alles war gut, ich war glückselig und hatte keine Wünsche mehr. Dann aber kam der „Filmriss“, ich erwachte auf der Wiese am Fluss, wurde wiederbelebt, geschüttelt, an den Füßen hochgehoben, erbrach Unmengen Wasser und fühlte mich hundeelend. Ich war zurückgekehrt in das Erdenleben, doch war ich nie mehr die Selbe, wie zuvor. Alle Angst vor dem Sterben war von mir gewichen und so ist es bis heute geblieben. So gerne ich lebe, ich freue mich auf die Rückkehr in meine Lichtheimat unsäglich.

MEINE SEELENREISE DURCH DIE SIEBEN EBENEN DER WELT DER VERSTORBENEN

Die Technik des schamanischen Reisens wird in einem späteren Kapitel ausführlich erläutert.

Die Schamanische Reise ins Reich der Toten, die ich im Rahmen einer schamanischen Ausbildung im Jahr 2017 erlebte, ist anders als eine Nahtoderfahrung. Sie ist, so meine ich, die Stufe nach unserem liebevollen Empfang, der uns erwartet, wenn wir verstorben sind und uns von unserem Körper und der der Erdenwelt endgültig gelöst haben. Um wirklich König im Reich deiner Seele zu sein, ist es wichtig, alle Angst loszulassen, auch die vor dem Tod. Vertraue, lass sie los, du wirst nicht enttäuscht werden. Ephides sagt dazu: „Sterben ist leicht, glaub mir, es gleicht glückhaftem Traum. Weit wird der Raum. Du schenkst dich im uferlos strömenden Glück dem Urmeer zurück".(Quelle: Hella Zahrada „EPHIDES, ein Dichter des Transzendenten" mit freundlicher Genehmigung des Bürger-Verlages, Hans Dienstknecht, Neuenstadt-Bürgen, 2002, Seite 71)

Und hab keine Angst – dein individuelles Bewusstsein bleibt dir erhalten, du löst dich nicht auf im Urmeer, du bist, der du bist in alle Ewigkeit. Doch du bist viel mehr, als du ahnst. Und wirst feststellen, dass du mit allem, was Leben hat, innig verbunden bist in bedingungsloser Liebe und in einer Liebesbeziehung stehst mit der Urquelle allen Seins, Vater-Mutter-Gott, die bedingungslose Liebe, Bewusstsein, Kraft und Wille ist, das Gegenüber zum Lieben. Denn Liebe braucht ein Gegenüber, mit dem sie in eine Beziehung treten kann, um sich selbst zu erfahren.

Vor dieser Reise durch die sieben Ebenen der Welt der Verstorbenen mussten die Teilnehmer versprechen, ins Hier und Jetzt zurückzukehren, wenn sie dazu aufgefordert werden. Diese Reise sollte man deshalb niemals alleine unternehmen, sondern immer in einer Gruppe. Zu groß ist die Gefahr, dass man dortbleiben möchte und dann hast du ein riesiges Problem, wieder aufzuwachen.

Wir gingen in das Reich der Krafttiere, der Göttinnen und Götter, des uralten Schamanenwissens, der aufgestiegenen Meister und Naturwesen. Wir riefen unsere spirituellen Lehrer und unsere Krafttiere. Dann die Bitte an den Meister, dich zu dismembern und dich an die Grenze des Totenreiches zu bringen. Die schamanische Reise lief folgendermaßen ab:

- Den Weg ins Totenreich musst du alleine gehen.
- Wenn dich vor allem in den dunklen Ebenen jemand anspricht und um Hilfe bittet, so beachte das nicht, sage ihm, dass du hier nur Gast bist und nicht helfen kannst, dass er aber Hilfe bekommen wird durch kompetente Helfer aus dem Lichtreich, wenn er darum bittet. Dann gehe weiter, lass dich nicht aufhalten.
- Gehe durch die dunklen Ebenen der Stufen 1 und 2 einfach schnell durch.
- Wenn dich der Meditationsleiter zurückruft, so komme zurück an die Grenze des Totenreiches, von der aus du allein gestartet bist, wo dein spiritueller Meister und die Krafttiere auf dich warten. Lass dich zurückbringen ins Hier und Jetzt.
- Dann geht es in die zweite Runde: Beginne deine Reise dort, wo du zuletzt aufgehört hast. Nach der Aufforderung durch den Meditationsleiter komme zurück an die Grenze des Totenreiches, wo dein spiritueller Meister/Lehrer und deine Krafttiere auf dich warten.
- Die dritte Runde verläuft ebenso: Beginne deine Reise dort, wo du in der zweiten Runde aufgehört hast. Komme nach der Aufforderung durch den Meditationsleiter zurück an die Grenze des Totenreiches. Bedanke dich bei deinem spirituellen Meister und den Krafttieren, nimm deinen Körper wieder in Besitz, gehe zu deinem Hügel mit dem Steinkreis und der Lichtsäule, die Himmel und Erde verbindet und kehre zurück in das Hier und Jetzt.

Mein eigenes Erleben:

Ich weiß nicht, wie du die Reise ins Totenreich erleben wirst. Ich kann nur berichten, wie ich sie erlebte. Den Eingang zum Totenreich sah ich als einen breiten, aber seichten Bach, über dem ein Tunnel aus Glas gespannt zu sein schien. Da musste ich durch, mit den Füßen im Wasser. Am jenseitigen Ufer begann das Totenreich.

1. Stufe = eine dunkle, düstere Welt. Am Horizont ein heller Streif wie bei Beginn der Morgendämmerung. Unheimlich, düster, sehr negativ. Ich ging schnell durch, oder vielmehr flog durch, denn meine Füße berührten den Bode nicht. Ich bin niemandem begegnet und kam in die 2. Stufe.

2. Stufe = Ebene mit Lichtverhältnissen wie in der frühen Morgendämmerung, die Farbe Lila herrscht vor. Ich erkannte Baumstümpfe. Nicht schön, aber nicht mehr so düster wie die erste Stufe – ich ging rasch durch, begegnete niemandem.

3. Stufe = schöne Landschaft, Licht etwa so, wie bei uns bei bewölktem Himmel, alles noch sehr grobstofflich, wie im Hier und Jetzt.

4. Stufe = heller als Stufe 3, schöne Landschaften, aber noch ziemlich grobstofflich wirkend, wenn auch nicht so dicht wie bei uns auf Erden. Nicht viel anders als hier bei uns auf Erden, aber alles sehr friedlich und harmonisch.

5.Stufe = Unbeschreiblich schön. Alles leuchtet von innen heraus, ist ganz fein, fast durchsichtig und hat doch klare Formen. Diese Stufe ist mir sehr vertraut. Sehr helles Licht, wenn auch nicht blendend. Hier erwartete mich mein himmlischer Partner Jonathan (dem ich auf Erden nie begegnet bin, den ich aber gut durch seine Inspirationen und durch Traumerlebnisse kenne) und begleitete mich ab hier. Ich sah Jonathan nicht, wusste aber, dass er hinter mir stand, ich fühlte ihn und hörte ihn. Er sprach erklärende Worte. Mediterran wirkende Landschaft, ein aus sich leuchtender, wunderschöner See mit Farben, ähnlich wie wir sie von der Südsee kennen, aber noch leuchtender. Am Ufer Gärten mit Zypressen, Pinien, über und über blühenden Bäumen und Sträuchern und in den Gärten, weit verstreut, Villen in mediterranem Baustil mit verspielten Säulen und Balkonen. Ich stand mit meinem Partner auf einer Terrasse über dem See und genoss die Schönheit der Landschaft, die Atmosphäre der totalen Wahrhaftigkeit, der Harmonie und des großen Friedens, die zu spüren waren. Alles, alles blühte ringsum, alles war so fein, fast durchsichtig und von innen leuchtend. Dann kamen meine 2008 verstorbenen Eltern auf die Terrasse. Sie sahen so jung aus, wie etwa

30 Jahre alt, obwohl sie 84 und 86 waren, als sie gestorben sind. Sie sahen sehr glücklich aus, kamen Hand in Hand. Sie freuten sich riesig, dass ich gekommen war, waren ganz begeistert darüber. Sie wussten aber, dass ich hier nur als Gast weilte und zurück musste. Meine Mutter deutete auf ein von Bäumen halb verdecktes Walmdach in den Gärten am Ufer und sagte: „Das ist unser Haus, da wohnen wir". Aber ich musste mich verabschieden, der Meditationsleiter rief zur Rückkehr. Ich durchquerte sehr schnell die bereisten Ebenen und war wieder, nach dem Gang durch den Glastunnel, am Ufer des Reiches der Lebenden, wo die Krafttiere und der spirituelle Meister auf mich warteten.

Dann kam **der zweite Teil der Reise**. Ich begab mich mit meinem spirituellen Meister und den Krafttieren – es kam neben Einhorn, Tiger und Bär jetzt auch ein Elefant mit – wieder an den Rand des Totenreiches, überquerte allein den Fluss und begab mich gleich auf die 5. Ebene, wo ich den ersten Teil der Meditation beendet hatte. Mein Partner wartete schon auf der Terrasse über dem See auf mich, stand wieder hinter mir, war aber für mich nicht sichtbar. Dann sah ich in den lichten Wolken einen langen Treppenweg, durchsichtig wie Glas, zu dem ich mich in Gedankenschnelle zusammen mit meinem Partner begab.

6. Stufe = Ich ging durch ein Tor in den golden schimmernden Wolken und war wieder auf einer Terrasse über einem weiten See. Hier war alles noch viel heller. Die sehr weitläufige Terrasse war mit golddurchzogenem Lapislazuli gepflastert, in der Mitte war ein goldgesäumtes Becken mit einer niederen Mauer ringsum, darin Wasser und mehrere kleine Fontänen. Das Wasser im Brunnen glitzerte und glänzte golden. Ich sah Lilien, so zart und durchscheinend wie hauchfeiner Alabaster, aber sie waren echt und lebendig. Wunderschön. Die Terrasse war wiederum mit einer niederen Mauer umgeben, auf der man sitzen konnte. Die Farben tiefblau und golden herrschten auf dieser Terrasse vor. Die Landschaft mit dem See war atemberaubend schön und noch mehr das, was ich am anderen Ufer sah: eine Stadt ganz aus Gold. Man sah Tempel und Kuppeln, Türme und größere Gebäude. Alles sah aus wie aus reinem, goldenem Licht erbaut, ganz fein, fast durchsichtig, hatte aber Form. Die Schönheit der Stadt ist atemberaubend, ich sah sie am anderen Ufer und konnte nur schauen und staunen. Es war die 6. Ebene des

Totenreiches. Mein Partner erklärte mir, dass das die letzte Stufe sei, aus der man nochmal inkarniert, dann aber meist mit einer besonderen Aufgabe an der Menschheit. In der goldenen Stadt findet vor Aufstieg in die 7. Stufe die mystische Hochzeit statt. Alle Bewusstseinsanteile, die zum Sammeln von Erfahrungen in die polaren Welten geschickt wurden, vereinigen sich wieder mit ihrem göttlichen Kern. Männliche und weibliche Dualseele verschmelzen wieder miteinander, es gibt keine Polarität mehr. Dann war auch diese Reise zu Ende, ich begab mich zurück auf das Ufer der Lebenden.

Die beschriebenen Ebenen des Reiches der Verstorbenen befinden sich ganz nahe bei der Erde, durchdringen sich, ohne sich gegenseitig zu tangieren. Die einzelnen Welten dieser Stufen sind für die anders schwingenden Bereiche nicht wahrnehmbar.

7. Stufe = Der dritte Teil der Reise führte mich wieder auf die Lapislazuli-Terrasse. Mir wurde bedeutet, dass der Weg in die 7. Ebene durch den Goldbrunnen führt. Ich stieg also ins Wasser, tauchte unter und war am Rand der 7. Ebene, der Ebene der Gottgeeinten, die nach ihrer himmlischen Hochzeit in der Goldenen Stadt in diese Stufe kamen. Für einen kurzen Moment wurde ich in den Weltraum hinausbefördert und sah den Sternenhimmel, der sich in unvorstellbarer Pracht zeigte, mit all seinen Galaxien, Sternen, Planeten und Nebeln in bislang nicht gesehener Schönheit, dann war alles weiß um mich. Mein Partner sagte mir: „Hier ist die Reise für dich zu Ende. Du musst erst die erforderlichen Sinne entwickeln, um die 7. Stufe wahrnehmen zu können“. Meinte Buddha deshalb, das Nirwana wäre Leere, weil man, ohne die Sinne dafür entwickelt zu haben, nichts sieht?

Ich stand da in einem undurchdringlichen weißen Nebel. Ich sah nichts weiter als einen Ast von einem weißen Baum mit einer weißen Hängematte. Ich war auf einmal unsäglich müde. Ich legte mich in die Hängematte und mein Partner schaukelte mich, ich schlief sofort ein und erwachte erst wieder im Hier und Jetzt, als die Meditationsleiterin zur Rückkehr trommelte.

Die siebte Stufe ist die Ebene der Gottgeeinten, sagte mir Jonathan. Sie inkarnieren nicht mehr, leiten aber ihre jüngeren Geschwister und haben große Aufgaben. Ich vermute, von der 7. Ebene geht es hinaus aus dem irdischen Orbit oder auf eine andere Schwingungsebene des Kosmos. Dahinter beginnt die rein geistige Welt, der wirkliche Himmel, in dem wir einst als Geistwesen aus der Urquelle allen Seins geboren wurden, lange bevor wir uns entschlossen, in die Erfahrung der Polarität zu gehen, noch vor dem Urknall, der einen Teil der geistigen Welt zu Raum und Zeit verdichtete. Ich habe das Gefühl, dieser Himmel umschließt den für uns sichtbaren Kosmos wie eine Kugel, der Kosmos ist von der göttlichen geistigen Welt umgeben und wird von dort gelenkt, beschützt und durch Impulse der Liebe entwickelt.

TRAUERBEWÄLTIGUNG

Manchmal gibt es Haltestellen auf der Reise durchs Leben, an denen du dich außerhalb von Raum und Zeit wägst, sei es vor überschäumendem Glück oder vor fast nicht mehr zu ertragendem Schmerz. Gerade dann aber, in den düsteren Stunden des Verletz seins, der Enttäuschung und der Trauer, braucht man dringend die Hilfe der Mitreisenden, die einem am Aussteigen hindern und helfen, wieder Boden unter den Füßen zu bekommen. Groß ist der Schmerz um den Verlust eines geliebten Menschen, um die jähe Unterbrechung einer beglückenden zwischenmenschlichen Beziehung durch das Sterben. „Du hast den Raum mit Sonne geflutet, hast jeden Schmerz ins Gegenteil verkehrt...“. Erst durch den Tod wird einem oft so richtig bewusst, welchen Verlust man erlitten hat, was einem der Verstorbene bedeutet hat.

So wie eine große, tiefe Wunde die Zeit der Heilung braucht, um zu vernarben, so braucht auch die verwundete Seele die Zeit der Trauer, um zurückzufinden in das Hier und Jetzt des Alltags und um die schönen gemeinsamen Augenblicke aus der Erinnerung holen zu können, ohne vor Traurigkeit fast zu vergehen. Besorgt blicken wir Freunde auf den Trauernden. Was können wir tun, wie können wir helfen, wo ihn doch in seinem übermächtigen

Schmerz kein noch so lieb gemeintes Wort erreichen kann? Zuhören, geduldig abwarten, einfühlsam auf die Gefühle des Trauernden eingehen, das hat sich bewährt, denn es gibt Hoffnung, es gibt Heilung. Die Hoffnung auf ein Wiedersehen, auf die Verbundenheit über den Tod hinaus, die Heilung des Seelenschmerzes, in dem man durch alle Stufen der Trauer geht und seinen Weg zurück findet in den Kreis der Mitmenschen. Durch alle Zeitepochen hindurch, durch alle Kulturen und Religionen sind uns Aussagen und Offenbarungen verbürgt, die dieser Hoffnung Nahrung geben, ja sie zur Gewissheit werden lassen: Der Mensch entwickelt sich, verwandelt sich, entfaltet nach und nach sein einmaliges, großartiges geistiges Potential. Er hat von seinem Schöpfer aber Unsterblichkeit erhalten. Tod ist Illusion, das Sterben nur ein Übergang in eine andere, schönere, reichere Dimension des Seins. Und dort, wo unsere wirkliche Heimat ist, gibt es ein Wiedersehen mit allen, an die wir durch Gefühle der Liebe und Zugehörigkeit verbunden sind.

Selbst wenn man um das Fortleben nach dem Tod und das Wiedersehen weiß, ist der Abschied von einem geliebten Menschen schmerzhaft und man muss durch die verschiedenen Stufen der Trauer gehen, um das Geschehene zu bewältigen. Nur – man bleibt nicht stecken auf dem Weg durch die Trauerphasen, nimmt sie an, wächst darüber hinaus und stellt irgendwann einmal, wenn man in die Zeit zurückblickt fest, dass man durch die Bewältigung des Trauerprozesses immensen Zuwachs an innerlicher Kraft und Weisheit erlangt hat.

Die Stufen der Trauer kann man einteilen in mehrere Phasen, die sich immer wieder mal überschneiden können, in denen man immer wieder einmal zurückfallen kann:

1. Das nicht wahrnehmen können

Vor allem der völlig unerwartete Tod von einem geliebten Menschen versetzt die Hinterbliebenen in einen schockähnlichen Zustand. Wichtig in der allerersten Phase ist vor allem, die in Trauer gestürzte Person nicht allein zu lassen. Wenn möglich, sorge dafür, dass jemand bei ihr ist. Hinterbliebene in dieser Phase möchten manchmal alles erzählen vom Verstorbenen, was ihnen einfällt. Höre einfach geduldig zu, es ist ein erstes Verarbeiten des

Unfassbaren. Oft werden in dieser Phase die Ärzte gebeten, noch einmal nachzusehen, ob der Verstorbene wirklich tot ist. Der zurückbleibende geliebte Mensch steht oft unter Schock, überhaupt wenn der Tod plötzlich und unerwartet kam. **Es ist nun wichtig, dass man den Trauernden die Möglichkeit gibt, sich zu verabschieden**, wenn möglich den Verstorbenen schön gebettet und aufgebahrt in seinem Sarg, noch einmal zu sehen. Ist der Verstorbene durch Unfall etc. sehr entstellt, sollte der Sarg geschlossen bleiben. Die Mitarbeiter der Bestattungsinstitute sind in der Regel sehr einfühlsam und erfahren und werden beratend zur Seite stehen. Das rechte Abschiednehmen von einem Verstorbenen hat einen entscheidenden Einfluss darauf, ob ein Trauerprozess in der Zukunft abgeschlossen werden kann. Rituale helfen, den Abschied von einem Menschen würdig zu vollziehen. Stelle dich der Realität.

2. ***Wut, tiefe Verletztheit, Anklage***

Warum bist du gegangen und lässt mich allein? Hätte ich den Tod verhindern können? Warum hat Gott das nicht verhindert, dass ich das erleben muss? Was habe ich getan, um so bestraft zu werden?

Niemals, lieber Trauernder, bist du allein gelassen. Die liebevolle Verbindung geht über den Tod hinaus, es gibt ein Wiedersehen in der wahren Heimat, der Lichtwelt. Ich durfte meine verstorbenen Eltern neun Jahre nach ihrem Tod in ihrer Lichtheimat sehen. Sie sahen so jung und so glücklich aus, kamen Hand in Hand und zeigten mir, wo sie jetzt wohnen.

Du hättest den Tod nicht verhindern können. Die göttliche Seele entscheidet in ausnahmslos jedem Fall, wann ein Mensch seinen Körper ablegt und sie entscheidet angebunden an die All-Liebe und All-Weisheit. Selbst ein Suizid kann nicht gelingen ohne die Entscheidung der göttlichen Seele, dass es besser ist, aus der verfahrenen Situation auszusteigen und noch einmal – in einer neuen Inkarnation – das abgebrochene Erdenleben mit seinen Lektionen zu wiederholen. **Du bist nicht schuld, Gott ist nicht schuld, die Entscheidung zum Abschied erfolgte in göttlicher Liebe und Weisheit.** Der Verstorbene stellt sich nun seiner Lebensrückschau, erkennt, was nicht in der Liebe war in seinem Verhalten und sehnt sich nach Vergebung und Wiedergutmachung. Du kannst ein Bild von ihm aufstellen, eine kleine „Erinnerungsecke" einrichten, ihm eine Kerze anzünden. Dann kannst du mit ihm reden, kannst ihm alles sagen, was du ihm noch sagen wolltest. Sei gewiss, dein Verstorbener hört dich, hört dir zu. Niemals wird ein Mensch durch den Tod eines anderen Menschen bestraft. **Gott straft überhaupt nicht, der ewige Richter ist ein Aufrichter, neu Ausrichter**. Was wir oft als Strafe wahrnehmen, ist das Prinzip von Ursache und Wirkung, der Bumerang-Effekt in unseren Erdenleben, doch das ist niemals Strafe sondern gesetzmäßige Notwendigkeit zum Erkennen von Gut und Böse, von Liebe und Unliebe. Sie gilt für alle Wesen, die ihr Handeln und Denken frei entscheiden können und sich ihres Handelns bewusst sind, ohne Ausnahme, gleich. **Vergebung ist befreiend für den Verstorbenen und für dich.**

3. *Abfinden, Traurigkeit, Erinnerungen werden als schmerzhaft empfunden, Gefühle der Einsamkeit*

Auch diese Phase ist normal, will empfunden und gelebt werden. Bleibe nicht darin stecken. Ein geliebter Verstorbener ist nur auf einer anderen, für dich nicht sichtbaren Schwingungsebene und dir ganz nahe.

4. **Dankbare Erinnerung, allmähliches Erkennen, welche Lernprozesse dir diese Verbindung mit dem Verstorbenen, das Leben mir ihm, gebracht hat, Rückkehr in das Leben und positive Einstellung zur Zukunft**

Du hast nun den Trauerprozess bewältigt und – wie üblich – hält das Schicksal eine Belohnung für dich bereit, deine liebevollen Begleiter aus dem Lichtwelt klopfen dir anerkennend auf die Schulter und sagen: Gut gemacht, lieber Bruder, liebe Schwester. Lass uns nun weitergehen in eine glückliche Zukunft. Du hast gelernt, hast einen kostbaren Seelenschatz durch die Trauerarbeit errungen und wirst für immer in Liebe mit deinem Verstorbenen verbunden sein.

...Durch deine Augen schaue ich die Erde,
du kannst durch meine jene Sphären sehn,
durch die wir Hand in Hand nur weiter gehn,
bis wir den Ursprung allen Leuchtens finden.

Ephides, Dichter des Transzendenten

Zitat aus: Hella Zahrada „EPHIDES, ein Dichter des Transzendenten" mit freundlicher Genehmigung des Bürger-Verlages, Hans Dienstknecht, Neuenstadt-Bürgen, 2002, Seite 74

Hilfe aus hoher Ebene

Wie gesagt, die Liebe die die Mitglieder einer geistigen Sippe verbindet, ist eine ganz besondere. Sie stehen sich bei in ihrem Erdenleben, wo und wie immer sie können, ob inkarniert oder im Reiche des Lichtes und der Liebe. Sie begleiten ihre inkarnierten Liebsten und holen ihr sterbendes Geschwister an der Schwelle ins Jenseits ab. Sie spenden den Hinterbliebenen Trost und ermöglichen den Verstorbenen, den zurückgelassenen Liebsten Zeichen ihres Fortlebens zu geben.

Während der letzten sieben Wochen seines Erdenlebens, die mein Ehepartner größtenteils auf der Palliativstation verbrachte, wechselte die sich verabschiedende Seele häufig zwischen Phasen im Körper, die mühsam waren, und Phasen außerhalb des Körpers, in denen mein Mann schmerzfrei war und bereits Wesen der Lichtwelt sehen konnte. Er sah seinen verstorbenen Vater, etwas im Hintergrund stehend, der ihm zuwinkte und darüber hinaus auch eine hübsche, junge Frau, die nahe bei ihm stand, ihm zuwinkte, ihn anlächelte. Wir rätselten beide, wer wohl diese Frau sei. Eine verstorbene Freundin, eine Klassenkameradin, eine Kommilitonin aus seiner Studienzeit? Immer Fehlanzeige – er kannte die Frau nicht, sie war ihm freundlich zugetan, das spürte er, aber sie sprach nicht mit ihm. Doch wenige Tage vor seinem Tod sollte sich das ändern, sie stellte sie sich vor, ganz nach Art der Lichtwesen, die kaum einmal eine direkte Antwort geben: „Jetzt habe ich über 60 Jahre warten müssen, bis ich mal mit meinem Bruder spielen kann", sagte sie. Nun war die Sache klar: Es war seine Schwester Gabriele, die als Baby im Alter von nur 3 Tagen verstorben war, jetzt aber als junge, hübsche Frau in Erscheinung trat. Sie hat ihn wohl schon sein ganzes Leben lang, das viele schwere Schicksalsstationen enthielt, begleitet und führte ihn nun in seine neue Heimat. Er starb ganz friedlich mit einem Lächeln auf dem Gesicht.

Meine Schwiegermutter Klara, die mit dem Tod meines Ehegefährten alle beiden Kinder verloren hatte, bekam Besuch von Gabriele am ersten Weihnachtsfest nach dem Tod meines Mannes. Sie trat am Morgen des Weih-

nachtstages, am 25. Dezember 2017, fröhlich grüßend in Klaras Zimmer, während diese gerade dabei war, aufzustehen und hell wach auf der Bettkante saß. Klara wunderte sich über den Besuch, da wir die Schwestern vom Pflegedienst an diesem Tag von ihren Aufgaben entbunden hatten, damit sie mit ihrer Familie feiern konnten. Die junge Frau, die in Klaras Zimmer getreten war, war nach dem Morgengruß plötzlich wieder verschwunden, so als wäre eine Seifenblase zerplatzt. Alle Türen und Fenster waren verschlossen, es war ja Winter. Der Beschreibung nach war es Klaras früh verstorbene Tochter Gabriele. Sie erschien ihr später noch einmal, brachte einen Strauß Bartnelken und ein hübsch verpacktes Geschenkpaket mit, legte beides auf Klaras Kommode ab und war verschwunden, mit ihr auch die Geschenke. So sehr einst der Tod des Babys schmerzhaft war – Gabriele war in ihrer Familie, nur auf der unsichtbaren Ebene, die Bande der Liebe blieben über den Tod hinaus erhalten.

Als mein damals 86 Jahre alter Vater sich allmählich anschickte, in die geistige Heimat zu gehen, hatte auch er eine Begegnung mit längst Verstorbenen. Er war im Bad Reichenhaller Krankenhaus auf Station und wir Geschwister sprachen uns ab, wann wir ihn besuchen würden, so dass wir nicht alle auf einmal auftauchen würden und er dann wieder allein sei. Ich war mit dem Besuch an der Reihe und traf meinen Bruder im Eingangsbereich des Krankenhauses. Er machte mich darauf aufmerksam, dass Vater heute „total durch den Wind sei“. Als ich sein Zimmer betrat, saß er auf dem Bett und sagte: „Bin ich froh, Roserl, dass du kommst. Ich hab etwas erlebt, das muss ich jemandem erzählen. Die anderen halten mich ja für verrückt“.
Er erzählte mir, dass alle seine schon verstorbenen Geschwister – es waren immerhin 14 Brüder und Schwestern – bei ihm waren und ihm sagten, dass sie ‚da drüben' eine so nette Gemeinschaft haben.

Auch meine Mutter sah kurz vor ihrem Tod verstorbene Angehörige. Auch sie war eine Zeit lang im Krankenhaus. Wenn wir sie besuchten, sprach sie mit uns und plötzlich bezog sie in das Gespräch ihre verstorbene Mutter mit ein, so als säße sie mit uns an ihrem Bett. Sie sagte, sie sehe einen Mann mit so glatten Haaren. Dabei strich sie sich mit beiden Händen über die Schläfen.

Sie wisse nicht, wer er sei. Ich vermute, es war ihr früh verstorbener Vater. Dann erzählte sie, dass sie immer wieder ein junges Mädchen sah, das sie nicht kenne. Die ist auf einer Blumenwiese und pflückt einen Blumenstrauß für sie. Meine Schwester starb im Alter von nur einer Woche. Ich vermute, sie pflückte den Blumenstrauß zum Empfang ihrer und meiner Mutter in der geistigen Welt.

Während eines Seminars mit dem englischen Medium Margarethe Falconer hatten wir Teilnehmer die Aufgabe, uns einen uns völlig unbekannten Seminarteilnehmer auszuwählen und intuitiv seine wichtigsten Lebensstationen zu zeichnen und danach zu deuten. Die Ergebnisse waren erstaunlich, sie trafen zu. In meinem Bild waren alle lichten und dunklen Schicksalsstationen vorhanden und über den dunklen Zeitspannen jeweils ein strahlendes Herz gemalt. Wie sich bei der Interpretation herausstellte, war dies die Seele meiner im Alter von einer Woche verstorbenen Schwester, die ich Zeit Lebens so sehr vermisst hatte, die mich aber immer begleitet und gestützt hat, auf unsichtbarer Ebene... Ich könnte die Reihe noch fortsetzen, aber das würde den Rahmen dieses Buches wohl sprengen. Jede Seite mehr wirkt sich auf den Buchpreis aus.

URALTE MÄRCHEN, URALTES WISSEN:
FRAU HOLLE, TOD UND WIEDERGEBURT
HANS IM GLÜCK, LOSLASSEN UND GLÜCKLICH HEIMKEHREN

Zwei uralte Märchen - als uralt deshalb identifizierbar, weil die Lichtfigur weiblich ist, das Märchen also aus der Zeit unseres Matriarchats stammt – erzählen in großen Symbolen von Tod und Wiedergeburt und dem Erreichen des Zieles durch Loslassen.

Frau Holle:

Eine Witwe hatte zwei Töchter, davon war die eine schön und fleißig, die andere hässlich und faul. Sie hatte aber die hässliche und faule, weil sie ihre rechte Tochter war, viel lieber, und die andere musste alle Arbeit tun und das Aschenputtel im Hause sein. Das arme Mädchen musste sich täglich auf die große Straße bei einem Brunnen setzen und musste so viel spinnen, dass ihm das Blut aus den Fingern sprang. Nun trug es sich zu, dass die Spule einmal ganz blutig war, da bückte es sich damit in den Brunnen und wollte sie abwaschen; sie sprang ihm aber aus der Hand und fiel hinab. Das Mädchen fürchtete sich vor den Vorwürfen der Stiefmutter und wusste nicht, was es anfangen sollte; und in seiner Herzensangst sprang es in den Brunnen hinein, um die Spule zu holen. Es verlor die Besinnung, und als es erwachte und wieder zu sich selber kam, war es auf einer schönen Wiese, wo die Sonne schien und vieltausend Blumen standen. Auf dieser Wiese ging es fort und kam zu einem Backofen, der war voller Brot; das Brot aber rief: "Ach, zieh mich raus, zieh mich raus, sonst verbrenn ich: ich bin schon längst ausgebacken." Da trat es herzu und holte mit dem Brotschieber alles nacheinander heraus. Danach ging es weiter und kam zu einem Baum, der hing voll Äpfel, und rief ihm zu: "Ach, schüttel mich, schüttel mich, wir Äpfel sind alle miteinander reif und meine Äste drohen unter der Last zu brechen." Da schüttelte es den Baum, dass die Äpfel fielen, als regneten sie, und schüttelte, bis keiner mehr oben war; und als es alle in einen Haufen zusammengelegt hatte, ging es wieder weiter. Endlich kam es zu einem kleinen Haus, daraus blickte eine alte Frau, weil sie aber so große Zähne hatte, ward ihm Angst, und es wollte fortlaufen. Die alte Frau aber rief ihm nach: "Was fürchtest du dich, liebes Kind? Bleib bei mir, wenn du alle Arbeit im Hause ordentlich tun willst, so soll dir's gut gehn. Du musst nur achtgeben, dass du mein Bett gut machst und es fleißig aufschüttelst, dass die Federn fliegen, dann schneit es in der Welt; ich bin die Frau Holle." Weil die Alte ihm so gut zusprach, fasste sich das Mädchen ein Herz, willigte ein und begab sich in ihren Dienst. Es besorgte auch alles nach Frau Holles Zufriedenheit und schüttelte ihr das Bett immer

gewaltig, auf dass die Federn wie Schneeflocken umherflogen; dafür hatte es auch ein gut Leben bei ihr, kein böses Wort und alle Tage Gesottenes und Gebratenes. Nun war es eine Zeitlang bei der Frau Holle, da bekam es Heimweh, obwohl es im bei Frau Holle vieltausendmal besser ging als zu Haus. Endlich sagte es zu ihr: "Ich habe den Jammer nach Haus gekriegt, und wenn es mir auch noch so gut hier unten geht, so kann ich doch nicht länger bleiben, ich muss wieder hinauf zu den Meinigen." Die Frau Holle sagte: "Es gefällt mir, dass du wieder nach Haus verlangst, und weil du mir so treu gedient hast, so will ich dich selbst wieder hinaufbringen in die Welt." Sie nahm es darauf bei der Hand und führte es vor ein großes Tor. Das Tor ward aufgetan, und wie das Mädchen gerade darunter stand, fiel ein gewaltiger Goldregen, und alles Gold blieb an ihm hängen, so dass es über und über davon bedeckt war. "Das sollst du haben, weil du so fleißig gewesen bist", sprach die Frau Holle und gab ihm auch die Spule wieder, die ihm in den Brunnen gefallen war. Darauf ward das Tor verschlossen, und das Mädchen befand sich oben auf der Welt, nicht weit von seiner Mutter Haus; und als es in den Hof kam, saß der Hahn auf dem Brunnen und rief:
"Kikeriki, unsere goldene Jungfrau ist wieder hie."
Da ging es hinein zu seiner Mutter, und weil es so mit Gold bedeckt ankam, ward es von ihr und der Schwester gut aufgenommen. Das Mädchen erzählte alles, was ihm begegnet war, und als die Mutter hörte, wie es zu dem großen Reichtum gekommen war, wollte sie der andern, hässlichen und faulen Tochter gerne dasselbe Glück verschaffen. Diese ging mit der Spindel an den Brunnen, warf die Spule hinein und sprang selber hinterher. Sie kam, wie die andere, auf die schöne Wiese und ging auf demselben Pfade weiter. Als sie zu dem Backofen gelangte, schrie das Brot wieder: "Ach, zieh mich raus, zieh mich raus, sonst verbrenn ich, ich bin schon längst ausgebacken." Die Faule aber antwortete: "Da hätt ich Lust, mich schmutzig zu machen", und ging

fort. Bald kam sie zu dem Apfelbaum, der rief: "Ach, schüttel mich, schüttel mich, wir Äpfel sind alle miteinander reif." Sie antwortete aber: "Du kommst mir recht, es könnte mir einer auf den Kopf fallen", und ging damit weiter. Als sie vor der Frau Holle Haus kam, fürchtete sie sich nicht, weil sie von ihren großen Zähnen schon gehört hatte, und verdingte sich gleich zu ihr. Am ersten Tag tat sie sich Gewalt an, war fleißig und folgte der Frau Holle, wenn sie ihr etwas sagte, denn sie dachte an das viele Gold, das sie ihr schenken würde; am zweiten Tag aber fing sie schon an zu faulenzen, am dritten noch mehr, da wollte sie morgens gar nicht aufstehen. Sie machte auch der Frau Holle das Bett nicht, wie sich's gebührte, und schüttelte es nicht, dass die Federn aufflogen. Das ward die Frau Holle bald müde und sagte ihr den Dienst auf. Die Faule war damit wohl zufrieden und meinte, nun würde der Goldregen kommen; die Frau Holle führte sie auch zu dem Tor, als sie aber darunter stand, ward statt des Goldes ein großer Kessel voll Pech ausgeschüttet. "Das ist zur Belohnung deiner Dienste", sagte die Frau Holle und schloss das Tor zu. Da kam die Faule heim, aber sie war ganz mit Pech bedeckt, und der Hahn auf dem Brunnen, als er sie sah, rief:
"Kikeriki, Unsere schmutzige Jungfrau ist wieder hie."
Das Pech aber blieb fest an ihr hängen und wollte, solange sie lebte, nicht abgehen.

Deutung der Symbolik:

Schönheit und Hässlichkeit beziehen sich auf den Charakter der Mädchen. Die Mutter liebt das Kind mehr, das ihr selber mehr entspricht, mit der reifen Seele kann sie nicht gut umgehen. Die fleißige, empathische Tochter fällt in den Brunnen, das Symbol für den Übergang in die Lichtwelt. Wie in ihrem Erdenleben nimmt sie die Nöte Anderer wahr und hilft ihnen, so dem fertig gebackenen Brot, das sie aus dem Ofen zieht, dem Apfelbaum, dessen Äpfel reif sind. Sie ist eine reife Seele.

Bei Frau Holle, der germanischen Muttergöttin angekommen, ist sie auch in ihrer neuen Welt fleißig und zuvorkommend. Sie entwickelt sich also auch in der Lichtwelt weiter. Dann führt sie Frau Holle an das Sternentor, das Tor zu einer erneuten Inkarnation und sie wird mit Gold überschüttet, das ihr ganzes Leben nicht mehr abgeht. Sie hat sich durch ihr Handeln im vorausgegangenen Leben und ihre Höherentwicklung in der Lichtwelt in der neuen Inkarnation ein „goldenes Schicksal" erschaffen. Der Hahn, der wie alle Tiere das Innere des Mädchens sieht, begrüßt es als die „goldene Jungfrau".
Anders ihre Stiefschwester, die schon zu Lebzeiten auf Erden faul und empathielos agierte und sich auch in der Lichtwelt nicht anstrengte, um ihr zurückgelegtes Erdenleben aufzuarbeiten. Am Sternentor zu einem neuen Leben auf Erden angekommen erntet sie das, was sie sich selber erschaffen hat – ein Leben voller Pech.

<u>Hans im Glück:</u>

Hans hatte seinem Herren sieben Jahre treu gedient und erhielt als Lohn einen Klumpen Gold, der so groß war wie sein Kopf. Als er nun mit dem schweren Goldklumpen auf der staubigen Straße heimwärts wanderte, sah er einen Reiter und seufzte: »Ach, das Reiten ist doch etwas Schönes!« Das hörte der Reiter und sagte: »Wollen wir nicht tauschen? Du gibst mir das Gold und nimmst mein Pferd dafür.« Hans war damit zufrieden und setzte sich fröhlich auf das Pferd. Als aber das Pferd zu galoppieren begann, lag Hans bald im Straßengraben. Ein Bauer, der mit einer Kuh daherkam, hielt das Pferd an. Hans war ärgerlich und meinte: »So eine Kuh ist doch besser, die geht langsam und gibt auch noch Milch!« Der Bauer bot ihm einen Tausch an; Hans bekam die Kuh, und der Bauer ritt auf dem Pferd eilig davon. Sehr zufrieden wanderte Hans mit seiner Kuh weiter. Mittags bekam er Durst und wollte sie melken, aber sie gab ihm keinen Tropfen Milch, sondern nur einen Schlag mit dem Hinterfuß. Das sah ein Metzger, der ein Schwein auf seinem Karren hatte und sagte: »Die Kuh ist zu alt, die kann man höchstens noch schlachten!« Weil Hans aber lieber zartes Fleisch aß als zähes, so tauschte er seine Kuh gegen das Schwein und führte es neben sich. Dann traf er einen Bauernburschen mit einer Gans und erzählte diesem, wie gut er heute getauscht habe. Der Bursche sagte: »Ich glaube, dein Schwein ist im Nachbardorf gestohlen worden, die Polizei sucht den Dieb. Nimm lieber meine Gans und gib mir das Schwein!« Und Hans, der Angst bekommen hatte, war einverstanden. Als er mit seiner Gans ins nächste Dorf kam, traf er einen Scherenschleifer. Der hörte von den vorteilhaften Tauschgeschäften, die Hans gemacht hatte, und gab Hans einen alten Wetzstein für die Gans. »Wenn du ein Scherenschleifer bist wie ich, hast du immer Geld in der Tasche«, sagte er zu Hans. Glücklich wanderte Hans weiter. Aber der Stein war schwer und drückte ihn. An einem Brunnen wollte er trinken und legte den Wetzstein auf den Brunnenrand. Aber als er sich bückte, stieß er aus Versehen den Stein in den Brunnen. Da dankte der Gottheit, dass sie ihn von dem schweren Stein befreit hatte. »Ich bin der glücklichste Mensch auf der Welt«, rief er und wanderte mit leichtem Herzen und frei von aller Last nach Haus zu seiner Mutter.

Deutung der Symbolik

Dieses Märchen ist allgemein etwas schwerer zu deuten, weil das Handeln von Hans aus unserer irdischen Sicht betrachtet ein stetiger Abstieg ist. Doch auf seine Symbolik und die Aussage aus spiritueller Sicht untersucht, erzählt es den Weg einer Meisterseele zur Vollendung. All die Dinge, die er besitzt, lässt er nach und nach los, er erkennt, sie machen ihn nicht glücklich. Schließlich fällt der Wetzstein, Symbol des „Schliffes" seines Charakters durch seine Erfahrungen, in einen Brunnen und er geht froh und glücklich nach Hause zu seiner Mutter.

Welch tiefe Symbolik: Hans hat viel gelernt bei seinem Meister und macht sich auf den Weg in die höchste erreichbare Stufe in den Zyklen der Inkarnationen, nach Hause zur göttlichen Mutter. Jeder Tausch bedeutet eine neue Inkarnation und immer erkennt er, dass der Besitz, den er sich errungen hat, seinem Glauben, dass ihm dies glücklich machen würde, seinem Ziel des nach Hause Kommens nicht dient und er lässt den Besitz los. Am Ende, in der letzten Inkarnation, fällt noch der letzte Besitz, der letzte falsche Glaubenssatz, der ihn beschwerte, wie ein Stein in den Brunnen, symbolisch für die letzten Lernprogramme, die er bewältigte, also auf der Schulter trug. Er hat sein Ziel erreicht und geht voller Freude heim zur göttlichen All-Mutter, er ist auf der Zielgerade der Gottgeeintheit.

VORBEREITUNG FÜR EINE GROSSE AUFGABE AN DER MENSCHHEIT

Wenn ein gottgeeinter Geistmensch eine Aufgabe an der Menschheitsfamilie übernehmen will, bereitet er sich darauf vor, wie wir Erdenmenschen uns auf unseren Beruf durch eine vorangehende Berufsausbildung oder das Studium vorbereiten. Diese Seelen in der Vorbereitungsphase inkarnieren meist nur für kurze Zeit, sehr oft als mehr oder weniger schwer behinderte Kinder, um aus eigener, unmittelbarer Erfahrung kennenzulernen, wie sich diese Behinderung anfühlt. Weil in dem behinderten Körper eine große Seele inkarniert ist, spüren wir manchmal, dass diese Seele aus dem behinderten Körper, in dem sie vorübergehend gefangen ist, wie tausend Lichter strahlt. Wir nehmen auch die Lebensfreude dieser Kinder, die trotz der Behinderung besteht, deutlich wahr. **Hat die große, reife Seele diese Erfahrung so weit durchgemacht, dass sie sich für die in der nächsten Inkarnation bevorstehende große Aufgabe genügend gerüstet sieht, geht diese Seele wieder in die Ebene der Gottgeeinten, meistens schon als Kind.**. Selbst Christus, der Gottessohn der göttlichen Liebe, dürfte vor seinem Erdenleben als Jesus von Nazareth inkarniert gewesen sein als andere Person, vermutlich als der geheimnisvolle Priesterkönig Melchisedek, der König der Gerechtigkeit, Herrscher von Salem, der Abraham Brot und Wein anbot.

Bei einem Seminar mit der Geistheilerin Anni Ziemer, die hellsehend war, an dem ich teilnehmen durfte, war auch eine Mutter mit ihrem schwer behinderten Kind anwesend. Das etwa 12 Jahre alte Mädchen war in den Rollstuhl geschnallt, weil es selbständig nicht sitzen konnte, es konnte sich auch nicht durch Worte mitteilen. Doch die Augen der Kleinen leuchteten förmlich von innen heraus. Als wir zur Mittagspause aufbrachen, äußerte eine

Teilnehmerin: „Was muss dieses Mädchen verbrochen haben, dass sie ein solches Karma tragen muss?". Als Anni Ziemer das hörte, wurde sie so wütend, wie ich sie noch nie erlebt hatte: „Was erlauben Sie sich", schimpfte sie. „In diesem Kind ist die größte, reifste hier anwesende Seele inkarniert. Sie bereitet sich durch das Gefangensein in dem behinderten Körper auf eine große Aufgabe vor". Kleinlaut bat die nun sehr betroffene Seminarteilnehmerin um Entschuldigung.

Auch in solch einem Fall erklärten sich die Eltern des früh versterbenden Kindes damit einverstanden, diesen Schmerz zu ertragen, dieses Schicksal auf sich zu nehmen. Die Dankbarkeit und die Liebe ihres früh verstorbenen Kindes wird die Eltern Zeit Lebens begleiten, das verstorbene Kind wird alles tun, um die Trauer und den Schmerz der Eltern zu heilen und sie, nach Durchleben des Trauerprozesses, zum Glück der Belohnung gemeisterter großer Aufgaben führen. Denn diese Belohnung gibt es immer nach einer irdischen Talwanderung, wenn man es zulässt. Der jenseitige Dichter Ephides sagt zu diesem Thema:

Indes ihr tastend eure Füße setzt im Ungewissen,
ist eures Erdenschicksals Bild schon längst umrissen,
nur Licht und Schatten füget ihr noch ein.
Ihr geht den vorgeschriebnen Weg - ob willig, ob gezwungen,
und eure Freiheit ist, dass ihr um ihn gerungen,
bevor ihr niederstiegt ins Erdensein.
Durchs dunkle Tor der Erde schreitend, schlosset ihr die Lider.
Den Weg, den ihr gewählt, erkennt ihr nun nicht wieder,
weil ihr verblendet und erblindet seid.
Doch müsst ihr's sein? Könnt, Träumer ihr, des Schlafs euch nicht entraffen,
um schon hienieden euer Schicksal umzuschaffen,
zum Gold des Glücks zu glühen euer Leid?

Ephides, Dichter des Transzendenten

Quelle: Hella Zahrada „EPHIDES, ein Dichter des Transzendenten" mit freundlicher Genehmigung des Bürger-Verlages, Hans Dienstknecht, Neuenstadt-Bürgen, 2002, Seite 35

MEDITATION NACH DEM TOD EINES FRÜH VERSTORBENEN KINDES ODER EINER TOTGEBURT

Du kamst, du gingst mit leiser Spur,
ein flücht'ger Gast im Erdenland.
Woher? Wohin? Wir wissen nur:
Aus Gottes Hand in Gottes Hand.
Ludwig Uhland, 1787-1862

Es ist nicht einfach für ein sehr hoch schwingendes Wesen aus einer hohen Stufe der Lichtwelt, hier auf Erden zu wirken. Es muss seine Schwingung weit herunterfahren, sich der Dichte der Erdenmenschen weitgehend anpassen, damit es in der Erdenwelt für die Menschen überhaupt spürbar wirken kann– eine große Aufgabe für unsere Schutzengel und geistigen Lehrer und Führer. Diese Verdichtung der Schwingung geschieht durch bewusste Verlangsamung und Kälte. **Wenn nun ein Mitglied der geistigen Sippe sich ein schweres Schicksal gewählt hat, kann es sein, dass ein anderes, aus hoher Ebene stammendes Sippenmitglied nach Kräften dieses Erdenleben unterstützen möchte. Um den Prozess zu vereinfachen, inkarnieren solche Seelen dann meistens für nur ganz kurze Zeit oder werden bereits tot geboren. Doch sie haben „ihren Fuß in die Erdentüre gesetzt"** mit dieser kurzen Inkarnation und können nun ihrem eigentlichen Ziel dienen, den geliebten oder die geliebten Menschen, um die es geht, während ihrer Erdenreise zu begleiten und zu unterstützen. Sie gehen nach ihrem Tod nicht in die Stufe der Gottgeeinten, sie bleiben in der Erdensphäre, um ihren inkarnierten Lieben zu dienen. So schmerzlich der Abschied von diesen Kindern ist – sie sind Partner auf dem Weg der Liebe und uns nahe

Die Meditation:

° Bereite den Heiligen Raum vor
° Verbinde dich innig mit deinem göttlichen Geist, der Urlichtquelle in dir

- rufe die dich begleitenden Spirits, in diesem Falle neben Vater-Mutter-Gott und Jesus Christus die Heiligen Frauen, die Meister der Akashachronik, Erzengel Michael, die Engel des Trostes und der göttlichen Weisheit.
- Begib dich in deinen Tempel des inneren Friedens, richte dir einen Rückzugsraum ein und sieh, wie die angerufenen Spirits in den Tempel treten, um dich zu begleiten und zu unterstützen.
- Tritt hinaus auf die Straße deines Lebens und lass dich von den Meistern der Akashachronik zu jener Schicksalsstation führen, in der du deine geliebtes Kind verloren hast.
- Du siehst, dort angekommen, einen breiten Fluss, der in vielen Windungen ins Meer fließ, das du in der Ferne silbern schimmernd wahrnehmen kannst. Der Fluss weist eine sanfte Strömung auf, die beiden Ufer entlang verläuft ein weißer Sandstrand. Der Himmel ist grau verhangen.
- Gehe den Fluss entlang, bis du in seiner Mitte eine Insel wahrnimmst.
- Gehe unbesorgt durch das seichte Wasser, bis zur Insel. Es steht dort, unter hohen Bäumen, inmitten blühender Gärten, ein kleiner Tempel.
- Tritt durch die Pforte ein.
- Eine Treppe führt nach unten, sie ist in Dunkel gehüllt.
- Doch auf jeder Stufe brennt eine kleine Kerze, so dass du dich gut orientieren kannst.
- Die Treppe führt in einen Raum, der spärlich von Kerzenlicht erhellt ist.
- Inmitten des Raumes steht ein Wasserbecken, das mit Tränen gefüllt ist.
- Vor dem Tränenbecken nimmst du ein kleines Wesen wahr – es ist ein kleines Kindlein, dein Kind.
- Nähere dich ihm vorsichtig, achte genau darauf, wie es auf dich reagiert.
- Sage ihm: „**Mein geliebtes Kind, ich bin gekommen, um dich und mich aus dieser traurigen Situation zu befreien. Ich hätte dich so gerne bei mir gehabt, dich in aller Liebe behütet und auf das Erwachsenenleben vorbereitet, bis du selbst mehr und mehr die Verantwortung für dich hättest übernehmen können. Doch die Urquelle aller Weisheit und Liebe hat anders für uns entschieden. Ich will diese Entscheidung akzeptieren und dich mitnehmen in eine schönere Umgebung“.**

- Beobachte dein Kind: streckt es dir die Arme entgegen? Braucht es noch Zeit, um Vertrauen zu fassen? Gewähre ihm diese Zeit, lass deine bedingungslose Liebe zu ihm hinfließen, bis es bereit ist, mir dir zu gehen.
- Dann nimm es auf den Arm und steige die Treppe nach oben, in den Tempel im blühenden Garten.
- Tritt mit dem Kind im Arm hinaus in den Garten.
- Bitte nun die Engel des Trostes, euch in Liebe und Geborgenheit und in Vertrauen auf eure immerwährende liebevolle Verbundenheit einzuhüllen.
- Nun öffnen sich die grauen Wolken, der hellblaue Himmel kommt zum Vorschein und das Meer in der Ferne leuchte auf hellem Himmelblau.
- Aus dem Himmel strömt, tief aus der Mitte des Kosmos, heilendes hellblaues Licht in glitzernden Funken auf euch nieder und hüllt euch ein, übergießt euch wie eine Lichtdusche und durchlichtet alle Zellen eures Körpers, alle eure energetischen Ebenen.
- Immer leuchtender und weiter wird das Wolkenloch über euch.
- Die Wolken lösen sich nach und nach auf, bis zum Horizont ist nur noch tief blauer Himmel zu sehen.
- Nun bitte um die göttliche Energie der heilenden Liebe.
- Ein rosa Strom von Licht kommt von oben und durchdringt eure Aura. Hell strahlt euer Herz auf. Das Kind auf deinem Arm lächelt, du siehst, es ist glücklich. Das rosa Licht verbindet euch beide in einer Kette von Rosenblüten aus rosa Licht, die nicht einengt oder begrenzt, euch aber jederzeit zueinander finden lässt.
- Bitte nun den Erzengel Michael, den Schmerzstrahl, der euch mit dem Ort des frühen Todes verbindet, mit seinem Lichtschwert aufzulösen. Alle dunklen, traurigen Gefühle fallen von euch ab. Mit dem blauen Strahl des Lichtschwertes werden die traurigen, schmerzhaften Verbindungen abgelöst von dir und deinem Kind.
- Wandere mit deinem Kind auf dem Arm durch die blühenden Gärten, bis an das Ufer des Flusses.
- Ein weißes Segelboot kommt den Fluss herab gefahren, das Segel ist noch eingezogen.

- Die Mannschaft im Boot, lichte, engelgleiche Wesen, landen es am Ufer an. Sie bitten dich, dein Kind in das Boot steigen zu lassen, um es an das Ufer seiner Lichtheimat zu bringen, von der aus es fortan wirken wird, genauso, wie es in seinem Lebensplan steht.
- Nimm Abschied von deinem Kind und sieh, dass ihr durch das Lichtband der Liebe fest für immer miteinander verbunden seid. Abschied ist nur ein Moment im Laufe der Zeit, das Wiedersehen wird lang und bleibend.
- Der Bootsführer nimmt nun das Kind auf seinen Arm, es ist glücklich und sagt dir zum Abschied: „Ich bin immer bei dir, wir sind in Liebe verbunden, auch über den Tod hinaus. Denke an mich und lächle, ich spüre das, ich denke an dich und lächle zurück".
- Nun fährt das Boot den Fluss hinab, bis hinaus aufs sonnenbeschienene Meer. Dort spannt es die weißen Segel auf.
- Dein Kind winkt dir zu, bis das Boot deinen Blicken entschwindet, hinter dem Horizont, bis zu dem sich das glitzernde, sonnenbeschienene Meer erstreckt.
- Gehe zurück auf der Straße deines Lebens, hin zu deinem Tempel des inneren Friedens. Auf dem blauen Kristallaltar inmitten des Tempels steht dein heiliger Gral, der goldene Kelch deiner zur Erkenntnis gewandelten Erfahrung. Jesus, der Heiler deiner Seele, steht neben dem Altar und hält eine Dornenkrone in der Hand. Unter dem Licht seiner Hände verwandelt sie sich in eine goldene Krone, ganz ohne Dornen, geschmückt mit Rosen aus Edelsteinen. Er setzt sie dir auf das Haupt.
- Du kannst diese Krone fortan immer tragen, wenn du dir deiner inneren Kraft bewusst werden willst, du kannst sie neben den Heiligen Gral auf den Altar legen, wie es dir beliebt.
- Bedanke dich bei deinen Spirits und verabschiede dich von ihnen.
- Steige hinauf zum Pavillon am Ufer des Bergsees. Du siehst eine große Tafel im Pavillon.
- Hefte alle Bilder dieser Meditation an die Tafel, nimm einen bereitliegenden Schwamm, tauche ihn in das Wasser des Bergsees und lösche damit alle Bilder sorgfältig aus.
- Die Bilder sollen nicht an der Oberfläche sein, sondern in den Tiefen deiner Seele wirken.

- Mach dich auf den Weg, zurück von der Insel zum Frühlingswald auf dem Festland. Es hat sich etwas verändert: Eine Brücke führt nun dorthin.

- Gehe durch den Frühlingswald zurück in diesen Raum, in dem du dich befindest und komme zurück ins Hier und Jetzt.

Das Ritual der liegenden Acht

Unmittelbar nach der Geburt ist das Neugeborene für ca. 20 Minuten in der Lage, seinen Blick auf jemanden zu fixieren. Wie auch bei Tieren nachgewiesen, entsteht so die erste tiefe Bindung zu jenen Wesen, die das Neugeborene als erste sieht (in der Regel die Mutter), die für das Neugeborene überlebenswichtig sind. Es sieht seiner Mutter, seinem Vater ins Gesicht und prägt sich dieses tief ein. Diese Menschen werden während der Kindheit vieles von ihrem eigenen Verhaltensmuster, ihrem Weltbild und Gedankengut auf das Kind übertragen, werden es behüten und bewahren, was sehr wichtig für das Kind ist. Doch nach der Pubertät sollen diese frühkindlichen Prägungen abgelegt werden, damit die Seele ihren eigenen Weg gehen kann. Vielfach geschieht das nicht und es bleibt bei unerwünschten Abhängigkeiten und Verhaltensmustern. Eltern und Kind können sich nicht frei entfalten.

Abhilfe schafft das Ritual der liegenden Acht (Achtung, nicht für Kinder anwenden, die noch auf die Obhut der Eltern angewiesen sind!).

- Der Betroffene steht oder sitzt inmitten einer Stelle, die er imaginär mit einem Punkt versieht. Von diesem Standpunkt aus denkt er sich ein etwa handbreites Lichtband, das in Ellipsenform um ihn herum **auf dem Boden** liegt. Die Ellipse ist etwa so groß, wie die zur Seite ausgestreckten Arme reichen. Der Betroffene steht inmitten dieses Lichtkreises.

- Dann visualisiert er eine zweite Ellipse in gleicher Größe sich gegenüber, die seinen Ellipse berührt, so dass eine liegende Acht entsteht, die ebenfalls einen markierten Mittelpunkt hat. Auf diesen Mittelpunkt stellt er die Person, von der er sich ablösen will, etwa der Vater, die Mutter etc.

- Dann stellt er sich innerhalb der Lichtkreise ein neonblaues Lichtband vor, das im Uhrzeigersinn um den Kreis des Gegenübers fließt, dann an der Berührungsstelle der beiden Lichtkreise in den eigenen Lichtkreis überwechselt, diesen gegen den Uhrzeigersinn umfließt usw., so dass eine Acht entsteht:

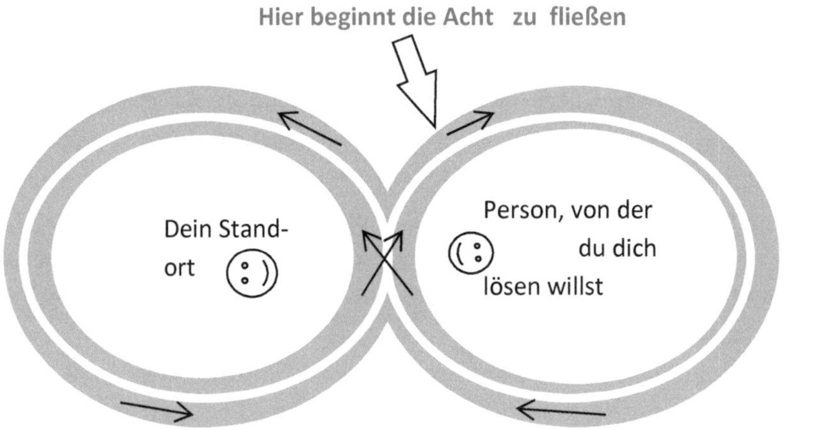

Achte darauf, dass sowohl du als auch die Person, von der du dich ablösen willst, exakt in der Mitte des Kreises bleiben. Verlässt jemand die Mitte, stelle ihn wie eine Schachfigur in die Mitte zurück. Übe das Ritual einige Wochen aus und beobachte, wie sich die Beziehung zur Person, von der du dich ablösen willst, verbessert und ihr beide immer freier werdet. Gib deiner Acht im Laufe des Tages immer wieder Schwung. Das Ritual funktioniert auch mit anderen Personen, als den Eltern.

Nun sprich den passenden Ablösesatz, wie in den nachfolgenden Anleitungen beschrieben oder ähnlichen Inhalts, mit deinen Worten gewählt.

Das Ritual funktioniert auch, wenn man die liegende Acht auf ein Stück Papier zeichnet und die Namen der Personen in die Kreise schreibt. Fahre in diesem Falle mit dem Finger die Linien in Form der liegenden Acht nach. Diese Übung sollte über mehrere Wochen hinweg durchgeführt werden, wenn möglich mindestens 1x am Tag.

ABLÖSESÄTZE

Eine neue Beziehung schaffen zu den Eltern in beidseitiger Freiheit und liebevoller Wertschätzung

Dieses Ritual bitte nicht bei Kindern anwenden, die die Führung durch ihre Eltern noch brauchen!

Liebe(r) Mutter / Vater, hab innigen Dank, dass du mir dieses mein jetziges Leben ermöglicht hast. Bitte nimm alle deine Programmierungen, Prägungen, Denk- und Gefühlsmuster, die du auf mich übertragen hast und die nicht meine sind, zu dir zurück und gib auch du meine an mich zurück, zu unser beider Wohl. Lass uns unsere Beziehung auf eine neue Basis stellten, getragen von absoluter Gleichwertigkeit, Vertrauen, Liebe, absoluter Achtung der Willensfreiheit des anderen und gegenseitiger Vergebung und Wertschätzung.   Danke, Amen

Rückgabe übernommener fremder Prägungen, Denkmuster usw. von anderen Personen wie Ahnen, Lehrer usw:

Liebe(r) ………………, ich gebe dir hiermit alle zu dir gehörigen Programmierungen, Prägungen, Glaubenssätze, Denk- und Gefühlsmuster, die ich von dir übernommen habe und die nicht meine sind, zurück. Gib auch du mir meine Seelenanteile zurück, zu unser beider Wohl. Lass uns unsere Beziehung auf eine neue Basis stellten, getragen von bedingungsloser Liebe, absoluter Gleichwertigkeit, Vertrauen, absoluter Achtung der Willensfreiheit des anderen und gegenseitiger Vergebung. Danke Amen

Prüfungsangst und Lernschwierigkeiten

Schreibe in die eine Schleife den Namen des Prüflings und in die andere die Worte: **Alles erlernte Wissen, Zugriff auf Erinnerung**.

Ich gehe in die Prüfung völlig frei von Angst. Ich erinnere mich an all mein erlerntes Wissen und kann es wiedergeben. Mein Kopf ist klar, ich kann konzentriert arbeiten.

Mit diesem Ritual hat eine liebe Freundin, von Beruf Grundschullehrerin, ihre Schülerinnen und Schüler auf jede Probearbeit vorbereitet, indem sie die Kinder im Kreis aufstellen ließ und sie animierte, sich die liegende Acht vorzustellen und den Ablösesatz zu sprechen. Das Ergebnis waren so gute Noten, dass die Rektorin der Schule sie zu sich beorderte und sie aufforderte, die Arbeiten mit einem „angemesseneren" Notendurchschnitt zu bewerten.

Entwöhnung von Suchtmitteln

Das Ritual hat sich auch bewährt als Hilfe und Unterstützung bei **Entwöhnung von einem Suchtmittel**. Man schreibt in die eine Schleife den Namen des Betroffenen, in die andere das Mittel, auf das der Betroffene süchtig ist, z.B. Alkohol, Nikotin, Medikament ...

Bei der weit verbreiteten Alkoholsucht ist unbedingt professionelle Hilfe und Unterstützung in einer Alkoholkranken-Gruppe erforderlich.

Ablösungssatz:
Ich habe keinerlei Bedürfnis mehr nach ....(z.B. Zigaretten). Ich bin ab sofort völlig frei von jeglichem Verlangen danach und werde sie nie mehr wieder zu mir nehmen. Ich lebe mein Leben ab sofort frei und selbstbestimmt. Ich bitte Gott in mir, alle noch vorhandenen Energien des Suchtmittels zu transformieren.

Das sind nur einige Beispiele für die mannigfachen Möglichkeiten des Einsatzes der liegenden Acht. Denke selber über prägende Sätze zur Auflösung von Beschwerden und schwierigen Situationen nach – deine Seele, deine Intuition sind die besten Wegweiser. Achte darauf, dass es immer Positiv-Sätze sind, also bitte nicht z.B. sagen: „Ich habe **keine** Prüfungsangst“, sondern vielmehr Ich **bin völlig frei von** Prüfungsangst.

Den Einsatzmöglichkeiten die liegenden Acht sind keine Grenzen gesetzt. Überlege, probiere.

Gebet zur Karmaauflösung

Wir gehen in riesigen Schritten der Neuen Zeit entgegen, dem Aufstieg von Mutter Erde und ihrer Kinder in die Ebene der 5. Dichte. Das bedeutet, dass in der Übergangsphase noch alle Schatten in uns, auch die karmischen Verstrickungen, gereinigt und aufgelöst werden. Karmische Verstrickungen werden kein Thema in der Zukunft mehr sein, wir werden eine Freiheit und Leichtigkeit erleben, wie wir sie noch nie kannten. Wir befinden uns jetzt zwischen zwei offenen Portalen: das Portal, das uns aus den alten Systemen in die neue Zeit führt und das Portal der Neuen Zeit, das nun durchschritten werden kann. Noch sind beide Türen offen, aber das Portal in die

Vergangenheit wird sich schließen, für jeden Einzelnen ganz nach seiner Geschwindigkeit seiner Entwicklung, doch in naher Zukunft für alle. Deshalb – lass los, was war, gehe einer neuen Zeit voller Freude entgegen. Entscheide dich, ob du in die neue Schwingungsebene gehen willst oder weiterhin auf der 3-D-Ebene leben und lernen willst.

Die beste Methode, sich von allem noch Belastenden zu verabschieden, ist die innige Verbindung und die Arbeit mit der göttlichen Präsenz in uns, unserem Geist, der wir sind. Vertraue, lass dich führen. Wenn Schatten aufsteigen, so nimm sie an, so können sie erlöst werden. Vergebung ist auch hier der Schlüssel zur Heilung. Vergib jenen, die dir die Erfahrung von dunklen Empfindungen bereitet haben, sie waren deine Lehrmeister. Bitte all jene um Vergebung, denen du diese Erfahrungen bereitet hast. Sei bereit, Unliebe durch Liebe auszugleichen und lass die Erfahrung los, du bist nicht mehr karmisch verstrickt mit ihnen, wenn der Wunsch nach Vergebung und Wiedergutmachung echt ist. Vergib dir selbst, die Wirkung der gesetzten Ursache selber erschaffen zu haben, sie war ein wichtiger Entscheidungsfaktor auf deinem Weg durch die Polarität.
Wenn du das Gefühl hast, diese innige Verbindung mit deinem göttlichen Geist noch nicht genügend aufrecht halten zu können, möchte ich dir nachfolgendes Gebet zur Karma-Auflösung vorschlagen:

- ***Ich bitte Vater/Mutter Gott, Christus Jesus und Erzengel Michael um Hilfe bei der Auflösung sämtlicher karmischer Verstrickungen, die mich daran hindern, ein glückliches und erfülltes Leben zu führen.***
- ***Ich bin bereit, Heilung und Transformation auf allen Ebenen – Körper, Geist und Seele – zu empfangen und anzunehmen.***
- ***Ich liebe mich so, wie ich bin. Ich bin es wert, gesund, glücklich und geliebt zu sein.***
- ***Im Namen Gottes und allem, was Licht und Liebe ist, bitte ich um Hilfe und danke für die Auflösung aller von mir oder von anderen ausgesprochenen belastend wirkenden Abmachungen. Ich entscheide mich jetzt und aus freiem Willen für die Befreiung von:***

Schwüren, Eiden, Bannungen und Gelübden,
Verfluchungen und Verwünschungen,
allen Ahnenverstrickungen und Anhaftungen
und sonstigen unfrei machenden Verträgen,
Bündnissen und Versprechungen
sowie allen zerstörerischen Denk-, Gefühls- und Verhaltensmustern,
Glaubenssätzen und Programmierungen,
sowie belastenden Äußerungen in der Öffentlichkeit.

Ich bin bereit zu friedvollem Ausgleich und Versöhnung. Mit lichtvoller Hilfe erkläre ich diese negativen Programme und Abmachungen hiermit für null und nichtig und danke dafür, dass sämtliche Konsequenzen daraus mein Schicksal durch meine sämtlichen Inkarnationen. hier und jetzt und für alle Zeit und auf allen Ebenen aufgehoben werden. Ich bitte Erzengel Michael mit seinem blauen Schwert alle Verbindungen zu Personen, Tieren, Orten, Objekten und allen Denk- Gefühls- und Verhaltensmustern, die nicht aus Licht und Liebe bestehen, zu trennen. Ich schließe Frieden mit allen meinen Erfahrungen, damit ich meinem Seelenweg folgen kann. Ich vergebe mir selbst und vergebe allen, die mir Schmerz und Schaden zugefügt haben, von ganzem Herzen und akzeptiere ***Ab sofort bin ich frei, kraftvoll und voller Liebe – zum höchsten Wohle aller.*** *So sei es.*
DANKE AMEN   DANKE AMEN   DANKE AMEN

DIE DREI WELTEN DES SCHAMANENTUMS

Wir alle - du, der/die das Nachfolgende liest, ich, die es geschrieben hat, sind suchende Wesen, bereit unser innewohnendes, unendliches Wissenspotential immer mehr zu erforschen und verfügbar zu machen, sonst würden wir uns mit den Dingen, die hier zur Sprache kommen, nicht befassen. Wir alle haben Gott in uns und damit Verbindung zu allem Wissen, aller Weisheit und zu allen Erfahrungen, die jemals von irgendeinem Wesen gemacht wurden. Denn das ist „Zeit“ in der Welt des Lichtes: Alles lebt dort bewusst in der ständigen Gegenwart – im Unterschied zu uns Menschen, die wir zwar auch nie irgendwo anders als in der Gegenwart sind, uns dessen aber meistens nicht bewusst sind. Alle Möglichkeiten, die irgendwann von irgendeinem Wesen erprobt wurden, sind in der Lichtwelt die „Vergangenheit“, die jeder Zeit wieder erlebt werden kann, wenn man in das Geschehen eintaucht und alle Möglichkeiten, die es gibt, die aber noch nicht erprobt wurden, sind dort die „Zukunft“. Aus der Quelle der erprobten Möglichkeiten können wir schöpfen. Doch erschließen können wir uns diesen verborgenen Seelenschatz nur, wenn wir den Zugang dazu finden. Und dieses Finden ist nicht so, dass plötzlich ein Vorhang aufgezogen wird und alles Wissen vor uns liegen würde. Es ist vielmehr ein Wachstums- und Werdeprozess, ein Stück für Stück Entfalten und Erkennen.

Wir alle können uns, wenn wir das nur ernsthaft wollen und auch Kraft und Mühe investieren, die Fähigkeit erwerben, zwischen den Welten zu reisen, in das Reich der Götter und Göttinnen, zu denen wir Kraft unserer Geburt aus der Urquelle allen Seins gehören, der aufgestiegenen Meister, der Krafttiere, der Elfen, Feen und Einhörner, der Naturgeister usw. Das Schamanentum kennt dabei drei verschiedene Ebenen, die Oberwelt, die Mittelwelt und die Unterwelt. Diese Welten sind vergleichbar mit einem Baum. Seine Wurzeln reichen tief in die Erde, sein Stamm befindet sich auf unserer Ebene und seine Krone reicht weit in den Himmel hinauf.

Die Oberwelt

ist eine wahrhaft betörende, atemberaubende Welt des Lichts und der Liebe. Die Oberwelt können selbst die besonders erfahrenen Suchenden nur mit großer Mühe betreten. Vieles scheint vernebelt, verschleiert. Diese Welt hat wiederum verschiedene Stufen. In die höchsten können wir nicht vordringen, denn sie schwingen so hoch, dass uns die Energie schädigen würde. Wir müssen im Laufe unseres langen Weges der Entfaltung unseres göttlichen Potentials erst jene Sinne entwickeln, die uns erlauben, die höchsten Stufen der Oberwelt wahrzunehmen.

In dieser Welt der lichten Geister sind Liebe, vollkommene Freiheit in Verantwortung und Glückseligkeit das Maß aller Dinge. Hier leben magische, gütige Wesen, die einst an unserer Seite gingen und nun dem Versprechen folgen, andere zu leiten und ihnen zu helfen. Doch Vorsicht – auch Trugbilder können uns dort begegnen, strahlende Wesen, die sich bei näherer Betrachtung aber als Geister der Dunkelheit entpuppen. Lerne zu unterscheiden. Wenn du selber durch und durch die hohe Energie der Liebe ausstrahlst, werden sie fliehen, sie können diese Energie nicht ertragen.

Holen wir uns Spirits aus der Oberwelt, die unsere Heilarbeit begleiten sollen, ist es nach meiner Erfahrung vergleichsweise einfach, dorthin zu kommen, wenn das Lichtwesen bereit ist, mit uns Kontakt aufzunehmen. Mir zeigt sich dann die Ebene, auf die mir die Lichtwesen entgegenkommen, ganz klar. Ich befinde mich dann außerhalb des irdischen Orbits, im Kosmos mit seiner atemberaubend schönen Sternenwelt, oder über den Wolken, die dann wie ein glitzerndes Meer aus blendend weißen Schneekristallen, deren Kälte ich nicht empfinde, unter mir liegen. Dort kommen mir die Wesen, die total aus Licht zu sein scheinen, entgegen, Wesen von atemberaubender Schönheit, die eine Liebe und Geborgenheit ausstrahlen, wie man sie hier auf Erden nicht zu finden vermag.

Doch, wie gesagt, Vorsicht ist geboten: Es können auch Wesen des Reiches der Finsternis als lichte Engel auftreten, wenngleich sie diese Gestalt nicht für längere Zeit stabil aufrechterhalten können. Deshalb stelle sie auf die Probe: Bitte sie, sich umzudrehen. Ein echtes Lichtwesen wir das tun. Dreht sich ein Dunkelwesen um, so siehst du hinter ihm das Dunkle, Schattenhafte. Du kannst auch danach fragen, ob das Wesen von Gott gesandt ist und – sehr wichtig – Christus als den König der Lichtwelt akzeptiert. Ein Dunkelwesen wird Schwierigkeiten damit haben. Zwar glauben auch satanische Wesen an Gott, doch in ihren Augen ist Vater-Mutter-Gott der Liebe schwach, weil er nicht gleich eingreift, nicht seine Allmacht ausspielt, sondern in unendlicher Geduld die Entwicklung seiner Menschenkinder verfolgt, fördert, ohne ihren Willen zu brechen. Die Dunklen regieren ihr Reich mit Gewalt, Freiheitsentzug, Unterjochung, Drohung, was für sie die Herrschaft des Starken über das Schwache bedeutet, ein System, das sie befürworten, weil für sie alles Feinfühlige, Zarte, Schwache lebensunwertes Leben ist.

Die Mittelwelt

In dieser Welt leben wir während der Zeit unseres Erdenaufenthaltes in der Raum-Zeit-Dimension. Doch die meisten von uns haben bisher nur an ihrer Oberfläche gekratzt und wissen nichts von ihren verborgenen Dimensionen, die von den Wissenden ohne Schwierigkeiten betreten werden können. Die Mittelwelt wird von vielen Wesen bevölkert – Menschen und Dämonen gleichermaßen. Wenn man die anderen Dimensionen erforscht, muss man mit großer Vorsicht und Urteilsvermögen vorgehen, denn es ist nicht leicht zu unterscheiden zwischen jenen, die nur das Beste für uns wollen – und jenen, die das ganz und gar nicht tun. Die Engel der Finsternis können in Gestalt eines Lichtengels erscheinen und falsche Propheten können in Schafskleidern auftreten, während sie inwendig reißende Wölfe sind, warnte schon Jesus von Nazareth. „Doch an ihren Früchten werdet ihr sie erkennen. Erntet man denn Trauben von einem Dornenstrauch oder Feigen von den Disteln?“. Reisen in diese anderen Dimensionen bedürfen einer absolut reinen, guten Motivation, ja ich würde sogar sagen, eines Auftrages der in uns wohnenden göttlichen Präsenz. Nur aus Wissensdurst zu reisen, um mal zu sehen, wie das ist, ohne den Willen, in der Entwicklung vorwärts zu kommen, auch wenn es anstrengender Veränderungen bedarf, ist nicht angebracht. Also prüft bitte eure Motivation, bevor ihr auf die Reise in euer Inneres geht.

Die Unterwelt

Ist ein wunderschönes, üppiges und grünes Paradies, in dem die weisen und liebenden spirituellen Meister und Krafttiere leben. Die Unterwelt besteht aus unterschiedlichen Landschaften – mit Ozeanen, Bergen, Wüsten, heißen Quellen, Flüssen und Seen, mit blühenden Wiesen und Wäldern. Die Unterwelt hat viele Ebenen. Sie beherbergt den sagenhaften Garten Eden, in dem die ersten Menschen lebten, noch ganz im Einklang mit der Natur, in dem es kein Töten, keine Gewalt, keine Krankheit gab. Auch das Sterben wurde gesehen als das, was es ist: als das Abstreifen des materiellen Körpers, der nicht mehr benötigt wurde, und ein Fortleben in einer feinstofflichen Hülle in der Dimension des Lichtes und der Liebe.

Auf dieser Ebene findest du deine Krafttiere, findest du deine spirituellen Lehrer und die aufgestiegenen Meister, die Vollendeten, die das Rad der Reinkarnationen schon verlassen haben. Vergiss all das, was deine Religion dir über die Unterwelt gesagt hat. Religionen sind hierarchisch aufgebaute Strukturen, die einer kleinen Gruppe Macht über die Mitmenschen geben und dazu Lehren von Meisterseelen missbrauchen, die einst auf dieser Erde gelebt haben. Sie lehren wohl viel Wahres und Gutes, verbreiten aber auch fiel Falsches und gezielt Gefälschtes, um Macht zu gewinnen und aufrechterhalten zu können. Die tatsächliche Wahrheit findest du nur im Zentrum deines Herzens, in Gott, der in dir lebt. Dorthin wende dich, zu Gott in dir pflege eine liebevolle, vertrauensvolle Beziehung und nach und nach wird sich dir die allumfassende Wahrheit erschließen, je nachdem, wie du dich entwickelst und dein inneres Potential entfaltest. Du brauchst dazu keine Mittler, keine Priester oder Gurus, keine Riten – du musst nur wollen und einen Vertrauensvorschuss für Gott in dir gewähren. Niemals wird dein Vertrauen missbraucht werden.

Eine Reise in die Unterwelt ist relativ einfach, deshalb haben uns die Machtmissbraucher der Religionsgemeinschaften, Gesellschafts- und Wirtschaftssysteme, die Versklaver der Menschheit, die Unterwelt verschlossen, indem sie uns weismachen wollen, hier sei das Dunkle, Dämonische, die Hölle angesiedelt. Doch diese Bereiche gehören mehr der Mittelwelt zu als der Unterwelt. Die Unterwelt ist etwas ganz anderes, eine lichte Welt mit vielen Ebenen, friedlich und gewaltfrei, ein Bereich der Mutter Erde, in der

Geborgenheit und Liebe vorherrschen und die am Beginn der Reise der Menschheit durch Zeit und Raum der Bereich der Erde war, auf dem die Menschen lebten.

WOHIN GEHT DIE REISE?

Heiliges Leben!
Unzählbare Formen erfüllend,
Formen verwandelnd, zerbrechend und neu dich umhüllend,
strömst Du, o Atem der Gottheit, durchs endlose All...

Ephides

Zitat aus H. Zahrada EPHIDES – EIN DICHTER DES TRANSZENDENTEN,
mit freundlicher Genehmigung des Bürger-Verlages,
Hans Dienstknecht, Neuenstadt-Bürgen, 2002, Seite 8

Oft werde ich gefragt, ob denn diese inneren oder schamanischen Welten, die wir auf unseren Reisen und Meditationen besuchen, Realität sind. Um es gleich vorweg zu sagen – ich weiß es nicht, ich habe aber dazu meine Vermutungen, die aus meinen Erfahrungen resultieren. Es gibt aber auf jeden Fall unabhängig von uns die Naturgeister, die Geistwesen, die die Elemente beherrschen, die Engelwesen, die Tiere des Paradieses, die aufgestiegenen Meister und den Garten Eden, Jesus Christus, die Heiligen Frauen, die Göttinnen und die Götter, die die Vollendeten sind, zu denen auch wir werden am Ende unserer unübersehbar langen Zeit unserer Reise zur Vollendung (Göttinnen/Götter sind zu unterscheiden von der Urquelle allen Seins, Vater-Mutter-Gott. Diese allerhöchste Macht, aus der wir alle geboren sind, die die reinste, bewusste, mächtigste und lebendige Form von Liebe ist, existiert als ewiges Gegenüber in unserer Liebesbeziehung und nur sie ist im Gegensatz zu uns fähig, Leben zu spenden). All diese Wesen sind nicht nur irgendeine Energie, sie sind lebendig, haben Bewusstsein, Willen und Macht. Das alles ist real, wenn auch unseren irdischen Sinnen verborgen. Und doch bin ich der Meinung, dass wir auf unseren schamanischen Reisen oftmals uns selbst begegnen, unseren Erinnerungen, gespeichert in unserer göttlichen Seele. Bei jeder Meditation oder Schamanischen Reise treten wir ein in das unfassbare Reich unserer göttlichen Seele.

Wir sind uralte Wesen, älter als Raum und Zeit. Wir wurden aus der Urquelle allen Seins, Vater-Mutter-Gott, geboren, noch ehe es den Kosmos, so wie wir ihn wahrnehmen, gab. Wir waren vor dem Urknall, den die Wissenschaft vor etwas mehr als 14 Milliarden Jahren vermutet. Wir lebten bereits und hatten Bewusstsein, als noch kein Raum abgetrennt war und es Zeit in unserem Sinne noch nicht gab. Unsere göttliche Seele trägt die Erinnerung daran für alle Ewigkeit, genau so weiß sie um den Beginn von Raum und Zeit, um die Entstehung der materiellen Ebenen von Mutter Erde, die ebenfalls älter ist als Raum und Zeit. Unsere göttliche Seele weiß um das Auftauchen der Menschen auf der materiellen Ebene unserer Erde, das viel früher war, als die Wissenschaft vermutet und sie weiß um den ersten Lebensraum des Menschen im Raum-Zeit-Gefüge, den Garten Eden, das Paradies, die Welt der Fülle, ohne Gewalt, ohne Unterdrückung, ohne Töten und Verletzen, ohne Krankheit in der Tier- und Menschenwelt. All das ist in den Tiefen unserer Seele gespeichert als Erinnerung.

Es liegt deshalb nahe, dass wir, wem immer wir begegnen auf unseren Schamanischen Reisen, immer nur unseren eigenen, persönlichen Erinnerungen begegnen. Mit dem persönlichen Krafttier, das uns entgegen kommt, waren wir schon vor Raum und Zeit befreundet, wir tragen noch die Erinnerung davon in uns. Es kann ein Teil von Gott in uns sein, ein vollendeter Teil unserer göttlichen Seele, die so unendlich unfassbar ist mit all ihrem Wissen und ihren Erfahrungen, die verbunden ist mit allem, was ist. Es bleibt dann, fassbar für unser jetziges Bewusstsein, bei uns, bis wir die Eigenschaft, die es verkörpert, voll und ganz in uns entwickelt haben und letztendlich – am Ende unserer Inkarnationen – im Zustand der Gott-Geeintheit mit ihm verschmelzen. Ein Krafttier kann aber auch ein Bewusstseinsanteil eines anderen Menschen oder eines anderen Wesens sein, je nachdem, zu welchem Zweck es uns beisteht.

Der aufgestiegene Meister begleitet uns seit vielen Inkarnationen, wir kennen ihn schon lange, wir erinnern uns. Er war selbst Mensch, ist aber dem Rad der Inkarnationen entwachsen und begleitet uns nur voller Liebe, bis wir selber diesen Bewusstseinszustand erreicht haben.

Die Göttin, die von atemberaubender Schönheit ist, sie trug uns auf ihren Armen vor Raum und Zeit, als wir noch eingebunden waren in die Gruppenseele unserer geistigen Sippe, von deren Erfahrungen wir profitieren durften, bevor wir genügend eigene Erfahrungen gemacht hatten, um unsere individuelle Seele zu entwickeln. Denn in der geistigen Welt ist es nicht viel anders als in der irdischen: Das Neugeborene ist anfangs völlig eingebunden in die liebevolle Betreuung durch seine Familie und entwickelt erst nach und nach Selbständigkeit und Eigenverantwortlichkeit. Wir begegnen uns immer nur selbst, wenn wir auf schamanische Reise gehen, allerdings auf einer Ebene fern unseres Tagesbewusstseins. Und weil wir uns selbst begegnen, sind uns schamanische Reisen überhaupt erst möglich und deshalb kann es jeder lernen, schamanisch zu reisen, denn jeder trägt die Erinnerungen in sich an alles, was er jemals erlebt hat, diesseits und jenseits der Grenze unserer Sinne.

EIN GUTER EINSTIEG:
REISE *ZUM HÜGEL DER VERBINDUNG MIT DER OBER- UND UNTERWELT*

Auf diesen Bildern kann jede schamanische Reise aufgebaut werden, sie kann als „Starterebene“ dienen.

Du hast den Heiligen Raum aufgebaut, dich innigst mit deinem strahlenden göttlichen Geist verbunden, die Meditation vorbereitet, das Dismembern durchgeführt. Alles ist bereit für die Reise.

- Nun nimm ein paar tiefe Atemzüge und spüre, wie der Atem durch dich fließt, immer tiefer, durch deinen gesamten Körper, vom Kopf bis zu den Füßen und durch deine Füße, bis tief in die Erde hinein.
- Öffne dich der Kraft der Mutter Erde und nimm sie auf, wie die Wurzeln eines Baumes ihre Kraft und ihr Lebenselixier aus der Erde ziehen...
- Öffne dich für die Kraft des Kosmos, spüre, wie das kosmische Licht in silberhellen Kaskaden über das Kronen-Chakra in dich fließt, in dir atmet, sich in alle deine Zellen verbreitet. Du bist beides, irdisch und kosmisch.
- **Stell dir vor, du gehst an einem sonnigen Tag, am frühen Morgen, barfuß durch einen Frühlingswald.**
- Atme tief den Duft der taufeuchten Erde ein, der würzigen Tannennadeln, der zart duftenden Blumen.
- Höre das Summen der Insekten, den fröhlichen Gesang der Vögel.
- Sieh den glitzernden Tau auf den Gräsern und Blumen, das Blau des Himmels, die Schönheit der ziehenden weißen Wolken, eingerahmt durch die herrlichen Blüten der Bäume, die filigranen Blätter und Nadeln der Baumkronen.
- Sieh, wie sich die Kelche der Blumen allmählich öffnen, wie sich Schmetterlinge in der Morgensonne wärmen, ihre Flügel ausbreiten und losfliegen.
- Spüre das weiche Moos unter deinen Füßen, die kühlen Nadeln, die auf dem weichen Waldboden liegen.
- Genieße all diese Schönheit mit all deinen Sinnen.

Nun trittst du aus dem Wald hinaus, auf eine blühende Wiese, und siehst einen Grashügel vor dir

- Gehe durch die Blumenwiese mit ihrem kurzen Gras, auf die Spitze des Hügels. Von dort kannst du weit in das Land hinaussehen.
- Du siehst Wiesen und Wälder, Hecken und Bäume, sanfte Hügel und in der Ferne eine Bergkette, mit hohen Felsengipfeln und leuchtenden Schneefeldern.
- Du siehst Bäche und Flüsse, die sich durch das liebliche Land winden.

- Du entdeckst Dörfer und Höfe, eingebettet in die Landschaft, und in der Ferne siehst du eine kleine Stadt mit über die Häuser hinausragenden Türmen, Schlössern und Kathedralen. Genieße diesen Anblick.

- Auf dem Hügel befindet sich ein Steinkreis, der von zwölf großen Steinen gebildet wird. Tritt hinein in den Kreis.
- In seiner Mitte siehst du nun eine Lichtsäule, die den Himmel und die Erde miteinander verbindet, die weit in den Kosmos und bis zum Mittelpunkt von Mutter Erde reicht.
- Die Lichtsäule schimmert in allen Regenbogenfarben.
- Tritt hinein in diese Säule, die dich mit schimmerndem Licht umschließt.
- Nun fährst du wie in einem Fahrstuhl in der Säule nach unten, bis du zu einer Tür kommst.
- Tritt durch diese Tür hinaus in die schamanische Unterwelt.
- Es mag sein, dass du noch nichts wahrnimmst, dass dichter Nebel dich umgibt.
- Nun bitte die Wesen dieses Reiches um Einlass.

° Allmählich lichtet sich der Nebel und eine paradiesische Landschaft tut sich vor dir auf........

An dieses Bild kannst du nun jede schamanische Reise anknüpfen, sei es, dass du dein Krafttier holst, deinen spirituellen Meister, deine Heilkundigen, sei es, dass du in die Höhle der Kristallwesen gehst oder in das Reich der Elfen, Feen und Naturgeister.

Vergiss nicht, dich vor der Rückreise bei denen spirituellen Helfern zu bedanken.

In gleicher Weise kannst du auch Wesen der Oberwelt rufen, nur fährst du dann in der Lichtsäule nach oben. Warte einfach ab, wo du landest und was geschieht.

Du kannst dir an Stelle dieser Säule auch einen Baum vorstellen: mit seinen Wurzeln unter der Erde, seinem Stamm auf der Erde und seiner Krone im Himmel. Dies sind die drei schamanischen Welten, Unterwelt (untere Welt- der Wurzelbereich), Mittelwelt (der Stamm – die Hier-und-Jetzt-Welt) und Oberwelt (Krone – der Himmel). Die ausschließlich wissenschaftlich orientierte Psychologie verbindet dies mit den Begriffen Unterbewusstes, Tagbewusstes und niederes oder höheres Selbst. Doch das ist für den erweitert denkenden, also schamanisch-spirituell orientierten Menschen zu kurz gegriffen.

Schamanisches Reisen sollte man unternehmen, wie Kinder ihre abenteuerlichen Phantasiereisen durchführen. Sie haben noch einen ganz natürlichen Zugang zu Visionen. Ein Stück Holz wird zum Pferd und ist es! Eine Blume wird zum Kind und ist es! So reise ich Kraft meiner Imagination durch die Welten.

Es ist wichtig, immer genau zu wissen, wo ich mich befinde, sonst verliere ich mich. Deshalb ist es sinnvoll, anfangs in Begleitung eines Meditationsleiters zu reisen, bis dir das schamanische Reisen vertraut ist. Auf dieser Reise begegne ich Tieren, Wesen, Lehrern, Krafttieren, den Ahnen, der Göttin. Ich spreche mit Steinen, Pflanzen, Tieren, Wolken, dem Mond, der Sonne, den Sternen und vielem mehr, es begegnen mir Lichtwesen wie Engel, aber auch „maskierte Engel", die in Wirklichkeit dämonische Wesen der Mittelwelt in lichter Verkleidung und alles andere als wohlwollend sind.

Eingeleitet wird die Reise durch ein Ritual, Aufbau des Heiligen Raumes, räuchern, rasseln, trommeln. Dieses Ritual ist nicht immer gleich, es ändert sich von selbst. Lass dich von deinem Gefühl leiten, so stimmt es auch. Die Trance mit der ich reise ist ein hellwacher Zustand, den ich jeder Zeit beenden kann. Ich bin keiner Situation und niemandem hilflos ausgeliefert. Dennoch ist es gut, anfangs im Beisein eines Meditationsleiters zu reisen, der dir behilflich ist, aus der Reise auszusteigen, wenn es für dich zu heftig oder anstrengend wird.

MEDITATION (SCHAMANISCHE REISE): VERBINDUNG MIT DEM PERSÖNLICHEN KRAFTTIER UND DEM SPIRITUELLEN MEISTER

- Baue den Heiligen Raum auf, entspanne dich vollständig durch tiefes Atmen.

Du kannst die Schamanische Reise mittels Trommeln vorbereiten, mit Räuchern, sanfte Meditationsmusik auflegen, was immer du bevorzugst, um in eine gelassene, meditative Stimmung zu gelangen.

- Verbinde dich innig mit Gott in dir, deinem Geist, bitte ihn um Schutz und Führung durch die Schamanische Reise.

Begib dich nun auf eine Reise in deiner Vorstellung, mit Einbindung all deiner Sinne. Du kannst in die Unterwelt starten mit der beschriebenen Wanderung auf den Hügel mit dem Steinkreis.

- **In der Mitte des Steinkreises siehst du nun eine Lichtsäule**, die hoch in den Himmel hinaufragt, so hoch, dass du deren Ende nicht sehen kannst.

Sie leuchtet in allen Regenbogenfarben und ist sehr dynamisch, alles fließt ineinander in immer neuen Mustern.

- **Du gehst zur Lichtsäule** und siehst, dass sie auch tief in die Erde hineinreicht, bis zum Mittelpunkt unseres Heimatplaneten.
- **Bitte nun deinen Schutzengel zu dir und sage ihm, er möge dir helfen, deinen materiellen Körper abzulegen, bis zum Ende der Meditation.** Dein Schutzengel wird deinen Körper bewachen und beschützen, bis du wieder in ihn zurückgehst.
- **Nun schlüpfe aus deinem Körper heraus, bette ihn ins weiche Gras oder löse ihn auf und gehe in die Lichtsäule.**
- **Wie in einem Fahrstuhl fährst du nun nach unten in das Reich der Krafttiere und spirituellen Meister.**
- **Tritt durch eine Tür in der Lichtsäule hinaus in den Garten Eden.**

Es mag sein, dass du erst einmal nur Nebel siehst, doch der Nebel lichtet sich.

- Du siehst vor dir eine wunderschöne, blühende und grünende Landschaft mit einer Blumenwiese vor dir und einem Wald im Hintergrund, der sich bis zu den Hügeln und Berggipfeln, die den Horizont begrenzen, zieht.
- Am Waldrand befinden sich viele Tiere, große und kleine, alle friedlich beieinander liegend. Da spielen Löwenkinder mit Kälbchen und Lämmchen, während Mama und Papa Löwe im Gras liegen, dösen.
- Da gibt es zahlreiche Schmetterlinge, Bienen, bunte Vögel, aber auch Tiere, die du bisher als Fabeltiere betrachtet hast: Einhörner, Pegasus, Phönix.
- Betrachte das bunte Treiben, das friedvolle Miteinander dieser Tiere und lass dich von der Atmosphäre des tiefen Friedens und der Lebensfreude berühren.

Nun sprich laut folgende Worte:

> **Gott in mir grüßt Gott in euch, meine lieben Geschwister, geboren wie ich aus der Urquelle allen Seins. Ich bin gekommen, mein persönliches Krafttier kennenzulernen, um mit ihm fortan in tiefer Freundschaft verbunden zu sein. Ich bitte deshalb mein persönliches Krafttier, zu mir zu kommen und sich mit mir zu verbünden.**

Nun warte ab. Lass dir viel Zeit. Es wird sich dir ein Tier zuwenden, es wird zu dir kommen. Du kannst es vielleicht in Gedanken sehen oder intuitiv wahrnehmen. Wenn es zu dir kommt, frage es, ob es dein persönliches Krafttier ist. Es wird möglicherweise wieder weglaufen und noch einmal auf dich zukommen, oder es kommt ein anderes Tier. Ist ein Tier dreimal zu dir gelaufen und bejaht es deine Frage, ob es dein persönliches Krafttier ist, so ziehe es mit beiden Armen an dich. Verbinde dich mit ihm ganz innig, ziehe es in dich hinein.

Bevor du wieder aus der Szene gehst, bedanke dich bei deinem Krafttier für seine Liebe und Freundschaft. Dann kehre zurück, durch die Lichtsäule auf deine Wiese auf dem Hügel, nimm deine Körper wieder auf, begib dich durch den Frühlingswald zurück ins Hier und Jetzt.

Begegnung mit dem persönlichen geistigen Lehrer und Führer

Gehe auf gleiche Weise vor, wie unter „Begegnung mit dem persönlichen Krafttier" erläutert. In der Unterwelt angekommen, bitte darum, dass sich dein geistiger Lehrer/Führer zu dir gesellt.

DAS WIRKEN MIT DEN HELFERN AUS DER SCHAMANISCHEN WELT

Es kommen die seltsamsten Dinge vor: Manche Krafttiere wollen mit dir kuscheln und bitten darum, dass du sie in den Arm nimmst oder sie küsst. Auch groß und mächtig daherkommende Krafttiere, wie Tiger und Elefanten, sind voller Zärtlichkeit. Manche nennen ihren Namen. Als mein persönliches Krafttier zu mir kam, war ich erfreut und überrascht, das weiße Pferdchen wiederzusehen, das mir bereits mehrere Male im Traum begegnet war, zum ersten Mal, als ich noch ein Kind war. Später hat es mir seinen Namen im Traum geoffenbart hat. Doch als es nun bei mir war, sagte es mit leisem Vorwurf: „Sieh mich doch mal genau an – ich bin kein Pferd, ich bin ein Einhorn". Und tatsächlich – es trug ein fast durchsichtiges Licht-Horn auf der Stirn.

Du wirst dieses persönliche Krafttier fortan immer bei dir haben, wenn du es rufst. Ehre es. Ich habe Bilder von meinen Krafttieren aufgehängt, zünde ihnen ab und zu eine Kerze an, räuchere ab und zu für sie. Auch liegen bunte Edelsteine auf an ihrem Platz in unserem Haus, an dem sie einen sicheren Ort in der Materiewelt haben.

Folgende Tiere darfst du niemals als deine Krafttiere aus der Unterwelt mitnehmen:
Käfer, Asseln, Tausendfüßler, Spinnen, Insekten, Würmer und Maden und andere Krabbel- oder Kriechwesen, die mit der Zersetzung von organischem Material verbunden sind. Sie stehen für Kurzlebigkeit und zerstörerische Kräfte, machen aber durch ihr Erscheinen auf ein akutes anstehendes Problem aufmerksam und ermahnen dich, mit deiner Lebensenergie konstruktiv und achtsam umzugehen und deine innere Haltung zu überprüfen.

Nimm niemals Kriechtiere, Reptilien, Lurche, Schnecken mit Ausnahme der Schlange mit. Tiere, die in unserer Diesseitswelt Beutegreifer und Raubtiere sind, wie Greifvögel, Tiger, Bären usw., kannst du ohne Furcht annehmen, denn in ihrer paradiesischen Welt gibt es kein Töten. Sie ernähren sich dort von Lichtnahrung und naschen manchmal an Früchten und Gräsern, wobei die Pflanzen dabei nicht getötet oder verletzt werden, sondern rasch wieder nachwachsen.

Weitere Krafttiere kommen gerne für spezielle Aufgaben zu dir, es sind meistens die gleichen, doch das kann auch variieren. Sie kommen nicht immer, sondern nur für Aufgaben, die sie begleiten mögen mit ihrer Kraft.

Zweimal riefen mein Ehegefährte und ich Krafttiere zu Hilfe, als uralte Bäume ohne Sinn und Zweck (außer Geldangelegenheiten) gefällt werden sollten. Wir hatten nahe unserem Haus zwischen einer Anliegerstraße und der Bahnlinie drei riesige Fichten stehen, Überbleibsel einer Fichtenhecke, die bei

Eröffnung der Bahn gepflanzt wurde. 160 Jahre waren die Bäume alt und kerngesund, doch einigen unachtsamen Leuten im Wege. Nun, sie schwemmten, groß und kerzengerade gewachsen, Geld in irgendwelche Kassen und die total überzogene bürokratische Hürde der Verkehrssicherungspflicht verursachte Kosten. Also weg mit ihnen. Niemand außer denen, die die Maßnahme angeordnet hatten und denen, die sie umsetzen sollten, wusste davon, doch zu deren Pech kam mein Mann gerade dazu, als der Fälltrupp mit der Motorsäge anrückte. Er stoppte die Maßnahme sofort, rief bei der Gemeinde an. Die Baumfäller rückten erst einmal wieder ein und ein Ortstermin mit gemeindlichen Führungskräften und dem Kreisfachberater für Gartenbau des Landratsamtes und uns beiden Aktiven vom Bund Naturschutz wurde anberaumt. Der gemeindliche Geschäftsführer und seine Mitarbeiter klagten, dass es wegen der Verkehrssicherheit notwendig wäre, die Bäume zu fällen. Der Kreisfachberater meinte, die Bäume hätten wohl keinen sicheren Stand. Doch sie standen da wie eben uralte Solitärbäume, von oben bis unten gesund benadelt, sie standen ja schon 160 Jahre an dem Ort und hatten in der Zeit Wind und Wetter getrotzt. Wir machten auf ihre große Bedeutung für seltene Vogel- und Säugetierarten aufmerksam, auf ihre Wichtigkeit für den Biotopverbund. Wir riefen heimlich Krafttiere zu Hilfe und sie kamen, unbemerkt von den Anderen: vier riesige Braunbären. Sofort änderte sich die Stimmung. Der Geschäftsführer meinte, eigentlich seien die Bäume schon sehr positiv landschaftsprägend. Der Kreisfachberater sagte, mit wenig Aufwand – eine Kette zwischen zwei Stämmen – könnten die Baummethusalems standfest gemacht werden. Es wurde beschlossen, die Angelegenheit noch einmal dem Gemeinderat vorzulegen und der entschied, dass die Bäume stehen bleiben durften. Den Krafttieren sei Dank! Doch die Sache nahm dennoch ein trauriges Ende. Einige Jahre später, mitten im Winter - mein Mann war inzwischen verstorben - hörte ich noch bei Dunkelheit Motorsägenlärm. Als der Morgen angebrochen war und Berufstätige und Schüler zum Bahnhof strebten, stand von den drei prächtigen Bäumen nur noch einer. Ich war empört, stellte die Täter zur Rede. Sie konnten nicht behaupten, die zwei gefällten Fichten wären krank gewesen, die riesige Baumscheibe war ohne die kleinste Fäulnisstelle. Also sagten sie, sie mussten die Fällung durchführen, weil die Fichten vom Borkenkäfer befallen waren. Bis in den Gipfel aber waren die Nadeln grün. Wir haben wohl sehr eigenartige Borkenkäfer hier in Ainring, die sind im Winter aktiv und fressen sich durch die Bast- und Splintschicht, wenn ihre gewöhnlichen Artgenossen noch in tiefster Winterstarre im Boden vergraben sind. Und dem Baum macht es nicht einmal was aus, er lässt weder die Rinde fallen noch ist der Wipfel braun.

Ein ähnliches Erlebnis hatten wir, als eine über 400 Jahre alte Eiche, ebenfalls auf Gemeindegrund stehend, gefällt werden sollte. Einige Herren hatten sich schon abgesprochen, wer welchen Ast bekommen sollte, einer wollte sich davon ein Modellschiff bauen. Wieder wehrten wir uns, wieder wurde ein Ortstermin anberaumt, diesmal mit Bürgermeister und dem Fachgebietsleiter der Unteren Naturschutzbehörde beim LRA. Wieder riefen wir die Krafttiere zu Hilfe, es kamen ein Bär und mein Lieblingstiger. Fazit: der angeblich verkehrsgefährdende Baum, der nicht mehr stabil war, hatte eine Standfestigkeit von 170 %, wurde nun zum Naturdenkmal erklärt, die Kosten der alljährlichen Sicherheitsprüfung trägt nun das Landratsamt und er steht bis heute herrlich und prächtig in der Nähe des Ortseingangs zu Hammerau.

Denke manchmal an deine Krafttiere, auch wenn du sie nicht gerade für eine Aufgabe brauchst. Sie schätzen deine Freundschaft, wenn du ihre Freundschaft schätzt.

Die Schamanische Reise muss nicht unbedingt eine Reise zum Krafttier, Kraftwesen sein, kann aber damit verbunden werden. Wichtig ist auch hier, genau hinzusehen, genau hinzuhören. Manchmal erschließen sich die Bilder einer schamanischen Reise nicht sofort. Die Reise wirkt aber nach, und zwar oft mehrere Wochen. Du beobachtest in dieser Zeit Veränderungen, die mit deiner Reise zu tun haben. Wenn du genau hinsiehst, zuhörst, kann auch im Alltag plötzlich der Schlüssel für das, was du auf der Schamanischen Reise erlebt hast, gefunden werden. Die Vorgaben anderer schamanisch Reisender sind hilfreich, aber es ist wichtig, eigene Erfahrungen zu sammeln und zuzulassen, dass sich etwas verändert. Es ist gut, ganz gezielt und mit einer bestimmten Frage auf die Reise zu gehen, dann sind die Eindrücke und Antworten klarer.

Die Quelle aller Wahrheit und Klarheit ist in dir, es ist dein göttlicher Geist, der du bist, die wunderbare, einmalige Sohn/Tochter Gottes, angebunden an die Allwissenheit und Allweisheit, durch und durch strahlendes Licht und bedingungslose, göttliche Liebe.

SINN EINER SCHAMANISCHEN REISE

Sinn einer schamanischen Reise ist z.B. die Einladung an ein Krafttier und/oder einen spirituellen Lehrer oder Meister, die Heilmeditation für mich oder Andere mit seinem Wissen und seiner Kraft zu begleiten. Sie kann aber auch eine Frage sein zu Problemen, die ich auf meiner Ebene der Mittelwelt nicht lösen kann, eine Frage an die Göttinnen, die Ahnen, die aufgestiegenen Meister und spirituellen Lehrer. Hier ist es leichter zu fragen, leichter zu antworten und leichter zu verstehen, als wenn ich mit meinem Alltagsintellekt daran gehe. Die Wesen, die du auf der Schamanischen Reise rufst und um Hilfe bittest, können nicht nur helfen, Mensch und Tier zu heilen, sie können z.B., wie berichtet, auch einen Baum vor der Fällung schützen, indem sich mächtige Krafttiere davor aufstellen. Wir hatten da schon die seltsamsten Erlebnisse.
Anhand dieser Beispiele möchte ich zeigen, dass die Anrufung der Krafttiere und die Pflege der Freundschaft mit ihnen auch für derartige Angelegenheiten angemessen und hilfreich sind. **Doch vergesst nicht, euren spirituellen Helfern für den Einsatz zu danken, für sie Räucherstäbchen anzuzünden, Salbeiblätter zu räuchern, ein Teelicht abbrennen zu lassen oder ähnliches. Sind Naturgeister oder jemand aus dem kleinen Völkchen im Einsatz, so kann man etwas Tabak oder Süßigkeiten zum Dank in die Natur bringen – sie werden sich an der feinstofflichen Essenz dieser Spenden erfreuen.**

Nicht immer sind die Bilder und Aussagen während einer schamanischen Reise sofort ganz klar. Viele können z.B. die grüne Wiese nicht sehen. Aber jeder (außer Blinde – dazu sag ich gleich noch was) hat schon einmal real eine Wiese gesehen. Wenn Du das Gefühl hast, auf einer Wiese zu sein, dann lass sie langsam entstehen, vielleicht wird es mit jeder Reise besser. Denk dran „ich will aber..." funktioniert nicht. Es ergibt sich mit zunehmender Erfahrung mit dem Reisen von selbst.

Stell Dir vor, jemand ist blind und hat noch nie eine Wiese gesehen, aber er hat schon einmal auf ihr gelegen. Der Geruch, die Töne der Tiere, das leichte Säuseln des Windes im Gras... all diese Vorstellungen können auch helfen, das Bild der Wiese zu bekommen. Vergiss nicht die anderen Sinneseindrücke, die auch dazu führen, dass ein Bild einfach entsteht. Erinnere dich z.B. an einen schönen Tag, draußen, in der Natur, leg dich hin und träume dich in diese Situation wieder hinein, lass einfach den Tag-Traum laufen und genieße. Es ist einfacher, sich erst einmal Bilder vorzustellen, die man schon kennt, als unbedingt Bilder haben zu wollen, die man sich noch nicht mal richtig vorstellen kann. Viele unserer Sinne sind einfach überfrachtet mit Fernsehen, Radio, Smartphone, Internet. Es ist dann schwer, die kleinen einfachen und doch so subtilen Dinge wahrzunehmen, wie der Geruch, die Farbe und die Töne einer Sommerwiese. Blinde haben oft den Vorteil, das besser „sehen" zu können. Was mich höchst erstaunt hat: Ein junger, hoch intelligenter Mann, blind geboren, von Beruf Ingenieur, sagte, dass er in seinen Träumen farbige Bilder sieht. Er weiß daher, wie eine rote Rose aussieht, die er mit Tast- und Geruchssinn erfasst, wenn man ihm sagt, sie sei rot.

Bei schamanischen Reisen bin ich beides, Beobachterin und Handelnde, meistens sehe ich nur zu und bekomme so eine Unterweisung oder sehe einen Meister oder ein Krafttier. Manchmal bin ich aktiv, bin inmitten des Geschehens und kann dort neue Handlungsspielräume ausprobieren.

Kann ich jederzeit zu meinem Krafttier oder Lehrer reisen, um zu erfragen wie ich die Schwierigkeiten in den Griff bekomme? Ja! Auch ein schamanisch Tätiger kann zu deinem Krafttier oder Lehrer reisen, um zu erfragen, wie die Schwierigkeiten aufgelöst werden können und du kannst es mit ein wenig Übung selber. Du bekommst meistens keine klare Antwort in Worten und

Sätzen, sondern eine Bildergeschichte serviert, eine Antwort im Symbolmodus. Krafttiere und spirituelle Meister sind nicht dazu da, dir deine Arbeit abzunehmen. Sie weisen lediglich den Weg, den du aber selber gehen musst, den du selber zu entschlüsseln lernen musst. Was hätte es denn für einen Sinn, wenn z.B. ein Lehrer stellvertretend für seinen Schüler Vokabeln oder Formeln lernt? Genauso ist es mit der Hilfe der wohlwollenden Spirits. Sie sind nicht da, uns unsere Lernprozesse abzunehmen, sie unterstützen uns aber bei der Findung des rechten Weges und sind präsent, wenn wir aus eigener Kraft nicht weiterkommen.

Wenn du einen schamanisch Tätigen für dich um eine schamanische Reise bittest und kein Gefühl dazu in dir entsteht, was der schamanisch Tätige dir berichtet, bleiben es leere Bilder. Oft sind die Bilder auch „gefärbt" von der Vorstellungswelt des Erzählers und nur ein kleiner Bruchteil hat wirklich mit dir zu tun. Du musst selber entscheiden, was ist subjektiv, was ist objektiv. Besser ist es, wenn du selbst auf die Reise gehst und deine eigenen sinnlichen Wahrnehmungen hast. Manchmal sind Krafttiere einfach da, laufen auf dich zu und manchmal musst du dich ihnen langsam annähern. Beobachte die Tiere in der Natur, gehe z.B. zu einer Pferdeweide. Nicht immer kommen die Pferde sofort angetrabt, sondern du brauchst Zeit und Geduld, bis sie Vertrauen zu dir fassen und du vertraut bist mit ihnen, dann kommen sie gerne zu dir. Wenn du dein persönliches Krafttier, das immer mit auf dem Plan ist, schon kennst und es dich kennt, so kommt es in der Regel sofort angetrabt, wenn du in seiner Welt auftauchst.

In der wundervollen Geschichte „Der Kleine Prinz" von Antoine de Saint-Exupéry findet sich ein Dialog zwischen dem Kleinen Prinzen und dem Fuchs, der beim Umgang mit dem Krafttier beherzigt werden will:

„...Wer bist du?" sagte der kleine Prinz. „Du bist sehr hübsch..."
„Ich bin der Fuchs", sagte der Fuchs.
„Komm und spiel mit mir" schlug ihm der kleine Prinz vor. „Ich bin so traurig".

„Ich kann nicht mit dir spielen", sagte der Fuchs. „Ich bin noch nicht gezähmt!"
„Ah, Verzeihung!", sagte der kleine Prinz. Aber nach einiger Überlegung fügte er hinzu:
„Was bedeutet zähmen?" ....
„Zähmen, das ist eine in Vergessenheit geratene Sache" sagte der Fuchs. „Es bedeutet, sich vertraut machen".
„Vertraut machen?"
„Gewiss", sage der Fuchs. „Noch bist du für mich nichts als ein kleiner Junge, der hunderttausend kleinen Jungen völlig gleicht. Ich brauche dich nicht und du brauchst mich ebenso wenig. Ich bin für dich nur ein Fuchs, der hunderttausend Füchsen gleicht. Aber wenn du mich zähmst, werden wir einander brauchen. Du wirst für mich einzig sein in der Welt. Ich werde für dich einzig sein in der Welt..."

Quelle: Antoine de Saint-Exupéry, 1900-1944, „Der kleine Prinz".

Das, was Du suchst, geht oft nicht von heute auf morgen. Es kann gelingen, aber oft braucht es einfach Zeit um - am allerwichtigsten - die Sinne und die Wahrnehmung zu schärfen.

Wahrnehmung ist nichtwertende Wahrnehmung. Du siehst etwas, stellst fest, fühlt es sich für dich angenehm oder unangenehm an? Bei
angenehmen Dingen verweilst du gerne, bei unangenehmen Dingen spielt sich sofort ein ganzes Programm in deinen Gedanken ab. Du vergleichst sofort alle dir bekannten Begleitumstände aus anderem Erleben und baust das Bild zu einer unangenehmen Sache auf. Damit ist das „Aufwachprogramm" aus der meditativen Versenkung eigentlich schon gestartet und das Bild löst sich vorzeitig auf. Meditative Versenkung ist etwas, was viel Vertrauen, vor allen Dingen in dich selbst benötigt. Sich wirklich fallen lassen können in die Erfahrungen, bedingt absolutes Sicherheitsgefühl. Das ist Trainingssache. Ein geringer Unsicherheitsfaktor reißt dich sofort wieder heraus. Diese Art Trance während des schamanischen Reisens ist ein hellwacher Zustand, wo die wichtigen Körperfunktionen, ich nenne es mal der Einfachheit halber „auf Autopilot" geschaltet sind. Alles funktioniert von

selbst, ohne dein Zutun, vor allen Dingen die Atmung. Dann erst kann der Geist reisen und sich sicher fühlen.

Auf der gemeinsamen Suche nach dem persönlichen Krafttier anlässlich eines holistisch-schamanischen Seminars kam einer Teilnehmerin ein Huhn entgegen. Sie war enttäuscht, hatte sie doch ein mächtiges Krafttier – und wenn schon einen Vogel, dann einen Adler – erwartet. Sie lehnte das Tierchen innerlich ab und sofort war das Bild verschwunden, war ihre schamanische Reise beendet. Später stellte sich heraus, dass genau dieses Hühnchen für sie wichtig gewesen wäre. Sie hatte Krebs im Frühstadium und das Huhn hätte die Fähigkeit und auch den Willen gehabt, die feinstoffliche Essenz der wuchernden Zellen herauszupicken aus ihrem Körper. Sie söhnte sich mit ihrem Krafttier Huhn aber doch noch aus, hieß es liebevoll willkommen und es half ihr, die Krankheit zu überwinden.

Ein schwer kranker, noch relativ junger Mann sah auf einer schamanischen Reise zu seinem Krafttier einen Elefanten auf sich zukommen. Sanft streichelte dieser den Mann mit seinem starken Rüssel und hob ihn schließlich auf seinen Rücken. In dieser Position konnte der Mann nun trotz seiner Schwäche bequem durch die Welt bummeln. Getragen von so viel Liebe und Kraft konnte er sich mit seinem Schicksal eines viel zu früh erscheinenden Todes abfinden und friedlich, schmerzbefreit und ganz bewusst seinen irdischen Körper für immer verlassen, neuen Welten, neuen Wegen und neuen Abenteuern entgegen.

Meditative Reise in die Höhle der Kristalle

Folgende Edelsteine werden in den schamanischen Heilweisen eingesetzt: Blau-Topas, Rubin, Diamant.

Topas: Klarheit im Denken, erkennen des richtigen Handelns, Erkennnten des Lebenszweckes

Rubin: Mitgefühl, Erkenntnis meiner Fähigkeiten und Gaben, Anziehen der Menschen, die diese Fähigkeiten und Gaben brauchen.

Diamant: Harmonie. Sind Absicht und Wille in Harmonie mit dem Lebenszweck? Welche Verhaltensmuster darf ich ändern?

- Baue den Heiligen Raum auf, entspanne dich, verbinde dich innig mit Gott in dir und gehe auf die Reise zu deinem „Startplatz“ in die Unterwelt.
- Bitte um Einlass in das Reich des uralten Schamanenwissens, in die Welt der Götter und Göttinnen, der Krafttiere und aufgestiegenen Meister, der Feen und Elfen, der Naturgeister und Kristallwesen.
- Rufe dein Krafttier und deinen spirituellen Meister an und lass dich von ihnen zur Höhle der Kristalle (Steine) bringen. Du wirst überwältigt sein vom Funkeln und Glitzern in dieser prachtvollen Höhle.
- **Gehe nacheinander zu diesen drei Steinen**: Topas, Rubin, Diamant.
- **Verbinde dich mit der göttlichen Seele der jeweiligen Kristalle**. Sie erschienen mir als wunderschöne, engelgleiche Gestalten.
- **Bitte sie, dir ihre Gaben zu schenken**. Sie werden dich damit segnen. Schaue, ob sie ein Geschenk für dich haben, einen Kristall etwa oder einen goldenen Stirnreif mit „ihrem“ Stein.
- **Bedanke dich bei den Kristallwesen, bei deinem spirituellen Meister und den Krafttieren und kehre zurück zum Ausgangspunkt deiner Reise.**

MEDITATION: ZEITREISE ZU FRÜHEREM SCHAMANENWISSEN

Möglicherweise, verehrte Leserin, verehrter Leser, warst du selber in einer früheren Inkarnation ein **Heiler oder eine Hegeduse (Hagazussa), eine atlantische Priesterin, ein Seher....** Die Hegeduse oder Hegse (später Hexe), die Heilerin des Stammes, eine weise Frau, half bei Geburten, war kräuterkundig und half bei Krankheit und seelischen Problemen. Sie begleitete liebevoll und tröstend Sterbende bis zur Schwelle zum Jenseits. Sie war eng verbunden mit den Wesen des göttlichen Reiches des Lichtes und der Liebe, oftmals hellsehend, immer aber hochsensibel und hellfühlend. Erst mit dem durch und durch patriarchalen Katholizismus wurde die Hegeduse = Hexe mit Schwarzmagie in Verbindung gebracht und verfolgt, gefoltert, ermordet. Sie war zuvor eine verehrte, positive Gestalt in unserer alten Kultur.

Ein Schamane war berufen, seinen Stamm zu schützen und zu führen und die Verbindung mit den Ahnen und der spirituellen Welt aufrecht zu erhalten. Es gab aber keine Hierarchie im Stamm, er war nicht mehr und nicht weniger als jeder andere, er wurde nicht bevorzugt. Er wurde vom amtierenden Schamanen erkannt, wenn er geboren wurde und in einer harten Charakterschulung nach und nach eingeweiht in die Geheimnisse der Spiritualität, denn auch das spirituelle Wissen beinhaltet Möglichkeiten des Missbrauchs, deshalb bedurften diese Geheimnisse, bevor der künftige Schamane in sie eingeweiht wurde, einer langjährigen Charakterschulung und Prüfung. Doch das Wissen über unser Woher, Wohin und Warum, das Wissen um die göttliche Präsenz in uns, war allen Stammesmitgliedern zugänglich und wurde schon den Kindern gelehrt.

Ein Seher oder Prophet hatte hellseherische Fähigkeiten und mahnte sein Volk oder den Einzelnen zur Umkehr, wenn auf Grund seines Verhaltens Unheil drohte. Er sah Dinge voraus, die eintreffen würden und konnte so oftmals erreichen, dass sich sein Stamm rechtzeitig in Sicherheit brachte. Der Seher konnte in der Akashachronik lesen und sah die Bilder dessen, was sich auf Grund von Ursache-Wirkung bereits zu manifestieren begann, aber durch Umkehr im Denken und Handeln noch abgewendet werden konnte. Wenn sich die Bilder jedoch manifestiert hatten zum Schicksalsschlag, so konnte er sein Volk nur warnen und ihm helfen, bestmöglich vorzubereiten auf das, was kommen wird.

Frühere Völker hatten das hohe Wissen der Spiritualität, vor allem in Atlantis erlebte es seine Blüte. Warst du dabei? Wahrscheinlich ja, da du dich für dieses Buch interessierst und wahrscheinlich eine sehr alte Seele bist. Du trägst noch immer dein altes Wissen und deine Erfahrungen aus dieser alten Zeit in dir, gespeichert in deiner individuellen Akasha-Chronik, doch es sind vielleicht auch die düstere Erfahrung der Verfolgung, Folter, Hinrichtung dort vorhanden. Letztere Themen sind Themen für eine Traumaheilung und gehören dringend aufgelöst. Doch in dieser Meditation wollen wir uns auf die Suche nach dem alten Schamanenwissen in positiven Ereignissen begeben:

- Baue den Heiligen Raum auf.
- Verbinde dich innigst mit dem göttlichen Geist in dir.
- Rufe Vater-Mutter-Gott mit der Bitte um Unterstützung und Führung.
- Rufe die Spirits, die dich begleiten sollen auf der Zeitreise zu deinem früheren Schamanenwissen, rufe vor allem die Meister der Akashachronik.
- Begib dich meditativ in den Tempel des Inneren Friedens.
- Lass dich von den Meistern der Akashachronik auf den Straßen deiner Leben zurückbringen zu deinem früheren Schamanenwissen.
- belebe es neu, finde es neu in den Tiefen deiner Seele.

Erwarte nicht, dass dieses alte Wissen am Ende der Meditation zu dir zurückgekommen ist. Das Finden wird sich langsam entfalten, du wirst in die Schule genommen, kannst Erinnern auf Erinnern aufbauen und alles wird immer klarer vor dich treten, was du einstmals wusstest. Du wirst niemals überfordert, denn deine geistigen Lehrer und Führer sind die besten, die es gibt.

DER TEMPEL DES WISSENS VON ATLANTIS

Dich, Atlantis, Land der Sage,
kennt mein Herz und sucht mein Sinn!
War ich Zeuge deiner Tage,
der ich heut‘ ein andrer bin?

Hallten meine Schritte wider
Von den Wänden aus Basalt
Weit gewölbter Felsentempel,
halten Weistums Hort und Halt?

War ich kundig jener Künste
Deren Macht so leicht verführt,
hab ich Unheilzeichen deutend
Schon das Nah'n der Flut gespürt?.....

Ephides

Zitat aus Hella Zahrada, EPHIDES Gedichte, Adyar-Verlag 1988 S. 92

Das sehr berührende Gedicht von Ephides über Untergang und Wiedergeburt von Atlantis endet damit, dass er sagt, dass die Tiefe sich heben wird, bis die Flut an ihr zerbricht und das sagenhafte, versunkene Land der Sage auftaucht und zu uns sprechen wird.

Atlantis war nicht der Garten Eden, nicht das Paradies und es befindet sich nicht auf einer hoch schwingenden Ebene im Erdinneren, wie Eden, das weder Patriarchat noch Matriarchat kannte, weder Gewalt noch Krieg noch Krankheit und Zerstörung. Atlantis liegt tief unter dem Meer und wird zeitnah wieder auftauchen, wenn sich durch die Umpolung der Erde Kontinentalplatten verschieben, versunkene Lande an die Oberfläche kommen und heutiges Land versinkt. So etwas kam in der Erdgeschichte des Öfteren vor.

Mit dem Auftauchen des Tempels des Wissens werden uns heilbringende Technologien zurückgegeben, wie die kostenlose Energiegewinnung durch Nutzung der Freien Raumenergie, die Heilung in MED-Betten, die telepathische Nachrichtenübermittlung und die Nutzung von Antigravitationsfeldern.

Vieles von dem, was unsere Wissenschaft und die Archäologie vor große Rätsel stellt und in untauglichen Versuchen nachgebaut, nachgeahmt wird, wird uns dann offenbart, wie die Errichtung von Monumentalbauten wie Stone Hange, die Pyramiden von Gizeh, Machu Picchu usw. Zwar wurden die Pläne für diese Bauten von Männergruppen, von Architekten, entworfen und der Bau von ihnen überwacht, doch ausschlaggebend waren die Fähigkeiten der atlantischen Priesterinnen. Im Team konnten sie Kräfte mobilisieren, die in den Steinbrüchen die atomare Struktur der Steine verändern konnten. Der Stein war dann weich wie Butter und konnte exakt so geschnitten werden, wie er gebraucht wurde. Dann wurde er durch Teleportation transportiert und exakt so platziert, wie es dem Bauplan entsprach. Danach wurde die ursprüngliche atomare Struktur wiederhergestellt. Das war alles. Überall auf der Welt finden wir noch heute monumentale Pyramiden, die als Kraftwerk zur Nutzung der freien Raumenergie dienten.

Der Tempel des Wissens, der auf einer „Heiligen Insel" erbaut war, war in den Fels gearbeitet und hatte sieben Stufen nach unten. Die atlantischen Priesterinnen – es waren immer 12 in einer Gruppe – hatten Zugang zur 5. Ebene des Tempels des Wissens und waren nach langer Charakterschulung und vielen Prüfungen in das Wissen um die Technologie dieser Verfahren eingeweiht worden. Sie gestalteten ganze Landschaften damit, auch Staudämme, um Seen aufzustauen. Gerade letzteres führte beim Untergang von Atlantis zu großen Katastrophen mit tausenden von Toten. Den Priesterinnen wurde die Schuld dafür zugesprochen, doch die Gründe des Untergangs waren andere.

Bevor eine Priesterin in das Wissen der 5. Stufe eingeweiht wurde, nachdem sie alle Prüfungen bestanden hatte und für würdig befunden wurde, musste sie schwören, absolute Verschwiegenheit über jenes Wissen zu wahren, dessen Macht missbraucht werden konnte. Der Grund war nicht, dass man sich über andere erheben wollte, sondern dass man mit diesem Wissen nicht nur erschaffen, sondern auch zerstören konnte. Und genau das geschah: Verbunden mit einer tragischen Liebesgeschichte hielt sich eine Priesterin nicht an diesen Schwur. Sie gab ihr Wissen ihrem Liebsten preis. Doch der gründete eine dunkle Bruderschaft und diese riss alle Macht an sich, missbrauchte das Wissen schändlich zum Bau von tödlichen, zerstörerischen Waffen und führte bald schon Eroberungskriege auf dem gesamten Planeten. Das ursprüngliche Vertrauen der Völker wurde schändlich missbraucht und ging verloren, die eroberten Völker wurden durch die einstmals so verehrten Atlanter unterdrückt und ausgebeutet. Das Patriarchat hat in der Welt Einzug gehalten. Die einst so glückliche, wertschätzende atlantische Gesellschaft zerbrach, das Patriarchat griff immer mehr um sich mit all seiner egoistischen Ausrichtung. Bevor nun die Bruderschaft auch zu den letzten Geheimnissen des Lebens vordringen und diese missbrauchen konnte, beschloss der hohe kosmische Rat den Untergang des Inselreiches, mit samt seinem Tempel des Wissens. In einer fürchterlichen Flutkatastrophe, verbunden mit heftigen Erdbeben, zerbrachen die Kontinentalplatten, die die Inseln trugen und versanken in den Tiefen des Atlantischen Ozeans.

Bei dem Niedergang von Atlantis spielten außerirdische Mächte, die Annunaki genannt, und weitere dunkle Entitäten eine gewichtige Rolle, wie sie auch heute beim Untergang der jetzigen Zivilisation eine große Rolle spielen, doch wird der Wandel diesmal nicht zu einer Absenkung der Schwingungsfrequenz führen, wie dazumal beim Untergang von Atlantis, sondern ganz im Gegenteil zum Aufstieg auf eine höhere Schwingungsebene.

<u>Der Tempel des Wissens</u>

Auf einer der atlantischen Inseln, der Heilige Ort genannt, stand das größte Heiligtum der Atlanter, der Tempel des Wissens. Kunstvoll waren die großen Hallen in den Basaltfelsen hineingearbeitet, mit wunderschön gestalteten Eingangsportalen und Säulenreihen im Außenbereich. Innen in den Hallen waren Smaragdtafeln an den Wänden, auf denen das Wissen der atlantischen Gesellschaft eingraviert war. Der Tempel hatte sieben Ebenen. Die oberste Ebene war allen zugänglich, für die jeweils darunterliegende brauchtest du eine entsprechende Einweihung, der Zugang wurde von freundlichen Wächtern geschützt. In der oberen Ebene war das Wissen über Heilpflanzen und Heilmethoden festgehalten und vor allem das Wissen um unser Woher? Wohin? und Warum? und das Wissen, dass wir göttliche Kinder sind. Es wurden dort die Rituale der Heilung durch Gott in uns durchgeführt. Dort wurden Jugendliche feierlich geweiht und in den Kreis der Erwachsenen aufgenommen, nachdem sie sich das Wissen der 1. Stufe angeeignet hatten und immer mehr fähig wurden, sich selbst in der Verschmelzung mit ihrem göttlichen Geist zu heilen.

Die Rituale zur Veränderung der atomaren Struktur waren in der 5. Ebene festgehalten, dort hatten die Priesterinnen Zugang. Danach ging es auf die 6.

Ebene hinunter, die düstere, bedrohliche Zone des Todes, die jeder Eingeweihte, der zur Blume des Lebens in der 7. Ebene vordringen wollte, durchqueren musste. Auf dieser Ebene sind Geschehnisse wie die Kreuzigung Jesu angesiedelt, doch danach kommt die Ebene des Verjüngens des menschlichen Körpers, die immer wiederkehrende Auferstehung, auf der Blume des Lebens. Die biblischen Erzählungen von Methusalem und anderen Eingeweihten, die viele Jahrhunderte auf der Erde lebten, sind keine Märchen. Weil die Gefahr bestand, dass die Abtrünnigen, die sich das Wissen der 5. Stufe erschlichen hatten, mit Hilfe der Dunkelmächte, denen sie sich verschrieben hatten, die Todeszone möglicher Weise hätten überwinden können, wurde der Untergang von Atlantis von der kosmischen Gerichtsbarkeit beschlossen, noch ehe ein Unwürdiger die 7. Ebene betreten konnte.

Die Einweihung auf der ersten Ebene hat jeder Bewohner von Atlantis genossen, wenn er zwölf Jahre alt war. Das Wissen ist in dir, in deiner persönlichen Akasha-Chronik gespeichert, wenn du auf Atlantis inkarniert warst.

DANKBARKEIT IST SO WICHTIG

Da wird es hell in unserem Leben,
wo man für das Kleinste danken lernt.
Friedrich von Bodelschwingh, 1831-1910

Dankbarkeit war das „Zahlungsmittel“ für Heilungen in Atlantis, Dankbarkeit ist das Zahlungsmittel für jegliche Hilfe in den hoch entwickelten Zivilisationen des Kosmos, die die Schenkkultur leben.

Vor einiger Zeit geschah es, da weigerten sich Krafttiere, die ein schamanisch Tätiger gerufen hatte, zu kommen. Sie beschwerten sich darüber, dass sie immer dann gerufen werden, wenn die Menschen ihrer Hilfe bedürfen, darüber hinaus aber niemand an sie denkt. Sie baten darum, dass die Menschen ihnen einen kleinen Rastplatz für ihre Seelen in ihrer irdischen Ebene einrichten, wo das freundschaftliche Miteinander gepflegt werden kann auch außerhalb einer Situation, die ihre Hilfe erfordert.

Da alle Wesen aus den Lichtwelten, die deine Arbeit begleiteten, sie ja erst ermöglichten, dies aus Liebe und völlig freiwillig tun und dazu ihre paradiesische Heimat verlassen, um ins irdische Hier und Jetzt zu gehen und zu helfen, ist es mir immer sehr wichtig, die Energie ihrer Liebe auszugleichen. Auch ich halte ihnen die Treue, mit der sich mich immer wieder beschenken und schicke ihnen immer mal wieder Grüße, spiele für sie ein Liedchen auf der Indianerflöte, auch wenn ich sie nicht für irgendeine Handlung beanspruche. Ich habe eine Ecke in unserem Haus für sie eingerichtet: ein kleines rundes Tischchen mit Kerzen, Kristallen, Federn, die ich finden durfte, einem Räuchergefäß, in dem ich ab und zu Salbei oder Birkenrinde räuchere, und ähnliche schamanische Kultgegenstände, dazu die Bilder von Jesus Christus, Maria, von Engeln, Heinzelmännchen und meinen Krafttieren an der Wand. Hier sollen die Spirits eine Raststätte in der irdischen menschlichen Welt von Zeit und Raum haben, hier zünde ich ihnen und unserem Geist des Hauses öfter eine Kerze an und räuchere für sie. Selbstverständlich bedanke ich mich nach einer Heilbehandlung oder sonstigen Unterstützung bei den helfenden Spirits auf diese Art und Weise.

Vermeidung erneuter Erkrankung

Die großen Seelen, die sich uns aus der Oberwelt wie aus der Unterwelt liebevoll zur Verfügung stellen, auf dass wir heil werden an Leib und Seele und ungehindert unserem Seelenweg folgen können, stellen gerne ihre Energie und ihre Erkenntnisse zu unserer Verfügung, denn sie lieben bedingungslos. Doch es wird auch uns selber etwas abverlangt: Forsche in einer Meditation oder durch tiefes In-dich-gehen nach den Ursachen der Erkrankung oder des Problems, die du selbst einst gesetzt hast und die dich in den Zustand der Krankheit gebracht haben und ändere dementsprechend dein Verhalten. Ansonsten kannst du förmlich darauf warten, dass das ungelöste Problem, die unerlöste Krankheit oder was auch immer der leidbehaftete Zustand war, zurückkehrt. Nichts geschieht zufällig, alles ist Wirkung einer Ursache, die irgendwann einmal gesetzt wurde, und zwar einzig und allein von dir selbst, auch dann, wenn ein Angriff von anderer Seite kam, der nur zur Wirkung brachte, was du einst verursacht hast.

Das einzig Ausschlaggebende ist dann, wenn wir unseren Lebensweg durch diese Inkarnation beendet haben, ob wir Liebe gegeben, in Liebe gehandelt haben oder lieblos waren, abseits der bedingungslosen Liebe waren, die uns alle geboren hat, uns trägt und am Leben erhält. Es ist die einzige Frage, die wir uns in der Lebensrückschau nach unserem Tod stellen und es wird uns in bewegten Bildern, mit allen Sinneseindrücken und Gefühlen von damals gezeigt, wie wir gehandelt haben, aus welchem Grund wir so gehandelt haben, was unsere wahre Motivation war und vor allem, welche Wirkung unsere Entscheidungen, Gedanken und Handlungen auf andere Menschen und die Umwelt hatten. Es ist auch ganz klar ersichtlich, was die Auswirkung für uns selber war und ist. Ursache und Wirkung werden zusammengebracht.

Es gibt keine bösen Menschen, es gibt nur reife und unreife Mental-Seelen, die hier im polaren Raum-Zeit-Gefüge von Inkarnation zu Inkarnation unterwegs sind, um ihr inneres, göttliches Potential zu entfalten und unterscheiden zu lernen, was Gut und Böse ist, um zu lernen, wie sich Gut und Böse anfühlt. Jeder Mensch, jedes Wesen, das Leben in sich trägt, lebt aus seinem göttlichen Kern, ist selber Gott in sich, der einen Teil seines Bewusstseins in das polare Raum-Zeit-Gefüge geschickt hat, um aus eigener, unmittelbarer Erfahrung zu lernen. Jedes Leben hier in dieser Raum-Zeit-Welt ist zwar hinsichtlich seines gegebenen einmaligen göttlichen Potentials noch unentwickelt, hat dieses noch nicht voll entfaltet. Doch es trägt in sich das Leben aus der Urquelle allen Seins, es trägt in sich einen Teil dieser unfassbaren Gottheit, es ist dieser Teil des Allerhöchsten und ist damit bedingungslose Liebe.

Prüfe deshalb deine Beziehungen zu den Mitmenschen, zu den Mitgeschöpfen, zu Mutter Erde und all ihren Kindern und Erscheinungsformen. Heile diese Beziehungen, wo sie nicht in Ordnung sind. Bitte die Gottheit in dir darum, sie möge dir Friedenswege zeigen und gehe diese Wege. Es gibt keinen besseren Schutz vor erneuter Erkrankung. Und sei dir immer dessen bewusst: Was immer auf deiner Erdenreise auf dich zukommt, es ist gut, wie es ist. Denn du bist unverzichtbar für die Urquelle allen Seins, weil du ein winziger, individueller, einmaliger Teil von ihr bist. Du bist Gestalt gewordene Liebe dieser unfassbaren Vater-Mutter-Gottheit und dein Nächster, das kleine Tierchen neben dir, die Blume, der Baum, der Stein, der Stern, die Mutter Erde sind es auch. Und diese höchste Macht der Liebe, aus der du geboren bist, ist interessiert an dir, liebt dich bedingungslos und ist mächtig und weise genug, all deine Fehlentscheidungen und die daraus folgenden Wirkungen so zu lenken, dass sie dir letztendlich zum Segen werden. Im Zentrum deines Seins, in Gott in dir, ist alle Aufmerksamkeit der Urquelle allen Seins, Vater-Mutter-Gott, auf dich gerichtet. Dorthin wende dich, wenn du des Rates bedarfst, wende dich dorthin in Dankbarkeit für all das Schöne, Gute, Belehrende, Erkennende in deinem Leben. Öffne die Augen für all diese oft kleinen Dinge. Wisse, dass du nie allein und einsam bist, dass immer liebevolle Wesen um dich sind. Wisse, dass du die göttliche

Sohn/Tochter bist, Gott aus Gott, Licht vom Licht, dass du dich nur mit dem Geist in dir wiedervereinen musst, um das Himmelreich in dir erneut zu erschaffen. Dann lege alle deine Sorgen und Grenzzäune nieder, denn der Allerhöchste selbst wird durch dich wirken und dir alles geben, was du brauchst, was dir dienlich ist. Das ist die Voraussetzung für ein Glück, das unabhängig ist von den äußeren Umständen. Es liegt in der Dankbarkeit, es liegt in der innigen, liebevollen Beziehung zum Allerhöchsten wie zum Göttlichen in dir, zu dir selbst also und zu all dem wunderbaren Leben um dich herum.

BEFREIUNG DES GEBUNDENEN SCHAMANEN DURCH DIE AHNEN

Diese Begebenheit möchte ich nur deshalb erzählen, weil sie mich im Rahmen meiner schamanischen Ausbildung zu tiefst beeindruckt und mir bestätigt hat, dass uns die liebevollen Ahnen stets nahe sind und Dinge bewirken können, die wir nicht im Traum für möglich gehalten hätten. Sie hat mir geholfen, zu erkennen, wie es sich anfühlt, wenn man von einem in einem feinstofflichen Körper befindlichen Wesen berührt wird.

Die holistisch-schamanische Ausbildung, die ich durch das KIWA-Institut Salzburg erfahren durfte, fand in vier Wochenend-Blöcken statt, jeweils von Freitag bis Sonntag. Fügung des Schicksals: Block drei, „Sterben, Tod und Leben danach", fand unmittelbar nach dem Zeitpunkt statt, zu dem wir, meine Familie und ich, meinen Ehemann Michael zu Grabe tragen mussten. Ich stand mitten in der Herausforderung der Trauerbewältigung. Doch der letzte Seminarblock, der die Verbindung mit den Ahnen zum Thema hatte, folgte erst ein Vierteljahr später, im Winter. Wie immer wurden wir am vorausgegangenen und folgenden Tag bis zum Abend intensiv auf den Höhepunkt, einem ganz außergewöhnlichen Erleben, vorbereitet, diesmal war es „die Befreiung des gebundenen Schamanen durch die Ahnen". Ich konnte mir erst einmal wenig darunter vorstellen. Der Auftrag am Vortag war, die 24 Stunden vor dem Ritual auf folgende Dinge zu verzichten: Alkohol,

Nikotin, Kaffee, Fleisch. Nun war es nach einem sehr anstrengenden, arbeitsintensiven Tag Abend geworden, es war draußen – es war ja Winter – bereits dunkel. Trotzdem wurden selbst die kleinsten Ritzen, durch die Licht hätte eindringen können, mit dunkler Folie abgedeckt, so die Fenster, und die Ritze und Spalten wurden zusätzlich mit Alustreifen zugeklebt. Wenn man das Licht ausmachte, war es stockdunkel im Raum. Die Seminarleiterin erklärte uns, was geschehen würde. Jeweils vier Teilnehmer knieten, umgeben von den übrigen Seminarteilnehmern, in einer Reihe. Nun wurden sie mit Bergseilen stramm gefesselt: Hände zusammengebunden auf dem Rücken, Füße stramm zusammengebunden, dann ein Leintuch über den Kopf geworfen, ein Strick noch um die Taille. Die Ahnen würden uns befreien, war die Aussage der Schamanin.

Dann begann die Seminarleiterin zu trommeln, das Licht wurde abgeschaltet, es war total stockdunkel im Raum. Nun tauchten aus allen Ecken und Enden quer durch den Raum kurze Lichtblitze auf, das Zeichen, dass die Ahnen anwesend waren und ihre Energie unserer Schwingung so weit anpassten, dass sie handeln konnten. Als dann die Trommel verstummte, das Licht wieder angemacht wurde, präsentierten sich die zuvor gefesselten, gebundenen Seminarteilnehmer ohne Fesseln, die neben ihnen verschlungen am Boden lagen, die meisten mit abgenommenem Leintuch, das bei einigen sogar sorgfältig gefaltet neben ihnen lag (diese hatten wohl Hilfe durch Ahninnen ☺).

Dann war ich an der Reihe, ich durfte wegen meines Oma-Alters auf einem Stuhl sitzen, neben mir knieten die jüngeren Seminarteilnehmer. Nun wurden wir stramm gefesselt, das Leintuch wurde uns übergestülpt und mit einem Strick um die Taille befestigt. Ich versuchte, Hände und Füße aus den Fesseln zu befreien. Chancenlos, die Stricke saßen zu stramm, wie Handschellen. Das Licht ging aus, man hörte das Trommeln der Seminarleiterin. Ich spürte plötzlich, dass sich jemand an Handgelenken und Füßen zu schaffen machte, spürte leise Berührungen, wie ein Windhauch.

Das Beenden des Trommelns war das Signal zur Beendigung der Ahnenarbeit. Meine Lieben waren nicht die Schnellsten, ich hatte das Leintuch noch über dem Kopf. Der Strick um die Taille war aber abgefallen und alle Fesseln an Händen und Füßen waren so locker, dass ich sie mit Schütteln der Hände und Füße zu Boden fielen. Auch die Teilnehmer links und rechts von mir waren vom Leintuch und den Fesseln befreit. Manipulation kann absolut ausgeschlossen werden. Ich wusste nun, dass ich Berührungen durch Lichtwesen schon öfter gespürt habe – sie sind wie ein zarter Windhauch, leicht kühl, aber deutlich spürbar, wenn man seine Aufmerksamkeit darauf richtet.

MEDITATIVE REISE ZU DEN SITUATIONEN, DIE TRAUMATA UND VERSTRICKUNGEN VERURSACHTEN

Mögest du an jedem Tag spüren,
dass auch die dunklen Stunden
einen göttlichen Schimmer besitzen.
Altirischer Segenswunsch

Um Traumata zu heilen und Verstrickungen zu lösen, muss man sie erst einmal auffinden.

In Band I der Serie „Alle Heilkraft liegt in dir“ mit dem Untertitel „zurück zu unserem alten Wissen“ finden sich mehrere Beispiele von Meditationen zur Traumaheilung und auch die Heilweise des Schamanischen Seelenfluges, deshalb will ich diese Anwendungsbeispiele nicht noch einmal in diesem Band wiederholen, es würde das Buch allzu umfangreich und damit teuer machen. Deshalb beschränke ich mich in dieser Meditation auf die Auffindung der Traumata, die Krankheit und schmerzhafte Situationen erschaffen haben.

- Begib dich an einen Ort, an dem du ungestört bist.
- Verbinde dich innig mit deinem göttlichen Geist, Gott in dir
- Rufe Vater-Mutter-Gott an mit der Bitte um Unterstützung.

- Baue des Heiligen Raum auf, (wie beschrieben auf Seite 30)
- Rufe die Spirits an, (z.B. wie auf Seite 51) die dich begleiten sollen, vor allem die Meister der Akashachronik.
- Baue dir einen Rückzugsraum auf für den Fall, dass die Energien zu stark werden und du die Meditation abbrechen willst (z.B. wie auf Seite 52).
- Dann begib dich meditativ in den Tempel des Inneren Friedens (siehe Meditation Seite 56) und tritt hinaus auf die Straße deines Lebens, in Begleitung der Spirits, die du gerufen hast.
- Bitte darum, die Verbindung zu Situationen aus früheren Leben zu finden.
- Bitte die Meister der Akashachronik, dich an jenen Ort und in jene Situationen zu führen, die das Trauma und somit die Krankheit bzw. die schwierige Situation, in der du steckst, verursacht haben.
- Du gehst in Begleitung der dich beschützenden und unterstützenden Spirits an diesen Ort und in diese Situation.
- Sieh sie dir genau an.
- Sieh dir an, wer an der Situation beteiligt war und lade all jene, von denen du das weist und auch jene, von denen du nicht wusstest, dass sie beteiligt waren ein, zusammen mit dir die unheilvolle Situation jetzt aufzulösen.
- Die Betroffenen kommen an den Ort des Geschehens.
- Stell dir eine auf dem Boden in hellem Silberlicht fließende, liegende Acht vor, stelle dich in die eine Schleife der liegenden Acht und bitte den bzw. die Beteiligten, sich in die andere Schleife zu stellen.
- Noch einmal gestatte es den Gefühlen von damals, in dir hochzusteigen, damit sie geheilt werden können. Fühle sie wie damals: Alle Wut, das Gefühl der Hilflosigkeit, die Angst, den Hass, den körperlichen und seelischen Schmerz, das Entsetzen, die Traurigkeit, die Fassungslosigkeit von damals, all das darf jetzt da sein und gefühlt werden. Es kann dir nichts mehr anhaben, es ist vorbei, ist Vergangenheit. Lass dir Zeit, lass die Gefühle noch einmal hochkommen.
- Du siehst, wie dunkle, schwere Tropfen aus dir wie schwarzes Blut in das in Form einer Acht fließende Licht fallen und darin zu kreisen beginnen,

um dich herum und um die Betroffenen in der anderen Schleife der Acht herum.

- Du siehst, wie diese Tropfen im gleißenden Silberlicht, das unaufhörlich von oben einfließt, immer heller und heller werden.
- Bitte nun die anderen Beteiligten, auch ihre Gefühle von damals in das Silberlicht einfließen zu lassen. Wie dunkle Blutstropfen fallen die negativen Gefühle von damals in das Silberlicht, wie Erschrockenheit, Angst, Zorn, Ablehnung, Verlassenheit, Hilflosigkeit, das Gefühl, nichts tun zu können oder das Falsche zu tun, das Gefühl der Verletztheit, des gedemütigt Seins, der Wut, je nachdem, um welche Situation es sich handelt. Alles fällt in das Silberlicht und kreist unaufhörlich, immer heller werdend, in den Bahnen der liegenden Acht.
- Bitte nun Vater-Mutter-Gott um Klärung der Situation und Heilung der Gefühle.
- Wenn es sich um eine seelische Verletzung handelt, die dir zugefügt worden ist, absichtlich oder unabsichtlich, oder wenn du Täter in einer solchen Situation warst, so sprich folgende Worte des Friedens und der Vergebung:

Meine lieben Geschwister auf dem Weg durch Zeit und Raum, ich will heute in Frieden mit euch kommen, ich will meine Mitte wiederfinden und in die Liebe zurückkehren. Deshalb erinnere ich mich und bitte euch, euch zu erinnern, dass wir alle wunderbare Wesen sind auf dem Weg zur Vollkommenheit, einmalig und unverzichtbar im ganzen Kosmos und innigst und bedingungslos geliebt von der Urquelle allen Seins, Vater-Mutter-Gott, aus der wir alle geboren sind.

Wir sind auf dieser Reise durch die Polarität, weil wir Gut und Böse aus eigener, unmittelbarer Erfahrung kennenlernen und unterscheiden lernen wollen. Wir alle probieren deshalb beide Seiten aus, die gute, liebevolle und die negative, lieblose, und wir spüren, wie sich das eine oder andere anfühlt. Doch nichts Bleibendes können wir dabei schaffen,

niemals können wir unseren göttlichen Kern dabei beschädigen auf der Weltbühne der Polarität, sondern nur Erfahrungen und Erkenntnis dabei sammeln.

- **Ich habe euch verletzt in der Situation, die wir hier gemeinsam ansehen und ich bitte euch von ganzem Herzen um Vergebung...**
- **Ich gestehe mein liebloses Handeln ein und kehre zurück zur Wertschätzung.**
- **Ich bin bereit zur Wiedergutmachung, zum Ausgleich in Liebe und will künftig Friedenswege zusammen mit euch gehen.**
- **Ich will diese Erfahrung nun wandeln zum kostbaren Seelenschatz der Erkenntnis von Ursache und Wirkung, von Gut und Böse, so dass sich eine solche Situation nie wieder ereignen muss.**

oder:

- **Ihr habt mich verletzt in der Situation....**
- **Ich vergebe euch von ganzem Herzen und will zurückkehren zu Frieden, gegenseitiger Wertschätzung und einem liebevollen Miteinan-**

Wenn es sich um eine körperliche Verletzung, einen Unfall, eine OP u.ä. handelt, so bedanke dich bei deinen Helfern und bitte darum, all den Schmerz von damals gereinigt und geheilt zurück zu bekommen. **Auf jeden Fall vergib dir selbst, die Situation auf dem Seelenweg irgendwann einmal geschaffen zu haben.**

Wenn es sich um ein Geschehen aus einem früheren Leben handelt, so bitte darum, die damalige Sprache verstehen zu können und danach in deine jetzige Sprache zurückzukehren.

- **Bitte nun Vater-Mutter-Gott, alle negativen Gefühle aus dieser Situation zu reinigen, zu transformieren und sie als Energie der Heilung an dich und die Beteiligten zurückfließen zu lassen.**

- **Bitte Christus Jesus, euch bei der Heiligen Wandlung dieser Energien und Gefühle in den kostbaren Seelenschatz der Erkenntnis von Gut und Böse, von Ursache und Wirkung zu helfen.**
- Sieh nun, wie zuerst silberhelles Licht wie eine Lichtdusche auf euch herniederregnet und in die Lichtschleifen der liegenden Acht einfällt. Sieh, wie sich die dunklen Energietropfen immer mehr aufhellen, bis sie ganz und gar mit dem Silberlicht verschmolzen und nicht mehr von ihm zu unterscheiden sind.
- Bitte nun um das violette Licht der Transformation. Es fließt wie sanfter Nebel auf euch nieder und hüllt euch ein, es durchlichtet alle Zellen, alle energetischen Ebenen, reinigt, heilt und erlöst sie von dunklen Erinnerungen.
- Wenn genügend Licht geflossen ist, so bitte alle Energieanteile, die nun gereinigt und in Heilenergie umgewandelt sind, zu dir bzw. zu ihren Besitzern zurückzukehren.
- Bitte nun alle verlorenen Seelenanteile aus der Situation zu dir bzw. zu jenen, die sie verloren haben, zurückzukehren und sich in das Energiegefüge wieder einzuordnen. Nimm sie in Liebe und Wertschätzung auf. Hierzu empfehle ich die auf den folgenden Seiten beschriebene Meditation zur Rückgabe übernommener und Rückholung verlorener Seelenanteile (siehe Seite 163).
- Heile den Ort des Geschehens (siehe Seite 265)
- Bitte Erzengel Michael, alle Verstrickungen aus dieser Situation und alle Schmerzstrahlen, die zwischen dir und den Beteiligten und dem Ort des Geschehens entstanden sind, mit seinem Lichtschwert zu lösen.
- Bedanke dich bei allen Beteiligten und wenn es dir möglich ist, schließe sie in die Arme.
- Verabschiede dich mit den Worten: **Friede sei mit euch, mein Dank sei mit euch und bringe Glück und Segen in euer Leben.**
- Dann kehre zurück ins Hier und Jetzt.

Burnout – ich bin am Ende meiner Kraft

Sag nie: „Ich muss!" – du schmiedest eine Kette!
Nicht Sklave, frei geboren ist der Geist.
Es ist sein Rat, der deinen Weg dir weist.
Erwarte nicht, dass dich ein Mensch errette.

Ephides, Dichter des Transzendenten *Anm. 10)

Viele, vor allem sehr pflichtbewusste Menschen sind der totalen Überforderung, mit der sie Tag für Tag konfrontiert sind, kräftemäßig nicht mehr gewachsen. Sie fühlen sich ausgebrannt, unverstanden, ausgebeutet und verfallen in eine tiefe Depression.

Fachmännische Hilfe ist hier unbedingt angesagt. Schamanisch/spirituell kann man die Heilbehandlung aber unterstützen, mit Erfolg, wenn der Betroffene das wirklich will, denn das ist immer Voraussetzung für einen Heilerfolg, dass der freie Wille des Erkrankten in keiner Weise tangiert wird und dass er Vertrauen und Willen genug hat, an seiner Heilbehandlung aktiv mitzuwirken.

Wichtig ist, zu wissen, dass jetzt für alle Menschen, für alles Leben auf Erden die Zeit der Entscheidung ist, dass die dunklen Mächte noch einmal alle ihr zur Verfügung stehenden Mittel aufwenden, um die Menschen zu schädigen und zu schwächen, weil sie wissen, dass ihr Zeit nur noch kurz ist. Die unmenschlichen Zustände in Gesellschaft, Arbeitswelt und Umwelt haben bald ein Ende, sie sind schon dabei, sich selbst zu ruinieren. Und diese kurze Zeit bis zur Wende gilt es, durchzuhalten, denn es wird uns geholfen werden durch ein Eingreifen Gottes, das den dunklen Mächten und ihrem Wirken dort, wo wir zu machtlos sind, für lange, lange Zeit ein Ende bereitet, aber wir Menschen müssen unseren eigenen Beitrag dazu leisten, geschenkt wird uns diese Befreiung nicht so einfach.

Wenn der Betroffene es schafft, sich als göttliches geistiges Wesen, geboren aus Vater-Mutter-Gott, zu erkennen und sich zu lieben, wie er ist, hat er auf der ganzen Linie gewonnen. Die innige Umarmung der göttlichen Präsenz in ihm, die er ist, die Bitte um Eins sein und Verschmelzung mit dem eigenen göttlichen Geist, wird ihn auf den Weg der völligen Heilung bringen. Auch hier gilt: Übung macht den Meister. Es ist erst einmal die Gewährung eines Vertrauensvorschusses nötig, doch wenn du dich mit deinem göttlichen Geist, der du bist, wirklich verbinden willst, wirst du niemals enttäuscht werden, selbst wenn es nicht jeden Tag und zu jeder Zeit mit gleicher Intensität gelingt, dich mit ihm zu verbinden. Bleibe auf diesem Weg, auch bei vermeintlichem, anfänglichem Misserfolg, du wirst es immer besser schaffen, dich mit Gott in dir zu verbinden und dann kannst du all deine Sorgen ***niederlegen***, so wie Jesus es versprochen hat:

Bibel, NT, Matthäus 6, 25-33:

...[25]Darum sage ich euch: Sorget nicht für euer Leben, was ihr essen und trinken werdet, auch nicht für euren Leib, was ihr anziehen werdet. Ist nicht das Leben mehr denn Speise? und der Leib mehr denn die Kleidung? [26]Sehet die Vögel unter dem Himmel an: sie säen nicht, sie ernten nicht, sie sammeln nicht in die Scheunen; und euer himmlischer Vater nährt sie doch. Seid ihr denn nicht viel mehr denn sie? [27]Wer ist aber unter euch, der seiner Länge eine Elle zusetzen möge, ob er gleich darum sorget? [28]Und warum sorget ihr für die Kleidung? Schaut die Lilien auf dem Felde, wie sie wachsen: sie arbeiten nicht, auch spinnen sie nicht. [29]Ich sage euch, dass auch Salomo in aller seiner Herrlichkeit nicht bekleidet gewesen ist wie derselben eine. [30]So denn Gott das Gras auf dem Felde also kleidet, das doch heute steht und morgen in den Ofen geworfen wird: sollte er das nicht viel mehr euch tun, o ihr Kleingläubigen? [31]Darum sollt ihr nicht sorgen und sagen: Was werden wir essen, was werden wir trinken, womit werden wir uns kleiden? [32]Nach solchem allem trachten die Heiden. Denn euer himmlischer Vater weiß, dass ihr des alles bedürfet. [33]Trachtet am ersten nach dem Reich Gottes und nach seiner Gerechtigkeit, so wird euch solches alles zufallen...

Und was ist es, das Reich Gottes und seine Gerechtigkeit? Hat Jesus sich nicht geradezu den Mund fransig geredet, das immer wieder zu erklären? Das Reich Gottes ist in uns, es ist der Heilige, der Göttliche Geist in uns, und mit ihm verbunden sind wir angebunden an die Liebe, Fürsorge, absolute Gerechtigkeit und Allweisheit von Vater-Mutter-Gott, der Urquelle allen Seins. Das nun, sich mit dem göttlichen Geist, der du bist, in dir zu verbinden, ist ein ideales Testfeld, um die Aussage Jesu auf ihren Wahrheitsgehalt zu überprüfen. Versuche es doch bitte, was kann dir schon geschehen?

Auch Ephides zuzuhören, kann hier hilfreich sein. In der Fortsetzung des dieses Kapitel einleitenden Gedichtes „Sag nie: „Ich muss!..." sagt er folgendes:

...Du selbst hast Macht, dein Wesen zu verwandeln,
und deine Wandlung wandelt dein Geschick.
Dem Zwang entwachsend, schmiedest du dein Glück.
Das Königswort „Ich will" bestimmt dein Handeln.

Sag nie: „Ich muss" – das ist ein Wort für Knechte.
Der Weise will und nimmt die Pflichten an.
Es dienst sich selbst, der andern dienen kann.
Sein Wollen wahrt ihm seine Königsrechte!

Ephides, Dichter des Transzendenten [Anm. 10)]

Bei der Ursachenerforschung zum Burnout-Syndrom ist man natürlich leicht geneigt, das ganze Dilemma in der beruflichen und privaten Überforderung zu sehen. Doch warum lassen wir uns diese das menschliche Maß und die Würde total mit Füßen tretenden Verhaltensweisen unserer Mitmenschen, die sich als die großen Globalplayer fühlen, gefallen? Was ist die Angst dahinter, wo hat sie ihren Grund? **Du, Mensch, der du aus Gott geboren bist, sei endlich König im Reich deiner Seele!**

Um zu ergründen, warum du dich so überfordern lässt, wo deine Ängste verborgen sind, und um sie aufzulösen und zu heilen, ist die Meditation

„Heile das Kind in dir" sehr hilfreich, sie sollte an erster Stelle der Heilbehandlung stehen.

Tests der Chakra-Energien und Heilmeditationen zur Wiederherstellung des ungehinderten Energieflusses durch die Chakren stehen am Anfang. Du kannst diese Meditationen nach den schon vorgestellten Mustern aufbauen, wie z.B. Seite 42 Heilung aus dem Göttlichen in uns. Die Bitte lautet dann, alle Chakren wieder in Schwingung zu bringen und sie energetisch zu verbinden, damit die Lebensenergien ungehindert durch die energetischen Systeme fließen können.

- Sprich mit dem Betroffenen, versuche, ihn auf den Sinn und Grund seines Hierseins auf dieser Erde aufmerksam zu machen: nämlich auf Erkenntnis aus eigener, unmittelbarer Erfahrung zu gewinnen.
- Hilf ihm, sich selbst wertzuschätzen und zu lieben, wie er ist.
- Hilf ihm, sich selbst zu vergeben.
- Führe mit ihm Meditationen zur Ablösung von Fremdbesetzung, Ahnenverstrickungen und fremder Prägung usw. durch.
- Hilf ihm, verlorene Seelenanteile zurückzuholen in der Meditation zur Traumaheilung und der Meditation zu Seelenrückholung aus früheren Leben.

Häufig ist mir bei Burnout-Kranken eine massive Ahnenverstrickung begegnet. Als meist noch kleines Kind hat der Betroffene gespürt, dass es Vater oder Mutter schlecht geht. In dem Kind wird dann die Angst wach, dass Vater oder Mutter sterben könnten und es dann auch sterben muss. Es will aber leben und übernimmt unbewusst einen Teil vom Schmerz und vom Leid der Eltern. Diese übernommenen Seelenanteile gilt es, zurückzugeben und im Gegenzug die eigenen Seelenanteile, die der Betroffene abgegeben oder auf Grund von traumatisierenden Erlebnissen verloren hat, zurückzuholen. Die Heilung des Burn-out-Syndroms erfordert viel Geduld, wird aber den Betroffenen immens reifen lassen und ihm großartige Seelenschätze eröffnen.

Meditation zur Heilung traumatischer Erlebnisse und Auflösung ungeklärter Situationen nach Anna Pogacnik

Grundlage für diese Meditation sind die Erkenntnisse von Ana Pogacnik. veröffentlicht in *„Die Erde liebt uns“ * Anm. 17)*

Begib dich an einen angenehmen Ort und sorge dafür, dass du eine halbe Stunde ungestört bist, mach es dir bequem.

Wiederhole diese Meditation **einmal pro Woche ca. 8 Wochen lang**.

- Verbinde dich innig mit Gott in dir, stelle die Meditation unter den Willen und Schutz von Vater-Mutter-Gott, die Urquelle allen Seins, die dich unendlich liebt.
- Rufe die Spirits an, denen du vertraust, und bitte sie, die Meditation zu begleiten und zu unterstützen.
- Nimm ein paar tiefe Atemzüge und spüre, wie der Atem durch dich fließt, immer tiefer, durch deinen Körper, durch deine Füße, bis tief in die Erde hinein.
- Öffne dich der Kraft der Mutter Erde und nimm sie auf, wie die Wurzeln eines Baumes ihre Kraft und ihr Lebenselixier aus der Erde ziehen.
- Öffne dich für die Kraft des Kosmos, spüre, wie das kosmische Licht über das Kronen-Chakra in dich fließt, in dir atmet. Du bist beides, irdisch und kosmisch.
- Bitte die Meister der Akashachronik, die entscheidenden Situationen aus diesem oder aus früheren Leben ins Hier und Jetzt zu bringen, in der Reihenfolge, die sinnvoll für die Heilung ist und in der Intensität, wie du sie verkraften kannst.
- Hole dir die Bilder oder Gefühle aus der damaligen Lebenssituation für einen Augenblick wieder her.
- Atme tief durch das Herz und spüre, wie das Licht aus dem Herzen mit jedem Atemzug stärker und strahlender wird.

- Lade nun die Menschen aus der damaligen Lebenssituation ein und bitte sie, sich im Kreis um dich zu stellen.
- Stell dir vor, dass aus deinem Herzen ein Lichtstrahl fließt, der alle Menschen, die um dich herum stehen, von Herz zu Herz wie auf einer Perlenkette aufreiht.
- Rufe auch alle Menschen, von denen du nicht weißt, dass sie am Geschehen beteiligt waren, in den Lichtkreis und binde sie ein in den Lichtstrahl deines Herzens.
- Rufe in diesen Lichtfaden-Kreis auch alle übrigen sichtbaren und unsichtbaren Wesenheiten aus der damaligen Situation.
- Denke an Räume, Lokalitäten, Landschaften, die mit der ungeklärten Situation/dem traumatisierenden Ereignis zu tun haben. Der Lichtstrom fließt jetzt neben den Menschen auch durch sie, durchleuchtet und durchflutet sie.
- Erinnere dich an Pflanzen und Tiere, die der Situation beiwohnten, an alle Gegenstände aus dieser Situation, wie zum Beispiel ein Schmuckstück, ein Ring, schwarzmagische Utensilien, Möbel, ein Krug auf dem Tisch usw. und stelle alles, was dir dazu einfällt, in den Lichtkreis.
- Wenn du keine Erinnerung oder kein Gefühl aus der damaligen Zeit hast, so bitte trotzdem darum, all das Genannte und all die Genannten mögen jetzt in deinen Lichtkreis treten.
- Für einen Augenblick spürst du, wie der Lichtstrom durch den ganzen Lichtkreis fließt und alle und alles miteinander verbindet. Spüre es im physischen Körper.
- Nun stell dir vor, wie alle Gefühle, Stimmungen aus der damaligen Situation in den Lichtstrom fließen. Bitte alle Menschen um dich herum, das gleiche zu tun und gebt alle Kraft hinein.
- Wende dich an die reinste und höchste göttliche Energie, die Herzensliebe, und bitte darum, dass alles durchlichtet wird, alles Dunkle aufgelöst und alles neu verteilt wird und danach wieder zu dir bzw. von dir zurück zur Quelle dieser Gefühle fließen kann.
- Vertraue der göttlichen Gerechtigkeit, die alles wieder neu ordnet und in Harmonie bringt. Bleibe offen, spüre hin und lass es geschehen bis alles wieder seine Stelle gefunden hat.

- Wenn du das Gefühl hast, dass genug Licht geflossen ist, ziehst du den Lichtfaden, der alle und alles verbunden hat, wieder zurück in dein Herz.
- Schau alle noch einmal an und danke jedem von ihnen für alles, was du mit ihnen erlebt hast und danke für alle Geschenke dieser Erfahrung.
- Bitte alle, sich jetzt aus dem inneren Bild herauszuziehen.
- Danke der göttlichen Präsenz und den Spirits für die Unterstützung.
- Spüre, wie du mit deinem Atem mit der Erde und dem Kosmos verbunden und im eigenen Herzen fokussiert bist.
- Stell dir vor, du stehst von einer Schultafel. Auf diese Tafel gibst du alle Bilder, die du in dieser Meditation gesehen hast. Dann nimm einen nassen Schwamm und lösche alle Bilder aus.
-

Nach ein paar tiefen Atemzügen komme zurück ins Hier und Jetzt.
Ana Pogacnik betont, wie wichtig es ist, die Bilder aus der Meditation zu löschen, damit die Meditation ihre Wirkung entfalten und die ungeklärte Situation geheilt werden kann.

Ablösen von Gelübden, Eiden, Versprechungen und Schwüren

Diese Dinge sind ein sehr häufiges Problem, wenn es um schwarzmagische Einflüsse geht. Schwarzmagie hat immer mit der Missachtung des absolut freien Willens dessen zu tun, der als Opfer ausersehen ist. Selbst die Taufe eines Kindes oder eine kirchliche Trauung kann Versprechen oder gar Gelübde beinhalten, die nicht erfüllbar und erzwungen sind, damit die Zeremonie überhaupt stattfinden kann.

Geht man in der Zeit zurück in frühere Leben, zu dem Zeitpunkt, als das Problem entstand, landet man nicht selten bei den mittelalterlichen Kreuzzügen. Es wurden damals zuhauf geheime Bruderschaften gegründet, so wie es sie auch heute noch gibt, es wurden in dem Aufnahmeritual Eide geschworen, Gelübde gemacht, Versprechungen abgegeben, denn das war und ist Bedingung für die Mitgliedschaft in der Bruderschaft voller Geheimnisse und verborgener Rituale. Meistens mussten die Neumitglieder absoluten Gehorsam und absolute Verschwiegenheit schwören, so wie es heute teilweise, wenn auch abgeschwächt, bei Aufnahme in einen Orden oder in die Priesterschaft, ja sogar Mitgliedschaft in der katholischen Kirche ist. Der Katholik verspricht, den Lehren der Kirche treu zu sein, wiederholt das Taufgelübde, das stellvertretend der Pate für das Baby abgab, z.B. bei der Firmung als Jugendlicher. All diese Schwüre aber waren und sind vor Gott nie bindend, da schwarzmagisch. Doch die Eide und Versprechungen folgen dem Betroffenen von Inkarnation zu Inkarnation, weil sie nie aufgelöst wurden.

Von der Kirche abverlangte Versprechen bei der Taufe, der Eheschließung, Konfirmation, Firmung usw. sind im Grunde genommen schwarzmagisch. Erschwerend kommt hinzu, dass diese Versprechen im Rahmen einer feierlichen Zeremonie stattfinden. Nicht umsonst sagte Jesus seinen Anhängern, dass sie nicht schwören sollten. Warum wandelt man die Taufe nicht um in einen Segnungs- und Willkommensgottesdienst für das Kind? Warum sind Firmung und Konfirmation nicht einfach Segnungsgottesdienste an der Schwelle zum Erwachsenwerden? Warum ist die Eheschließung nicht einfach ein feierlicher Segnungsgottesdienst für den zukünftigen Weg des Paares?

Bei einer Scheidung oder einem Austritt aus der Kirche muss der Eid gelöst werden, der einen verpflichtet hat, das Gelöbnis aufrechtzuerhalten bis zum Tod, bis der Tod die Eheleute scheidet oder die Kirchenmitgliedschaft beendet. Ebenso schwarzmagisch sind die Versprechen, die bei Klostereintritt (ewige Profess) oder Priesterweihe abgegeben werden, weil sie die Willensfreiheit der künftigen Schwester / des künftigen Bruders / des künftigen Priesters missachten. Natürlich ist es gut, wenn man treu und bedingungslos zu Vater-Mutter-Gott steht, doch eine Liebesbeziehung, wie sie zwischen Gott und seinem Kind besteht, bedarf keiner Eide, Versprechen oder Schwüre, sie kommt aus tiefstem Herzen, beruht auf tiefstem Vertrauen. Eide, in einem Ritual gemachte Versprechungen, Schwüre, Gelübde können auch bei einer Besetzung mit im Spiel sein und das ist nicht einmal selten der Fall. Es kann auch sein, dass ein Reiki-Kanal in nicht reiner Absicht geöffnet wurde (hohe Kosten = Signal!!!schwarzmagisch!!!), was sehr einladend für besitzergreifende Wesen ist, sich in die offene Aura einzunisten. Ein Bild, das sich mir in einer Meditation zeigte, bei der es um die Ursachenfindung einer schweren psychischen Erkrankung mit Angstpsychosen ging, werde ich nicht so schnell vergessen:

Ich ging aus dem hellen Licht der Sonne hinein in eine dunkle Höhle. Von ferne hörte ich leises Jammern, leise Hilferufe. Ich ging immer tiefer in die Höhle hinein, immer den nun stärker werdenden Rufen nach. Es wurde immer düsterer. Schwacher Schimmer beleuchtete den schmalen Weg. Es war kalt. Doch dann öffnete sich der Raum zu einem weiten, vom Felsen umschlossenen Rondell. An den Wänden waren einige brennende Kienspäne, die die Höhle in diffuses Licht tauchten. In der Mitte des Raumes war eine Säule und auf der Säule saß zusammengekauert ein Mann, der einen eisernen Gürtel um die Taille trug, an dem viele Ketten befestigt waren. Diese Ketten führten zu den Leuten, die im Kreis um die Säule standen. Es schien mir, dass die Leute, die jammerten und um Hilfe baten, an den Mann auf der Säule geschmiedet waren. Doch dem war nicht so, wie ich nach und nach erkennen konnte. Sie hielten die Ketten bloß in der Hand, hätten sie bloß loslassen und aus der Höhle gehen müssen, ins Licht. Dann wäre als Letzter auch der zusammengekauerte Mann auf der Säule frei geworden, der offensichtlich einstmals ihr Anführer war, dem sie absoluten Gehorsam und Verschwiegenheit geschworen hatten.

Das Bild zeigte mir: Schwüre, Versprechungen, Gelübde, die in einer Zwangslage ausgesprochen wurden (weil es die Aufnahme in eine Bruderschaft oder eine Kirche erst ermöglichte) sind nicht bindend. Sie müssen aber aufgelöst werden (Symbol: die Männer müssen die Ketten loslassen). Dann können die Betroffenen in die Freiheit gehen. Bist du mit einem solchen Fall befasst, so erkläre dem Betroffenen die Situation und gib ihm das nachfolgende Ablösegebet mit, damit er es immer wieder betet. Bitte ihn, zusätzlich das Karmagebet (Seite 205) immer wieder zu beten, mit tiefem Ernst. Auf diese Weise kann er frei werden für sein weiteres Leben. Denke an die Auflösung dieser Dinge auch bei Burn-out-Erkrankten.

Ablösegebet

Mit der Kraft meines hier und jetzt und allezeit gegenwärtigen göttlichen Geistes, der ich bin, mit Unterstützung durch mein Höheres Selbst, die göttliche Präsenz in mir, und der Allmacht der bedingungslosen göttlichen Liebe in mir löse ich mich im Hier und Jetzt und in allen Zeiten und Dimensionen von

- **allen Gelübden, Eiden, Versprechen und Schwüren, die ich jemals abgegeben habe und**
- **von allen Abmachungen und Bindungen, welche ich in diesem Leben und in allen vorangegangenen Inkarnationen ausgesprochen habe. und eingegangen bin.**
- **Ich bitte alle Seelengeschwister, die ich hierdurch verletzt habe, um Vergebung. Ich bin bereit zur Wiedergutmachung in Liebe.**
- **Ich vergebe auch mir selbst alles, was mich bis jetzt davon abhielt, meinen Weg frei und im Einklang mit dem göttlichen Geist in mir und der uns alle verbindenden Urquelle allen Seins, Vater-Mutter-Gott, zu gehen.**
- **Ich vergebe allen, die mich durch Versprechen, Eide, Gelübde und Abmachungen, Manipulationen gebunden und gefangen gehalten haben, jetzt und in allen Zeiten.**
- **Ich vergebe mir selbst alles, was aus diesen Verbindungen an Leid mir und anderen widerfahren ist – jetzt und in allen Zeiten, überall dort, wo ich war, wo ich bin und jemals sein werde.**

Ich bin frei – so ist es. Ich bin ein ewiges, göttliches Bewusstsein im Hier und Jetzt. Ich schicke alle daraus entstandenen Leiden jetzt und für alle Zeiten ins göttliche Licht des Universums, auf das es geheilt und aufgelöst werde. Ich bin frei! Ich bin Heil! Ich bin ganz! Jetzt und dauerhaft in aller Zukunft.

Bitte den Betroffenen, sowohl das Karmagebet als auch das Aufhebungsgebet immer wieder zu sprechen. Teste bei der nächsten Heilmeditation nach, ob der schwarzmagische Einfluss aufgehoben ist. Wenn nein, wiederhole das vorstehende Gebet. Es ist vielleicht etwas viel Geduld notwendig, aber auch bei schwarzmagischen Einflüssen ist eine Befreiung von Besetzung möglich.

Besteht der Verdacht, dass der Hilfesuchende von einer fremden Wesenheit oder fremden Energie besetzt ist, so bitte ihn, folgendes Ablösegebet zusätzlich zu sprechen:

Kraft des heiligen göttlichen Geistes in mir, der ich bin, der diesen Körper am Leben erhält und in ihm wohnt, kraft meiner Anbindung an die allerhöchste Macht, die Urquelle allen Seins, die mich bedingungslos liebt, kraft meiner mir von Gott verliehenen Willensfreiheit, befehle ich allen fremden Energien und allen fremden Wesenheiten, die sich in meinem Sein eingenistet haben, meinen Körper, meine energetischen Systeme, meine feinstofflichen Körper und mein ganzes Sein sofort und für immer zu verlassen.

Ich erkläre alle Formeln, Versprechen und Schwüre, die ich jemals geleistet habe, für null und nichtig.

Ich bitte um Vergebung für alles, was ich euch, die ihr mich besetzt haltet und mir anhaftet, jemals an Unliebe angetan habe und bin bereit zur Wiedergutmachung in Liebe. Ich löse die dadurch entstandene karmisch bedingte Bindung durch gegenseitige Vergebung für alle Zeiten auf.

Ich vergebe allen, die mich zu Dingen gezwungen haben und vergebe mir selbst, diesen unfrei machenden Anordnungen gefolgt zu sein.
Friede sei mit mir und Friede sei mit euch allen, die ihr mich nun freigeben werdet und müsst. Ich danke für die Erfahrung.

Tiefer Friede sei in mir, tiefer Friede sei in euch für alle Zeit.

Auflösung vom Eheversprechen nach einer Scheidung

Weißt du, wer am Ende gewinnt?
Der, der jeden Morgen aufsteht, um dem Leben trotz aller seiner Probleme zu trotzen.
Der, der mit Tränen im Herzen immer ein Lächeln gibt.
Der, der nach wie vor an Träume glaubt und an Liebe, die von Herzen kommt, auch wenn sein Herz gebrochen wurde.

Um nach einer Ehescheidung wieder frei und unbelastet den weiteren Lebensweg gehen zu können, sollte das Eheversprechen, das in der Kirche und auf dem Standesamt geschlossen worden ist, in einem feierlichen Ritual aufgelöst werden. Natürlich entbindet uns dieses Ritual nicht von unserer Verantwortung, weiterhin für das Wohl unserer gemeinsamen Kinder zu sorgen und dem ehemaligen Partner respektvoll und gerecht zu begegnen und einander von Herzen zu verzeihen.

Manche Menschen, die einige Zeit den Lebensweg gemeinsam mit uns gehen, waren von vornherein Lebensabschnittbegleiter, auch wenn wir das nicht ahnten. Wir wählen unsere Partner nicht so frei, wie wir meinen, wichtige Stationen in unserem Leben, wie z.B. eine Paarbeziehung oder Elternschaft sind im gegenseitigen Einvernehmen vor unserer Inkarnation abgesprochen, selbst Partnerschaften, die nur eine gewisse Zeit dauern werden. Wenn die Liebe gestorben ist, wenn man sich nur noch schadet und streitet und nicht gegenseitig gut tut, ist meistens eine Trennung oder Scheidung der gute Weg.

Der Tod der Liebe ist meist schmerzlich, wie der Tod eines geliebten Menschen, und oft quälen einen lange Schuldgefühle, die es zu bearbeiten und aufzulösen gilt. Es war eine Erfahrung, aus der man eine Erkenntnis gewonnen hat, auch wenn sie schmerzlich war und nicht so, wie man es sich gewünscht hätte zu Anfang der Beziehung.

Das Eheversprechen, beieinander zu bleiben bis dass der Tod uns scheidet, wo doch niemand weiß, ob er das einhalten kann, ist schwarzmagisch und daher nichtig und soll aufgelöst werden, wenn man nicht mehr in der Lage ist, die Beziehung zu beider Wohl aufrecht zu erhalten.

Wenn du versprochen hast, deinen Partner zu lieben und ihm die Treue zu halten, bis dass der Tod euch scheidet, wie es als das sog. „Ehegelübde" verlangt wird bei einer kirchlichen Trauung, und die Ehe ist gescheitert, so löse das Versprechen auf, um deinen einstigen Partner und dich selber von Bindungen, die euch beiden nicht gut tun und weiter auf unsichtbarer Ebene wirken, zu befreien.

Das Ritual

- Bereite den Raum, der für das Ritual genutzt ist, so schön vor, wie es bei einer Eheschließung der Fall wäre.
- Baue den Heiligen Raum auf, verbinde dich mit Gott in dir, rufe Vater-Mutter-Gott um Hilfe an, des weiteren Jesus Christus und die Heiligen Frauen und Mütter Maria von Nazareth und Maria von Magdala sowie Erzengel Michael.
  Wenn du keinen Bezug hast zu Jesus von Nazareth oder den heiligen Frauen, so rufe die Energien an, die diese Personen verkörpern
  - Heilung von Leib und Seele und
  - Heilige Wandlung alles Erlebten zum kostbaren Seelenschatz der Erkenntnis,
  - die besonderen weiblichen/mütterlichen Kräfte der Göttin Mutter, die während aller Epochen des Patriachats unterdrückt wurden und in besonderer Weise die Würde der Frauen verkörpern.

  Du kannst auch Wesen anrufen, die du mit diesen Kräften identifizierst, denn es handelt sich nicht nur um diese Energien, sondern diese Energien sind verbunden mit Bewusstsein und Willen – für mich also Wesenheiten.
- Verbinde dich mit der göttlichen Präsenz in dir, deinem Geist, der du bist, der Liebe pur ist und völlige Freiheit und Eigenverantwortlichkeit.

Dann sprich folgenden Auflösungssatz:

Liebe(r) ...., ich erkläre hiermit das unfrei machende Versprechen, das ich dir bei Eheschließung gegeben habe und das du mir gegeben hast, dass ich mit dir und du mit mir zusammen unseren Lebensweg gehen werden, dass wir einander lieben werden und uns die Treue halten werden, bis dass der Tod uns scheidet, für null und nichtig und entlasse gleichzeitig dich aus diesem Versprechen.

Ich bin bereit, weiterhin Verantwortung für die Mitglieder unserer einstigen Familie zu übernehmen, bis sie selber dazu fähig sind, Verantwortung für sich zu übernehmen.
Ich bin bereit, in Zukunft fair und gerecht mit dir und der Auswirkung unserer gemeinsamen Entscheidungen umzugehen und übernehme meinen Teil der Verantwortung dafür.
Ich entlasse dich in Frieden und Respekt.
Ich danke dir für die Erfahrung. Friede sei mit dir.

Bitte nun Erzengel Michael, mit seinem Lichtschwert alle unguten Verbindungen zwischen dir und deinem einstigen Ehepartner zu durchtrennen.

Auflösung von Versprechen nach Kirchenaustritt und bei einer „ewigen Profess" nach Klosteraustritt

> *„Ihr habt weiter gehört, dass zu den Alten gesagt ist: »Du sollst keinen falschen Eid schwören und sollst dem Herrn deine Eide halten. « Ich aber sage euch, dass ihr überhaupt nicht schwören sollt, ...Eure Rede aber sei: Ja, ja; nein, nein. Was darüber ist, das ist vom Bösen."* *Jesus von Nazareth,* ***Matthäus 5,33-37).***

Nach Austritt von einer Kirche / einer Glaubensgemeinschaft und nach Klosteraustritt oder Niederlegung des Priesteramtes sollte das Versprechen, das einstmals Bedingung für den Eintritt in diese Organisationen war, in einem feierlichen Ritual aufgehoben werden.

- Schmücke den Raum, in dem das Ritual stattfindet und baue den Heiligen Raum auf.
- Verbinde dich innig mit deinem göttlichen Geist
- Rufe die Urquelle allen Seins, Vater-Mutter-Gott, an und bitte um Unterstützung.
- Rufe Erzengel Michael an und bitte um Unterstützung

Dann sprich folgende Auflösungsformel:

Ich habe erkannt, dass die Mitgliedschaft in............................ (nenne die Kirche, die Glaubensgemeinschaft, den Orden) nicht meinem heiligen Seelenweg, den ich in Freiheit gehen will, entspricht. Ich hebe deshalb die Mitgliedschaft in .... auf allen Ebenen auf.

Kraft der göttlichen Präsenz in mir und meiner mir von Gott verliehenen Willensfreiheit erkläre ich alle Formeln, Versprechen und Schwüre, die ich als Bedingung der Aufnahme in.................... ablegen musste und die ich im Laufe der Zeit der Mitgliedschaft dort abgelegt habe, für null und nichtig.
Ich vergebe allen, die mich zu solchen Dingen gezwungen haben und vergebe mir selbst, diesen unfrei machenden Anordnungen gefolgt zu sein.
Friede sei mit mir und Friede sei mit euch allen, die ihr mir diese Versprechen abgenommen habt. Ich danke für die Erfahrung.
Ich bitte dich, Erzengel Michael, alle unfrei machenden Verbindungen zu..........mit deinem Lichtschwert zu durchtrennen.
Danke. Amen.

Du kannst selbstverständlich auch in diesen Fällen das Ritual der liegenden Acht anwenden. Wichtig sind der Ablösesatz und der wirkliche Wille des

Betroffenen, sich von der Organisation, die ihm diese Versprechen abgenötigt hat, zu lösen.

Selbstverständlich kannst du weiterhin Kirchen aufsuchen oder an Gottesdiensten teilnehmen. Kirchen sind oft auf Kraftplätzen gebaut und das Vertrauen in Gott, das die Besucher seit Jahrhunderten dort bekundet haben, geheiligt. Auch ist es niemals verkehrt, Gott in einem feierlichen Gottesdienst zu loben, doch du musst schon Meister im Verdrängen sein, willst du den Gebeten und den Predigten dort, die meistens sehr „kirchengefärbt" sind, folgen und willst sie mitsprechen, vor allem dann, wenn es um das sog. „Glaubensbekenntnis" geht. Sei deshalb vorsichtig und sprich nicht erneut Formeln aus, die dich wieder an die alten Versprechen binden. Selbst an der Wandlung, der Kommunion oder dem Abendmahl kannst du weiterhin teilnehmen, denn Jesus selbst hat auf die Wandlung allerdings in einem ganz anderen Sinn als dem, den die Kirchen lehren, hingewiesen und wollte, dass sich seine Anhänger zu gemeinsamen Mahlzeiten treffen, im Gedenken an ihn. Er lädt ein, nicht der Priester, die Glaubenskongregation oder der Papst.

Heilung des Traumas nach sexuellem Missbrauch

Sexueller Missbrauch, vor allem an Kindern, ist in unserer Gesellschaft weit mehr verbreitet, als die meisten „Normalbürger" ahnen. Ich kam mit diesem Thema, das mich oftmals fassungslos machte und zu Tränen rührt, bereits während meiner Berufstätigkeit in der Polizeischule und später als Büroleiterin in der Anwaltskanzlei meines Mannes in Berührung, aber viel häufiger noch bei meiner Heilarbeit, wenn es um versteckte Ursache schwerer körperlicher und psychischer Erkrankungen geht.

Das Geschehen ist oftmals wegen des seelischen Schmerzes, des Wegbrechens allen Vertrauens in das Leben und wegen des Traumas, das das Opfer erlitt, so verdrängt, dass es schwer aufzuspüren ist. Oftmals fühlt sich das Opfer dermaßen beschmutzt und beschämt, dass es nicht über den Missbrauch reden kann, nicht einmal daran zu denken wagt und so ausweicht auf diffuse körperliche Erkrankungen, deren Ursache nicht festzustellen ist und auf Selbstverstümmelung (Borderline-Syndrom), Angstpsychosen, Essstörungen, sich-zu-Tode-hungern-wollen und ähnliche Symptome.

Häufig sind die Täter im engsten Familien- oder Freundeskreis zu finden, missbrauchen Väter oder der Onkel oder der beste Freund der Familie Kinder sexuell. Das Gefühl des Ekels, des Ausgeliefertseins, des Wegbrechens jeglicher Geborgenheit, der Hilflosigkeit und der Scham, weil das Kind Angst hat, man würde ihm nicht glauben und selbst das kleine Kind schon spürt, dass das, was mit ihm geschieht, seine Würde zu tiefst verletzt, hat Auswirkungen auf das gesamte spätere Leben, auf alle zwischenmenschlichen Beziehungen und das nicht nur im sexuellen Bereich.

Erschwerend kommt noch hinzu, dass meistens Mütter oder andere Familienangehörige von dem Missbrauch wissen oder ihn ahnen und aus Angst, diese Schande könnte an die Öffentlichkeit kommen, das Kind kläglich im Stich lassen, ihm sogar schwere Schuldgefühle auflasten, ihm vielleicht sagen, dass es schuld wäre, wenn die ganze Familie zerbricht, nur damit Schweigen gewahrt bleibt und das schändliche Tun nicht nach außen getragen wird. Das kann so unerträglich für das Opfer des Missbrauchs werden, dass es den einzigen Ausweg aus dieser Qual im Suizid sieht.

Suizid kann nur gelingen, wenn die Seele des Betroffenen entscheidet, dass die Situation so verfahren ist, dass es besser ist, noch einmal von vorne zu beginnen. Doch das löste das Problem trotzdem nicht auf, denn das Trauma bleibt und der Suizidant muss feststellen, dass mit dem freiwillig gewählten Tod weder sein Leben noch sein Schmerz aufhört zu sein.

Schlüssel zur Heilung der seelischen Wunden ist auch hier Vergebung gegenüber sich selbst, gegenüber den Tätern und den Mitwissern und das ist natürlich nicht einfach und bedarf intensiver Heilarbeit, egal ob du selber Opfer eines sexuellen Missbrauchs geworden bist oder als Heiler mit einem solchen konfrontiert wirst.

Wichtig für dich als Heiler ist es, kein Urteil zu fällen, weder über den Täter noch über das Opfer oder die Mitwisser, denn was wissen wir schon über die Hintergründe, über die Situation, die dieses Schicksal erschaffen hat? Wir Menschen sind Schöpferwesen, keine Richterwesen, wir haben nicht die Fähigkeit, über einen Mitmenschen zu urteilen. Übergib daher das Geschehen an Vater-Mutter-Gott, dem du zutrauen kannst, dass er das Richtige unternehmen wird, um Opfer und Täter auf den Weg der Heilung zu bringen, denn göttliches Richten ist immer ein Aufrichten, ein neu Ausrichten.

Friedenswege zu vermitteln und zu weisen kann nur, wer selber im Frieden, in seiner Mitte, bleibt. Höre einfach zu, wenn dir das Opfer erzählt oder wenn du auf spirituelle Weise auf das Geschehen stößt, höre zu mit dem mitfühlenden Herzen und in dem Wunsch, Frieden und somit Heilung herzustellen.

Folgende Vorgehensweise schlage ich vor:

Beginne mit der Testung der Energie der Chakren (z.B. mit Hilfe der Bovismetrie-Tabelle). Meistens sind die drei unteren Chakren, Wurzelchakra, Sakralchakra und Solarplexuschakra völlig blockiert, haben keine Verbindung zueinander und sind ziemlich energielos.

- Bitte die Betroffene, den Betroffenen, sich an die göttliche Präsenz in sich selber zu wenden mit der Bitte um Heilung.
- Bitte die Engel der Chakras, die blockierten Chakren wieder zu beleben und den Energieaustausch zwischen ihnen zum Fließen zu bringen.
- Bitte den Betroffenen, sich nun vorzustellen, dass aus seinen Füßen Lichtstrahlen wie Wurzeln tief in Mutter Erde wachsen, bis zum goldenen Herzen von Mutter Erde.
- Bitte darum, dass die heilende Energie von Mutter Erde in die Chakren fließt.
- Bitte den Betroffenen, sich vorzustellen, nun von einer Lichtdusche aus dem Kosmos aus silbern glitzerndem, hell erstrahlendem Licht übergossen zu werden.

- Bitte um das kosmische Licht der Heilung auf allen Ebenen.
- Lege, falls der Betroffene es wünscht, die entsprechenden Heilsteine auf die Chakren mit zu wenig oder blockierter Energie auf

Scheitelchakra	Bergkristall
Stirnchakra	Amethyst
Kehlkopfchakra	Aquamarin
Herzchakra	Rosenquarz
Solarplexuschakra	gelben Calcit
Sakralchakra	orangen Calcit
Basischakra	rote Koralle

Du kannst die Arbeit der medizinisch geschulten Therapeuten sehr unterstützten damit.

Führe verschiedene Heilmeditationen durch, spüre in deinem Herzen, welche hilfreich ist und teste nach einiger Zeit nach, ob sich der Zustand des Betroffenen verändert hat. Meistens kommt sowieso „zufällig" eine Botschaft zu dir, die dir Auskunft darüber gibt, wie es dem Missbrauchsopfer geht.

Folgende Meditationen können zum Erfolg führen:

- Vergebungsritual (siehe Seite 103)
- Meditation „Reise zum Tempel des inneren Friedens (Seite 56)" und nachfolgend Befreiung von Fremdenergien und Rückholung verlorener Seelenanteile (Seite 163)
- Trennung der Verbindung zwischen Täter und Opfer durch die liegende Acht (Seite 214ff.)
- Meditation Zur Heilung traumatischer Erlebnisse und Auflösung ungeklärter Situationen nach Ana Pogacnik (Seite 250)
- Traumaheilung, wie in Band I beschrieben
- Heilung und Befreiung des Inneren Kindes (Seite 68). Bei Anwendung dieser Meditation ist äußerste Vorsicht angesagt, denn das Geschehen kann schmerzlich in der Erinnerung auftauchen. Gehe als

Meditationsleiter mit äußerster Vorsicht vor, und ganz wichtig, lass den Betroffenen einen Rückzugsraum aufbauen. Wenn du merkst, dass ihm das Auftauchen von Erinnerungen zu viel wird, führe ihn behutsam in den Rückzugsraum und dann aus der Meditation.

Du kannst sowohl als Opfer als auch als Heiler alle diese Meditationen abwandeln nach der jeweiligen Situation und den jeweiligen Bedürfnissen. Lass dir Zeit, führe eine Meditation nach der anderen durch, mit mindestens 3 Wochen Abstand. Doch maßgeblich ist ausschließlich der Wunsch des Opfers des Missbrauchs, sein individuelles Maß an Zeit, seine Auswahl aus den vielen Möglichkeiten.

Versuche, dem Opfer seine Schuldgefühle zu nehmen, es ist nicht schuld, es hat nichts Unrechtes getan, Unrecht tat allein der Täter und er weiß es. Nimm dem Opfer die Angst, dass es bei Annahme irgendeiner Therapie über das Geschehene sprechen muss oder den Täter etwa strafrechtlich verfolgen lassen müsse. Das wird sich von selber im Laufe der Zeit ergeben, aber erst, wenn das Opfer so viel Kraft zurückgewonnen hat, dass es dazu fähig ist. Es erübrigt sich, zu sagen, dass der Respekt vor dem Opfer gebietet, es in keiner Weise zu bedrängen oder zur Strafverfolgung des Täters zu animieren. Über das Geschehen zu sprechen, wird das Opfer sehr erleichtern, doch es bestimmt den Zeitpunkt, ob und wann das geschehen soll.

Heilung des Ortes eines traumatischen Geschehens und Auflösung der Verbindung zu den dort gespeicherten Trauma-Energien

Wie schon in Band I dieser Buchreihe ausführlich beschrieben, ist es bei der Heilung von Traumata und Angstpsychosen immens wichtig, auch den Ort des Geschehens, an dem die Energie des Traumas gespeichert ist, zu heilen, die dort verloren gegangenen Seelenanteile zurückzuholen und dann den

Schmerzstrahl der Trauma-Energien zwischen Trauma-Ort und Trauma-Opfer aufzulösen.

Jeder Mensch hinterlässt an allen Orten, an die er sich begibt, wo immer er sich hinbewegt und anwesend ist, nicht nur winzigste Partikel seines Körpers, sondern auch seine energetische Spur. Jedes Geschehen, ob nun beglückend oder schmerzhaft, hinterlässt seine Energie an dem Ort, an dem es sich vollzieht, und erschafft dort eine entsprechende Atmosphäre. Wenn nun ein empfindsamer Mensch oder ein noch tief in seinem Fühlen lebendes Kleinkind oder Tier den Ort eines traumatischen Ereignisses passiert oder sich dort aufhält, wird diese Energie stark wahrgenommen, so dass sich der Empfindsame, obwohl der Ort vielleicht hübsch aussieht, nicht wirklich wohl dort fühlt. Einem Hund wird es nicht möglich sein, auch wenn er sich seinem Menschen noch so gerne unterordnen und ihn erfreuen möchte, für längere Zeit auf diesem Platz zu liegen und Katzen werden sich wahrscheinlich erst gar nicht dort niederlassen.

Jeder Ort ist demnach von den Energiespuren aller Ereignisse, die seit prähistorischer Zeit dort geschehen sind, durchwirkt wie ein bunter Strahlenteppich und jederzeit können Meister der Akasha-Chronik dort das einstige Geschehen wieder abrufen und sichtbar, erlebbar werden lassen. Doch nicht nur das – ist es irgendwo zu Verletzungen gekommen, so zieht sich auch die Schmerzspur von diesem Ort hin zum Verletzten, verbindet und verstrickt sich mit ihm und bereitet ihm Angst, negative Gefühle und Schmerzen, wenn eigentlich die Wunden längst geheilt wären. Dies gilt im übertragenen Sinn auch für seelische Wunden.

Wie bereits erwähnt, spalten sich zudem bei traumatischen Ereignissen, die einen Schock auslösen, durch immense Angstenergien Seelenanteile des Betroffenen ab und bleiben am Ort des Geschehens gebunden. Sie fehlen fortan im Energiegefüge des Menschen, dem sie zugehören. Stirbt gar ein Mensch einen plötzlichen Unfalltod, so kann es sein, dass sich nicht nur seine Energiespur und die Energie des Geschehens an diesem Ort befinden, sondern sich die vom Tod völlig überrumpelte Ego-Seele, die noch gar nicht begriffen hat, was ihr geschah, dort aufhält. Sie wird aber in der Lichtheimat gebraucht, wo sie sich allmählich mit ihrer göttlichen Seele verschmilzt und so auflöst.

Die am Ort des Geschehens gespeicherte Trauma-Energie kann so heftig sein, dass es just am selben Platz oder in der näheren Umgebung erneut oder gar gehäuft zu Unfällen, zu Brandkatastrophen oder ähnlichen heftigen Schadensfällen kommt.

Doch so weit muss es nicht kommen. Es besteht immer und jederzeit die Möglichkeit, einen Ort zu reinigen und zu heilen, die verweilenden Mental-Seelen zu befreien und ins Licht zu schicken, der Trauma-Energie die Energie der Heilung entgegenzusetzen, das Geschehene in den kostbaren Seelenschatz der Erkenntnis aus eigener, unmittelbarer Erfahrung umzuwandeln und so all das Negative, das dort gebunden war, in eine positive, friedvolle, angenehme Energie umzuwandeln, völlig egal, wann, bei welchem Ereignis und unter Mitwirkung welcher Leute die Negativenergie entstanden ist.

Wenn ein Mensch an **Angstpsychosen** leidet, so ist es häufig so, dass ihm erst geholfen werden kann, wenn er zur Ursache seiner Ängste zurückkehrt und sie am Ort des Geschehens, den er in Gedanken oder in der Meditation besucht, auflöst. Doch das ist alles andere als einfach. Stammt das ursächliche Trauma nämlich aus einem früheren Leben, was häufig der Fall ist, kam es damals zu einem plötzlichen oder gewaltsamen Tod oder gar einer Hinrichtung, so sind bei einer erneuten Inkarnation die Ängste und Gefühle aus der damaligen Situation wieder da, meistens aber nicht mehr die Bilder dazu. Der Angstpatient weiß nicht mehr, warum er solch entsetzliche Angst aussteht, sie ist ja nicht in seinem derzeitigen Leben begründet. Wichtig für den Betroffenen ist es deshalb, von der Möglichkeit der Reinkarnation zu wissen.

Hat jemand, der an Angstpsychosen leidet, den Willen, diese für immer und mit allen Konsequenzen im Geiste der Vergebung und des Friedens aufzulösen, so kann es sein, dass in der Meditation oder im Traum Bilder des auslösenden Ereignisses aufsteigen und sich so auch der Ort des Geschehens zeigt (deshalb unbedingt vor Beginn am Anfang der Meditation einen Rückzugsraum schaffen, damit man „aussteigen" kann, wenn es zu heftig wird). Aber das Geschehene zu sehen in Bildern ist zur Heilung des Ortes nicht unbedingt notwendig. Es genügt, die Gefühle aus der Situation wieder für einen kurzen Zeitraum zuzulassen, gut beschützt von den angerufenen Engelwesen, und dann bewusst den Ort des Geschehens, wo immer er auch gelegen haben mag, zu reinigen und zu heilen. Lass dich in diesem Falle einfach leiten, lass all die reinigenden, heilenden Energien auch in die Vergangenheit fließen und bitte Vater-Mutter-Gott darum, den Ort zu reinigen, zu heilen und zu segnen.

Ich habe auch schon erlebt, dass es den Betroffenen immer wieder an den Ort des Geschehens zieht, obwohl er sich nicht erinnert daran, was dort geschehen ist. Mit zunehmender Heilung werden die Besuche dann seltener, bis sie ganz aufhörten.

Im konkreten Fall handelte es sich um einen jungen Mann mit KZ-Erfahrung und Erleiden einer Hinrichtung dort. Immer wieder suchte er das KZ auf, bis er sich eines Tages an dem Ort des Geschehens an einem Balken hängen sah, den Strick um den Hals, tot. Die Erinnerung ist aufgestiegen, das Entsetzen noch einmal gefühlt und das Trauma des einstigen Geschehens löste sich auf. Er besuchte danach das KZ nie wieder.

Ein großes Grundstück in der Nähe einer Wallfahrtskirche mit Friedhof, auf dem sich ein Obstgarten, aber auch drei Wohnhäuser befanden, die einer wunderbaren Familie gehörten, strahlte an manchen Stellen eine geradezu gruselige Energie aus. Zwei Ereignisse könnten dafür verantwortlich sein: Die Pestepidemie im 17. Jahrhundert, als wochenlang in dem kleinen Ort, in dem nur alle paar Wochen eine Beerdigung stattfand, 10 bis 12 Personen täglich verstarben. Es war nicht mehr möglich, jeden Pesttoten in einem Einzelgrab zu bestatten, denn auch Bestatter aus den umliegenden Gemeinden hatten das gleiche Problem einer enormen Übersterblichkeit. Es wurden deshalb auf die Schnelle Massengräber ausgehoben und die Pesttoten wurden dort hin-

eingekippt, wohl wahrscheinlich mit dem Segen eines anwesenden Pfarrers. Sie wurden mit Kalk bestreut und die nächsten Leichen wurden darüber geworfen, bis die Übersterblichkeit sich allmählich reduzierte und das Massengrab geschlossen werden konnte. Für die damals sehr eng denkenden Kirchengläubigen war das ein riesiges Problem, dass ihr Leichnam nicht im Familiengrab ruhte, im geweihten Friedhof. Einige weilen noch heute in der Nähe ihres Massengrabes und finden keine Ruhe. Das Massengrab muss sich nach menschlichem Ermessen auf dem Grundstück befinden, es wurde bis heute nicht aufgefunden.

Die zweite, noch dramatischere Problematik liegt in den sog. Franzosenkriegen um die Wende des 18./19. JH. Es fanden in dieser Gegend entsetzliche Schlachten mit zig-Tausenden von Toten und noch mehr verwundeten Soldaten statt. Die mit den Franzosen verbündeten Bayerischen Truppen standen sich hier, an der Grenze zum Fürsterzbistum Salzburg, mit den Salzburger Heeren gegenüber. Just in dem kleinen Ort, zu dem das belastete Grundstück gehört, war das Heerlager der bayrisch-französischen Truppen aufgeschlagen. Es ging wüst zu, die einheimische Bevölkerung musste die Soldaten versorgen, es wurde geplündert, gemordet, vergewaltigt. Durch das Kampfgeschehen fielen so viele schwer Verwundete an, die versorgt werden mussten, dass sie nicht mehr beherbergt werden konnten. Es wurde in größter Eile eine Art Lazarett in einem nahen Eisenwerk gebaut, um die Not wenigstens ein kleines bisschen zu mindern. Auch aus dieser Zeit muss auf dem Grundstück noch ein Massengrab vorhanden sein, aber auch damals einfach verscharrte Tote dürften dort, tief unter der Erde liegen. Das Grundstück bedarf dringend der Heilung, die dort gefangenen Armen Seelen sehnen sich nach Befreiung.

Da ich im vorhergehenden Text bereits Meditationen zur Heilung von Traumata, Lösung von Verstrickungen und Rückholung von Seelenanteilen vorgestellt habe, beschränke ich mich in der nachfolgenden Meditation nur noch auf die Reinigung und Heilung des Ortes, die Befreiung von verlorenen Mental-Seelen und Seelenanteilen und die Trennung des Schmerzstrahls zwischen dem Ort und dem Opfer des Geschehens.

Diese Meditation ist auch gut geeignet zur **Reinigung und Segnung von Wohnungen, Häusern und Grundstücken**, sei es, dass man eine neue Wohnung bezieht oder vermieten will, sei es, dass man etwas Bestimmtes in der Wohnung oder auf dem Grundstück vorhat, z.B. ein Seminar abhalten will, etwas Schönes schaffen, einen Kraftplatz aufbauen oder ein Fest zusammen mit Freunden feiern will. **Die Meditation wird die optimalen energetischen Voraussetzungen für dein Vorhaben schaffen.**

Du kannst diese Meditation auch zu einem Feuer- oder Räucherritual umwandeln.

Du kannst mit dieser Meditation, mit diesem Ritual selbst **Plätze reinigen, von denen du nicht weißt, warum dort so viel Unglück geschieht**, du kannst ehemalige Hinrichtungsplätze reinigen, ehemaligen Kultstätten mit Blut- und Menschenopfern, alles, was sich negativ anfühlt. Es ist segensreich ohne Ende. Sei aber vorsichtig bei stark belasteten Plätzen wie ehemaligen Kultorten mit schwarzmagischen Verstrickungen. Schütze dich, indem du dich innig mit deinem göttlichen Geist verbindest und bedingungslose göttliche Liebe und tiefen Frieden ausstrahlst in die Welt, indem du deine Schutzengel um Hilfe bittest, und das nicht nur beim Ritual selbst, sondern jeden Tag aufs Neue. Bitte die mächtigen Wesen der Lichtwelt, die Sache zu übernehmen und zu führen, denn dunkle Mächte lauern darauf, sich an dir zu rächen, weil du ihren Plänen in die Quere kommst. Ich erinnere mich an einen Zeitpunkt, der mich die sehr schmerzhaften Folgen meiner Leichtsinnigkeit in dieser Hinsicht spüren ließ (Rippenbruch).

Doch in allen anderen Fällen: versuche es doch, du wirst staunen, was sich plötzlich alles verändert. Mein Ehegefährte und ich konnten an der Heilung eines ehemaligen Hinrichtungsortes teilnehmen. Er befand sich vor mehr als tausend Jahren in einer Senke, in dem später ein kleines Bauernanwesen stand, in dem ein Mord, der eine Hinrichtung zur Folge hatte, geschehen war. Obwohl von wunderschöner Natur umgeben, konnte man in dieser Senke keinerlei Naturgeister wahrnehmen. Auffällig war, dass links und rechts auf der Anhöhe stehende Gasthäuser einer Brandkatastrophe zum

Opfer fielen. War es eine Art Racheakt von erdgebundenen Seelen, die in der Senke auf dem Scheiterhaufen hingerichtet wurden? Die Heilung des Ortes ist gelungen, es wirkten viele mit, ob bewusst oder unbewusst, ob sichtbar oder für die meisten Menschen unsichtbar. Nun ist das kleine Völkchen der Naturgeister zurückgekehrt und der Ort fühlt sich gut an, harmonisch, in zauberhafter Landschaft gelegen, mit Bienenlehrpfad und schönen Wanderwegen.

Die Meditation

- Ziehe dich zurück an einen Platz, an dem du eine Stunde ungestört bleiben kannst.
- Wenn du willst, zünde eine Kerze an, lege leise, meditative Musik auf, zünde Weihrauch, Beifuß, Salbei oder ähnliches in einem Räuchergefäß an. Schaffe eine Atmosphäre, die den Helfern aus der Lichtwelt würdig ist.
- Verbinde dich innig mit der göttlichen Präsenz in dir, **bitte um Führung und die Kraft der Heilung** während dieser Meditation.
- Rufe Vater-Mutter-Gott, die Urquelle allen Seins an und stelle die Meditation unter seinen Willen.
- Atme tief und sanft. Lasse alles von dir fallen, was dich ablenkt, jetzt darfst du ganz im Hier und Jetzt verweilen, ohne Sorgen. **Nimm deine Aufmerksamkeit aus dem Kopf und nimm deinen Körper wahr** – den Kopf, dann die Wirbelsäule, die Brust, den Bauch, das Becken, die Arme und die Beine. Fühle den Boden unter deinen Füßen.

Nun **lade zu dieser Meditation alle Kräfte des Lichtes und der Liebe** ein:

- Jesus Christus, den Heiler und Unterstützer bei der Heiligen Wandlung
- Die erhabenen Meister der Akasha-Chronik
- Die Engel der Reinigung, der Klärung und der Befreiung von negativen Energien
- Die Engel der Lebensfreude und des Friedens
- Erzengel Michael
- Erzengel Raphael mit seinen Schutzengeln

Entspanne dich mehr und mehr und nimm wahr, wie die Gerufenen nach und nach erscheinen und sich zu dir gesellen.

Bitte nun die **Meister der Akasha-Chronik, dich zu dem Ort des traumatischen Geschehens** zu bringen.

- Achte darauf, was in deinen Gedanken aufsteigt. Kommt kein Bild, so macht es auch nichts, lass dich von den Engeln dorthin führen.
- **Allein dein Wille, den Ort zu heilen, ist ausschlaggebend.**
- Stelle dich in Gedanken an diesen Ort und bitte alle die himmlischen Helfer, dich zu begleiten und sich um dich zu stellen.
- Öffne dein Herz für dieses Stück Mutter Erde, auf dem du im Geiste stehst, für dieses Haus, diese Wohnung, dieses Grundstück.

Sage nun laut:

> **Ich bitte dich, Mutter Erde, um deine Kraft und Unterstützung und lade die Wesen der Natur ein, die hier leben und wirken und bitte sie, uns bei der Reinigung des Platzes mit ihrer Energie liebevoll zu unterstützen. Ich ehre und würdige euch und eure Arbeit, ihr Wesen der Natur, und bitte euch um eine harmonische Zusammenarbeit mit all den Menschen und Wesen, die diesen Platz passieren und sich künftig hier aufhalten.**

Verbinde dich nun über dein **Wurzelchakra und den Füßen** mit Mutter Erde an diesem Ort und spüre, wie **ihre liebevolle, lebensspendende Kraft in einem sanften Rot** in dich fließt.

- Rufe nun **alle Menschen und alle Wesen, die hier traumatische oder negative Erfahrungen gemacht haben, die noch nicht bereinigt sind oder die an diesen Ort gebunden sind** und lade sie ein, all die **negativen Verstrickungen mit diesem Ort zu lösen** und die negativen Energien zu befreien und zu heilen.
- Bitte sie, sich zwischen Dir und den helfenden Geistern der Lichtwelt aufzustellen.

Blicke nun mit deinem geistigen Auge **unter diesen Platz, unter das**

Fundament dieses Hauses, die Straße oder was immer es ist.

- Installiere jetzt in deiner Vorstellung hier, **in der Tiefe unter der Erde, ein Gitternetz von durchsichtigen Rohren**, die etwa **alle 30 cm eine Öffnung** besitzen, durch die später das reinigende Licht strömt.
- Erstelle so ein schönes, breites Gitternetz, das **den gesamten Ort** in seinem Untergrund. **und noch einige Meter über den Ort hinaus** durchzieht.
- **Erbitte nun von Vater-Mutter-Gott das violette Licht der Wandlung**.
- Stelle dir vor, wie ein violetter Lichtstrahl aus dem Kosmos in die Rohre einströmt. Durch alle Öffnungen sprühen jetzt violette Funken und Flammen. Alles ist eingetaucht in violettes, glitzerndes Licht.
- Stelle dir vor, dass nun **der gesamte Platz bis in die Tiefe oder das Haus von unterhalb des Fundamentes über den Keller, durch alle Geschoße bis über das Dach hinaus mit der Hilfe von violettem Licht, das du von Vater-Mutter-Gott erbittest, gereinigt wird**.
- Strahlendes, klares violettes Licht fließt durch das gesamte Gitternetz und von jeder Öffnung steigen violette Flammen sanft nach oben, langsam, aber doch regelmäßig steigend.
- **Das violette Licht beginnt nun, das gesamte Erdreich unter dem zu reinigenden Ort zu durchlichten und höher und höher zu steigen**.
- Wenn du ein Gebäude reinigst, so sieh zu, wie sich die reinigenden violetten Flammen ganz gleichmäßig ausbreiten über das Fundament in den Keller, in das Erdgeschoß, in die Obergeschoße bis hin zum Dach und über das Dach hinaus. Das violette Licht bedeckt die gesamte Fläche des Hauses, des Grundstückes, des Platzes.
- In der **Mitte des zu reinigenden Ortes steht eine Feuerschale, in der eine große violette Flamme brennt.** Sprich nun folgenden Satz:

> **Ich bitte die himmlischen Kräfte der Reinigung, alle Energien, an diesem Ort, in diesen Räumen zu befreien und zu heilen, die nicht in der Schwingung der Klarheit, des Friedens, der Freiheit und der Liebe sind. All diese niederen Schwingungen, die sich dort angesammelt haben, mögen jetzt von dieser violetten Flamme, von diesem violetten Licht erfasst und durchlichtet und geheilt werden.**

- Nun stell dir vor, wie das violette Licht auch **deinen Körper, die anwesenden Naturgeister, die Seelen und Seelenanteile, die an diesen Ort gebunden sind und ins Licht wollen**, durchflutet.
- Bitte darum, dass **alle negativen Gefühle und Energien, alle Angst und aller Schmerz, jetzt gelöst werden dürfen und in das violette Licht einfließen**.
- Bitte **alle Umstehenden** darum, auch ihre **negativen Gefühle, Schmerzen, Angst und Erfahrungen, die mit diesem Ort verbunden sind**, in die Feuerschale mit der violetten Flamme fließen zu lassen.
- Stell dir vor, wie **dunkle Schlieren, große und kleine dunkle Partikel und Schnüre, die jetzt sichtbar werden und die Umstehenden an den Ort binden nunmehr völlig mit violettem Licht durchleuchtet werden**.
- Sie kommen aus allen Ecken und Winkeln, sie kommen aus der Tiefe des Bodens, aus allen Räumen und **fließen zur Feuerschale, in die große violette Flamme**.
- **Nimm eine goldene Schere und durchtrenne alle Schnüre, Ketten und Fesseln,**
- **reiche die Schere weiter und bitte alle gefangenen Seelen und Seelenanteile, desgleichen zu tun. Werft all diese Schnüre, Ketten und Fesseln in die Feuerschale mit der violetten Flamme.**
- Bitte die Engel der Reinigung und Klärung, das Geschehen mit ihrer Kraft zu unterstützen.
- Sprich nun die Sätze:

Alles, was nicht zu uns gehört, nicht in der Klarheit, der Freude, der Liebe, der Reinheit ist, möge jetzt verabschiedet werden. Ich wünsche all den Energien, die sich in einer niedrigen Schwingung befinden, Segen und Frieden. Ich wünsche allen Seelen und Seelenanteilen, die hier gebunden sind, Segen, Heilung und Frieden.

- **Rufe nun Jesus Christus und bitte ihn um seine Energie zum Vollzug der Heiligen Wandlung.** Sprich dazu folgenden Satz:

Ich bitte die allerhöchste Macht im Kosmos, die göttliche Herzensliebe, alles hier gespeicherte unheilvolle Geschehen umzuwandeln in den kostbaren Schatz der Erkenntnis aus der Erfahrung von Gut und Böse, von Ursache und Wirkung. Ich bitte, diese gewandelte Energie an diesem Ort und in dem Seelenschatz derer, die das Geschehen erlebt haben, niederzulegen, damit sie für alle, die diesen Ort passieren, die sich hier aufhalten, leben und arbeiten, zum Segen werde.

- Gehe nun zur Feuerschale und sieh, wie in einem violetten Funkenregen alle Fesseln, alle Schlieren und dunklen Partikel, alle negativen Energien, Angst und Schmerz zerschmelzen und sich in **kleine, funkelnde violette Kristalle** verwandeln.
- Beobachte, wie **Jesus Christus** jenen Teil dieser Kristalle zu den Umstehenden bringt, die zu ihm gehören, die nun alle einen goldenen Kelch in der Hand halten und in den sie als zur Erkenntnis gewandelte Erfahrungen niedergelegt werden, als **Kristalle im Heiligen Gral ihrer Seele**.
- Beobachte, wie **die Kristalle, die die zur Erkenntnis gewandelte Energie des Ortes** beinhalten, jetzt in einem funkelnden Lichtregen auf den Platz herabregnen und sich ringsum verteilen, so dass der ganze Platz dicht von violetten Kristallen bedeckt ist und alles in sanftes violettes Licht getaucht wird.
- Genieße die Schönheit dieses Geschehens.
- Rufe nun **Erzengel Michael** und bitte für **alle Energien, die sich noch schwer tun, zu gehen**, die sich in versteckten Winkeln und Ecken aufhalten, **die besonderen Schutz brauchen**, sie **jetzt zu lösen**.
- Alle Energien bewegen sich jetzt auf den Weg der Transformation zur Verwandlung im violetten Feuer zur Energie von Licht und Liebe.
- Alles ist nun von strahlendem violettem Licht durchdrungen.

Nun bitte um das silberne Licht der Klärung:

- Stelle dir vor, wie **aus einer Silberwolke glänzendes, silbernes Licht, in das violette Licht hinein, auf den Platz und alle, die sich hier befinden, niederregnet.**

- Bitte, jetzt **alles zu klären, zu reinigen, hier auf diesem Stück Land, auf diesem Platz, in diesem Haus, das noch nicht gewandelt wurde in der hohen Schwingung von Licht und Liebe.**
- Alles Alte, Begrenzende, nieder Schwingende, das nicht in der Liebe ist, **möge gelöst und befreit werden.**
- Alles wird getaucht in ein Silberlichtbad.

Sprich folgende Sätze:

- **Möge all das gesegnet und in Frieden sein, möge alles Dunkle gelöst und geheilt werden, das hier jemals geschehen ist im Geist der Unliebe und der Unbewusstheit.**
- **Möge das, was hier über Jahrhunderte und Jahrtausende geschehen ist, geklärt, befreit und gereinigt sein.**
- **Möge das silberne Licht der Klärung und das violette Licht der Transformation und Wandlung fließen durch alle Zeiten hinweg und alles befreien, reinigen heilen und wandeln in Liebe und Licht.**
- **Möge all das Alte gesegnet, gewürdigt und verabschiedet sein und diesen Ort für immer verlassen.**

So wirkt der silberne Strahl über alle Zeiten hinweg und löst alles auf, was in der Vergangenheit ungelöst war. **Wenn alles gelöst und gereinigt ist, fließt das Silberlicht ganz tief in Mutter Erde hinein. Mutter Erde nimmt es auf**. Halte diese Vorstellung noch einige Zeit fest.

Stell dir vor, dass auch **dein Körper bis in jede Zelle hinein von silbervioletttem Licht durchstrahlt** wird, dass alles **Dunkle, Schmerzende, Kranke sich löst und im violetten Licht gereinigt und gewandelt wird** und so dein eigenes Energiesystem rein wird wie der Ort, den du reinigst. Sage:

- **Ich selbst löse mich jetzt von all den Energien des Unfriedens, der Unfreiheit, der Unklarheit und all den lieblosen Emotionen, von Angst und Schmerz, die ich jetzt nicht mehr benötige.**
- **Ich bin bereit, meinem Energiegefüge ein angenehmes Klima zu geben, denn ich bin bereit, mir Klarheit, Frieden und Leichtigkeit zu geben und so in mir ein Klima zu schaffen, in dem ich mich sehr wohl fühle.**

Halte diese Vorstellung aufrecht. Es spielt keine Rolle, ob du das klare violette Licht wahrnehmen kannst oder nicht. Allein der Wunsch, den Platz und dein eigenes Energiehaus zu reinigen, reicht aus.

- **Wenn du das Gefühl hast, dass alles gereinigt und gewandelt ist, so danke der violetten Flamme für die reinigende Wirkung.**
- **Das Feuer erlischt nun.**

Rufe nun **aus dem Universum das weiß-goldene Licht auf den Platz und alle Anwesenden herab.**

- Sieh zum Himmel und schau auf eine große Wolke aus weiß-goldenem glitzerndem Licht, das in unzähligen glitzernden Tropfen auf dich und die Umstehenden, auf den gesamten Platz, das Haus, die Wohnung herabregnet. **Goldener Glanz füllt alles aus**, dringt **bis tief in die Erde ein, erfüllt jede deiner Zellen, durchleuchtet alle Umstehenden**.
- Alles wird immer noch heller und heller – auch dein Körper – weiß-goldenes Licht erfüllt und durchstrahlt alles und alle.
- **Es erfüllt dich und alle, die hier sind, mit der Fülle an Lebenskraft und überschäumender Freude am Dasein, mit Glückseligkeit.**

Schaue auf den Platz und sieh, wie er beginnt zu strahlen in weiß-goldenem Glanz, als würde der Platz, das Haus, die Straße, alles ringsum energetisch neu aufgebaut.
Sprich folgende Sätze:

- **Mögen dieser Platz, dieses Haus, unsere Energiekörper den Segen der Liebe Gottes und der Freude des Daseins empfangen.**
- **Möge hier ein Klima des Lichtes und der Liebe für alle entstehen, die diesen Ort passieren und sich hier aufhalten.**
- **Es lebe hier die Liebe, die Klarheit, die Freude und die Freiheit für alle Zeit.**
- **Gesegnet seien Vergangenheit, Gegenwart und Zukunft.**

Nun bitte den Erzengel Michael, den Lichttunnel herabzubringen und alle Seelen und Seelenanteile, die hier an diesem Ort gefangen und jetzt gereinigt sind, in ihre Heimat des Lichtes und der Liebe zu führen bzw. die Seelenanteile zu jenen zurückzubringen, denen sie zugehören. Sage:

- **Ich bitte die Erzengel, all die Seelen und Seelenanteile, die hier zum Teil über große Zeitläufe geblieben und noch nicht ins Licht gegangen sind, zu befreien und sie zu begleiten durch den Lichttunnel nach oben, ins Land des Lichtes und der Liebe.**
- **Und so bitten wir all diese Seelen und Seelenanteile, jetzt die Einladung anzunehmen und der Aufforderung des Lichtes zu folgen, über den Lichttunnel aufzusteigen, wo sie Heilung und Frieden finden.**
- **Ich bitte den heiligen Erzengel Raphael und sein Heer der Schutzengel, die Seelen in den ewigen Frieden zu begleiten und sie zu schützen.**
- **Ich bitte den heiligen Erzengel Michael, mit seiner blauen Flamme die Verbindung dieser Seelen zur Erde und zu den Orten ihre leidvollen Erfahrungen zu trennen.**

Das ganze Land ist durchdrungen von Licht, das aufsteigt von diesem Ort und eine sehr kraftvolle Lichtstraße bildet für all die Seelen, die hier an diesem Platz und in der näheren Umgebung sich schon lange wünschen, den Weg ins Licht zu finden. Das sind mehr, als dien Verstand glauben mag.
Halte diesen Lichttunnel in deiner Vorstellung so lange aufrecht, wie du fühlst, dass noch Seelenanteile und Energien darauf nach oben ziehen. Danach entlasse ihn nach oben in die Unendlichkeit. Sprich folgende Worte:

- **Ich wünsche all den Seelen und Seelenanteilen Segen und Frieden auf diesem Weg ins Licht.**
- **Ich wünsche dem Platz eine segensreiche Zukunft und eine hohe Schwingung, die alle Menschen, die sich hier aufhalten, sich sehr wohl fühlen, ihrem Herzen nah sind und Frieden miteinander haben.**

Nun bedanke dich bei deinen Helfern aus der Lichtwelt und verabschiede dich von ihnen. Komme zurück ins Hier und Jetzt.

Seelenwanderung durch das Haus oder Grundstück

Seelen von Verstorbenen, die nicht bereit waren, ins Lichtreich zu gehen – aus den verschiedensten Gründen – halten sich oft noch Jahrhunderte wenn nicht Jahrtausende an ihrem früheren Wirkungsort auf. Sie leben in einer Zwischenwelt, einsam und verlassen, eine graue Zone ohne Zeit, können nicht auf der Erd-Ebene und nicht auf der Lichtebene wirken. Natürlich hatte sich auch für sie der Lichttunnel geöffnet, wären sie liebevoll empfangen worden von verstorbenen Angehörigen und Lichtwesen. Doch in der jenseitigen Welt gibt es keinen Zwang, es steht jedem frei, wieder zurück auf die Erde zu gehen. Doch sie haben dennoch eine feinstoffliche Körperhülle, wie sie sie hatten vor ihrer irdischen Geburt, wenngleich sie gealtert ist wie der abgelegte Körper, werden wegen der veränderten Schwingungsfrequenz aber von den Mitmenschen nicht wahrgenommen, können sich nicht mitteilen und finden, ohne darum zu bitten, den Weg in ihre Lichtheimat nicht wieder. Unsere Vorfahren wussten noch um die Armen Seelen, wie die Erdgebundenen genannt wurden und beteten für sie, was ihnen gut tat. Doch unsere „wissende", engstirnig wissenschaftlich orientierte Gesellschaft hat für den Arme-Seelen-Gedanken meist nur ein bedauerndes Lächeln übrig. Und doch sind sie da: können sich auch ein wenig bemerkbar machen, etwa durch elektrische Phänomene, durch das Hören lassen von Schritten, oder, wenn sie Glück haben, finden sie ein hellsichtiges Medium, das sie sehen und hören kann und sie in der Regel ins Licht führt, wenn die Armen Seelen dazu bereit sind.

Die Gründe für die Weigerung, in ihre Lichtheimat zu gehen, sind vielfältig. Sei es, dass sie nicht begreifen wollen, dass sie gestorben sind, weil sie sich das Sterben ganz anders vorgestellt haben, sei es, dass sie Schuldgefühle und die Angst vor Strafe hier fest halten, sei es, dass sie ihren irdischen Besitz nicht loslassen wollen, sich rächen wollen und vieles mehr. Oft gehen sie die Wege, die sie zu Lebzeiten immer gegangen sind. Oft sind sie empört, dass sich an ihrem Arbeitsplatz oder in ihrem Zuhause andere Menschen breitgemacht haben, so wie sie das sehen.

Eine liebe Bekannte bekam gegen 02:00 Uhr einen Anruf von ihren Töchtern mit der Bitte, die Mutter möge sie aus einem Szenelokal abholen, weil sie zu viel Alkohol getrunken hatten, um noch selber im Auto nach Hause zu fahren. Die Mutter machte sich auf den Weg. Als sie von ihrem Wohnort in die Bundesstraße 20 einbiegen wollte, sah sie über die angrenzende Wiese eine Schar Kinder daherkommen, manche davon noch sehr jung. Ihr erster Gedanke war, wie können die Eltern nur erlauben, dass um diese Zeit noch kleine Kinder unterwegs sind. Doch die Szene hatte etwas Unheimliches an sich. Die Kinder kamen näher, sie sah, dass sie sehr zerlumpt und altmodisch bekleidet waren. Sie hielten ihr bittend die Hände entgegen – irgendetwas sagte der Frau, dass hier was nicht stimmt. Sie bekam Angst und fuhr erschrocken weiter. Die Kinder kehrten darauf enttäuscht um und gingen wieder über die Wiese Richtung Untersberg davon, wie sie im Rückspiegel sehen konnte. In einer meditativen Anfrage mit Hilfe einer Frau, die sich mit Armen Seelen befasst, bekamen wir Antwort auf unsere Fragen, was das zu bedeuten hatte. Es waren hingerichtete „Zaubererkinder", die im Zuge des Hexenwahns im nahen Schloss Staufeneck gefoltert und am nahen Richtplatz hingerichtet wurden. Wie so oft bei gewaltsamem Tod durfte die Seele den Körper bereits verlassen, bevor der eigentliche Tod eintrat, sie spürten dann ihre Ermordung nicht. Die Kinder hatten aber von Tod und Sterben eine ganz andere, die katholische Vorstellung und hatten bis dato nicht begriffen, dass sie gestorben waren. Sie wurden auf den Scheiterhaufen geführt und wenn sie noch jung waren, wurden die Delinquenten dort erst erdrosselt und dann erst verbrannt. So auch bei diesen Kindern. Doch ihr Bewusstsein hatte den Körper schon vor der eigentlichen Tötung verlassen. Plötzlich hielten sie keine Fesseln mehr fest, sie waren frei und flüchteten, so schnell sie konnten. Sie gingen in ihrer Panik auch nicht in den Lichttunnel, der ihnen gezeigt worden wäre, sondern versteckten sich in den Wäldern. Sie waren in der Zwischenwelt zwischen Diesseits und Jenseits gelandet, konnten sich dort finden, fanden wohl auf den entsprechenden Ebenen des Untersberges, der ein „Seelenberg" ist, eine Bleibe, wussten aber nicht, wie sie aus ihrem Dilemma erlöst werden konnten. Sie begriffen nicht, was geschehen war und wollten Hilfe von der Frau, von der sie erkannten, dass sie sie wahrnehmen konnte. Sie sind mittlerweile längst in der Lichtwelt und sind glücklich und ihre

Traumata durften auf den Weg der Heilung gebracht werden im Reich der Liebe und des Friedens. Dort haben sie die Möglichkeit, von ihren schweren Erinnerungen befreit zu werden, allerdings ihre verlorenen Seelenanteile werden sie in einer erneuten Inkarnation zurückholen müssen. Die Zauberer-Prozesse und Hinrichtung der Kinder fanden in der Zeit von 1675 bis 1682 statt. Bis zur Jahrtausendwende irrten die Kinder in ihrer grauen, erdnahen Zwischenwelt herum.

Ein Mann mittleren Alters hatte einen Herzinfarkt erlitten und starb völlig unerwartet. Auch er hatte eine falsche Vorstellung vom Sterbeprozess, meinte, mit dem Tod sei alles aus und hatte nicht begriffen, dass er tot war. In seiner Einsamkeit und Verzweiflung führte in sein Weg zu einer hellsichtigen Frau, deren Aufgabe es ist, Verstorbene in das Lichtreich zu führen und ihnen klar zu machen, dass sie gestorben sind und die Menschen sie nicht mehr wahrnehmen können. Er hatte sich heftig bei ihr beklagt, dass er in seinem Büro und zu Hause nur noch gemobbt werde, niemand gäbe ihm Antwort, niemanden kümmere es, wenn er an seinen Schreibtisch gehen und seine Arbeit machen wollte, alle behandelten ihn wie Luft. Als ich die „Arme-Seelen-Frau" das letzte Mal sah, berichtete sie mir, dass er jetzt endlich beginnt, über das, was sie ihm immer wieder erklärt, nachzudenken. Sie meinte, er würde bald erkennen, dass er verstorben sei und dann in seine wirkliche jetzige Heimat gehen.

Dies sind nur zwei Beispiele, wie man sich eine Seelenwanderung oder Erdgebundenheit vorstellen kann. Wichtig ist, wenn man diesen armen Seelen helfen will, ihnen klar zu machen, dass

- niemand sie bestrafen oder verurteilen wird in der lichten Heimat,
- Gott bedingungslose Liebe ist und niemanden in ein Fegefeuer oder in eine ewige Verdammnis schicken wird, was ja nur Erfindungen er Kirchen sind
- dass sie ewig lebende Wesen sind und nur ihren Körper abgelegt haben,
- dass sie in ihrer lichten Heimat Heilung und Trost finden,
- dass ihre verstorbenen Freunde und Liebsten dort auf sie warten,
- dass sie in der Lichtheimat keine materiellen Nöte leiden müssen,

- dass sie in der Lichtwelt heil und gesund und ohne Schmerzen sind.

Du musst wahrscheinlich viel Geduld haben. Die erdgebundene Seele versteht dich, auch wenn sie aus einer längst vergangenen Zeit kommt oder aus einem fremden Land, die Kommunikation geschieht durch Gedankenübertragung, Gedanken, die der Verstorbene wahrnimmt, sie „lesen" kann. Wenn du die Bereitschaft erkennst, dass der Verstorbene seinen Tod akzeptiert und in seine Lichtheimat gehen möchte, dann bitte mit ihm zusammen Erzengel Michael, er möge den Lichttunnel für den Verstorbenen öffnen und ihn in seine jenseitige Heimat führen.

- Wenn du den Eindruck hast, dass der Verstorbene sehr an die Lehren der Kirchen glaubte, so kannst du ihn in eine Kirche führen und die dort anwesenden Engel oder Mutter Maria bitten, ihn dort abzuholen.
- Du kannst für ihn eine Messe lesen lassen „für die Armen Seelen", es wird sein Vertrauen stärken.

Natürlich ist Gott nicht bestechlich, natürlich haben Messen oder Rosenkranzgebete keinerlei Einfluss auf das Ergehen nach dem Tod, da kommt es schon auf andere Sachen an, nämlich auf das, wie man sein zurückgelegtes Leben gestaltet hat, was man getan, gedacht hat. Doch für einst sehr kirchengläubige Verstorbene sind Messen oder Gebete vertrauensbildende Maßnahmen, die sie vielleicht ermutigen, in ihre Lichtheimat zu gehen.

Schamanentum, spirituelles Heilen und Energieausgleich

Dieses Thema spaltet die moderne Schamanenwelt und ist doch ein wichtiges Kriterium, um die Lichtarbeiter von den Möchtegern-Schamanen, die um des Profites oder des Ansehens willen schamanische Arbeit leisten, zu unterscheiden. Schon das Wort „Energieausgleich" sagt, dass es sich um einen Ausgleich, also gleicher Wert für gleichwertige Tätigkeit handelt. Natürlich kann der schamanische oder spirituelle Heiler, der noch voll im Berufsleben steht, nicht ohne Bezahlung arbeiten, denn er wendet Zeit auf, die ihm auf der anderen Seite zur Erledigung seiner anderen Verpflichtungen fehlt und er hat evtl. Kosten, die er erst einmal aus eigener Tasche stemmen muss. Ein gutes Kriterium ist deshalb: Was muss der Heiler für eine Hilfe für Haushalt, Garten usw. in der Stunde bezahlen? Dieser Betrag ist angebracht für seine Heilarbeit. Was wir allerdings umsonst bekommen, müssen wir auch umsonst weitergeben. Ein echter Heiler wird niemals Geld für seinen Heilerfolg, der in Wirklichkeit der Erfolg der Selbstheilungskraft im Hilfesuchenden ist, verlangen. Aber ein Ausgleich für die aufgewandte Zeit ist angebracht. Wenn jemand mehr geben will, so hat das auch seine Ordnung, dafür kann der Heiler einem anderen Hilfesuchenden entgegenkommen, der nicht die finanziellen Mittel hat, den Heiler energieausgleichend zu bezahlen.

Grundregel: Niemand soll von einer Heilbehandlung auf Grund seiner finanziellen Situation ausgeschlossen werden.

Hat der Heiler finanziellen Aufwand für die Heilarbeit, so kann er auch dafür einen Ausgleich verlangen, z.B. für Unterlagen, die er kopiert hat, für Heilsteine, die er mitgibt usw. Der „Arbeitslohn" für den Heiler kommt aus der spirituellen Welt. Es entwickelt sich eine tiefe Freundschaft zwischen den Spirits und dem Heiler und durch die Heilungserfolge auch ein enormer Zuwachs an wertvollem Wissen und an Gottvertrauen. „Vater-Mutter-Gott im Himmel weiß, wessen ihr bedürft. Darum kümmere dich erst um das Reich Gottes, und alles andere wird euch hinzugegeben werden", sagte Meister Jesus von Nazareth, der wohl erfolgreichste Heiler in Menschengestalt aller Zeiten.

Ein zweites Kriterium ist die Profilierung. Ein „echter" Heiler wird niemals zulassen, dass er auf den Hohen Thron gehoben wird, dem seine Jünger kritiklos folgen. Er muss sich dessen bewusst sein, dass er nicht über anderen Menschen steht, aber auch nicht unter ihnen, Umgang auf Augenhöhe ist notwendig. Allerdings muss der Heiler aufpassen, dass er nicht missbraucht wird von Leuten, die ihm ihre Probleme förmlich vor die Füße kippen und erwarten, dass er sie löst, ohne dass der Betroffene etwas dazu tut, etwas in seinem Verhalten ändert. Wir können Hilfestellung und Rat geben, durchaus, aber was das Gegenüber daraus macht, ist allein seine Sache.

Nachwort

Wenn das Millennium verklingt
das dem Millennium folgt:
werden die Geheimisse der Erde
und des menschlichen Körpers enträtselt sein.
Im gleichen Schrittmaß wie das Leben
wird der Mensch über den Erdkreis wandern.
Der Mensch wird Krankheiten erkennen,
noch ehe sie sichtbar werden,
und wird sie heilen, noch ehe sie ihn quälen.
Jeder Mensch wird Arzt für sich selbst
und Arzt aller anderen sein……

Johannes von Jerusalem, 1042-1119

…eine wunderbare Vorstellung, prophezeit von Johannes von Jerusalem im 12. Jahrhundert. Hatten wir nicht einst paradiesische Zustände, hier auf dieser Erde, bevor wir uns für ein missbräuchliches Patriarchat entschieden? Lebten wir nicht einst im völligen Einklang mit der Natur und mit unseren Mitgeschöpfen, ohne Gewalt, ohne Hierarchien, ohne Besitzansprüche und ohne Ausbeutung?

Es sind nicht nur schöne Märchen oder leere Mythen, die uns dieses Bild vom Leben auf Erden malen. Wir wurden tatsächlich, als wir vor langer, langer Zeit unsere Erdenreisen begannen, in eine solche Gesellschaft, in eine solch paradiesische Erdenwelt, geboren. Aber das Paradies haben wir längst verloren, so wie wir unser Wissen von einst verloren haben. Doch unsere Aufgabe in diesem 3. Millennium, dem neuen Goldenen Zeitalter, wird sein, diese Zustände wieder herzustellen, den herrlichen Garten Eden und die völlige Gesundheit seiner Bewohner neu zu erschaffen. Johannes von Jerusalem sagt nämlich auch:

Wenn das Millennium verklingt,
das dem Millennium folgt:
wird der alte Mensch wiedergeboren werden.
Der so lange verratene Geist
wird von der Menschheit wiedergefunden werden.
Aus der Quelle des Miteinanders wird er fließen.
Auf diese Weise enden die finsteren Zeiten.
Eine neue Zeit bricht an:
Die Zeit des wiedergefundenen alten Glaubens.
Nach den finsteren Tagen
zu Beginn des Millenniums, das dem Millennium folgt,
kommen die lichten Tage.
Der Mensch wird den alten Weg des Menschseins wiederfinden.
Wiedergefunden hat das Leben auf Erden seinen Einklang.

Die Zeit ist reif, das alte Wissen wieder zurückzugewinnen und immer mehr Menschen bemühen sich darum. Die Notwendigkeit des Ganges zum Arzt oder gar ins Krankenhaus wird immer seltener werden. Einst war das wirkliche Heilwissen, das nie und nimmer den Gesetzen der Gewinnmaximierung folgt, Allgemeingut. Doch Priesterschaften und Machtmenschen haben es an sich gerissen, exklusiv für sich beansprucht und eine Heilkunde geschaffen, die sie gegen Geld und Einfluss und unter Erzeugung von Abhängigkeit verkaufen konnten. Dem Großteil der Menschen, für die es so wichtig und auch gedacht gewesen wäre, wird das echte Heilwissen bis heute vorenthalten. Sie werden von den Wissenden betrogen und belogen, doch die Zeit ihrer Macht geht dem Ende zu. Dieser uralte Wissensschatz ist nämlich nicht verloren, er ist in allen und allem, was Leben hat, gespeichert - tief in der Seele. Er wartet nur darauf, wieder ins Bewusstsein geholt zu werden.
Ich durfte durch glückliche Fügungen

- einer frühen Nahtoderfahrung

- einer innigen Beziehung zu Wesen der Natur und der Lichtwelt von Kindesbeinen an
- einigen Begegnungen mit diesen Welten voller Liebe und Harmonie und
- Kontakt mit großartigen Menschen, die Teile dieses alten Heilwissen noch haben und ihr Wissen weitergeben,

ein wenig Einblick in diese wunderbare Thematik bekommen. Ich durfte selber praktische Erfahrungen mit diesem uralten Heilwissen machen, auf sehr positive Weise, ich durfte so manche Wunder erleben. Ich sehe es deshalb als meine Aufgabe an, das weiterzugeben, was mir geschenkt wurde an jene Menschen, die dafür offen sind.

Immer mehr Menschen beginnen aus ihrer tiefen Benommenheit zu erwachen, die den Menschen definiert als vorübergehende Erscheinung, die aus chemischen Prozessen und genetischen Vorgaben besteht. Erwachen zu ihrem wahren Sein, zum Wissen, dass wir alle geistige Wesen sind, wunderbar und einmalig, ewig existierend, auf der „Durchreise" durch die Welten der Materie und der Polarität. Und der Sinn all dessen? Auf einen einfachen Nenner gebracht, ist es das Sammeln von Erkenntnissen aus eigener, unmittelbarer Erfahrung, die uns durch das Gesetz von Ursache und Wirkung den Unterschied zwischen Gut und Böse lehren. Und deshalb befassen wir uns und entscheiden wir uns nicht nur für das Gute, sondern erproben auch das Böse. Doch unser wahres Sein, der göttliche Lebensfunke, der unsere Individualität trägt, bleibt von den Schatten dunkler, liebloser Entscheidungen völlig unversehrt. Das Göttliche in uns, das einen Teil von seinem Bewusstsein in die Polarität geschickt und als Mensch inkarniert hat, erfährt sich aber durch unsere Entscheidungen in der Erdenschule als schöpferisches Wesen, als Träger mannigfaltigster Möglichkeiten und am Ziel dieser Reise als bedingungslose Liebe, großartig, einmalig und ewig existierend. Leben – Sterben – Wiederauferstehen und einen neuen Zyklus beginnen, immer ein wenig reifer, erkennender geworden, das ist der Weg. Das Wiederfinden und Verschmelzen mit all unseren Bewusstseinsabspaltungen und der an Erfahrungen und Erkenntnissen überreichen Seele in der Gott-Geeintheit, das ist das Ziel. Wer das erkannt, erfasst hat, wird keine Schwierigkeiten mehr haben, seinen Mitmenschen, die um die gleichen Erkenntnisse ringen, die fallen, erkennen und wieder aufstehen, zu vergeben und so in sich Frieden zu finden. Das wiederum, das Erkennen, das Vergeben, die Verantwortung für die eigenen Entscheidungen und das eigene Schicksal zu übernehmen und in Liebe ausgleichen, was lieblos war, ist die Basis von Gesundheit, glücklichem Gelingen und überschäumender Lebensfreude.

Bleibt mir nur, dir, verehrte Leserin, verehrter Leser, zu wünschen, dass du voller Freude diesen Weg gehen mögest, völlig ungehindert deinem Seelenweg folgen kannst, als ein freies Wesen, das überschäumt vor Lebensfreude und Lebenskraft – als König im Reich deiner Seele.

Herzlichst Eure Rosi Behringer

Anmerkungen und Literaturhinweis

1) aus Hella Zahrada, Ephides, ein Dichter des Transzendenten, Weinheim 1984 ISBN 3-923601-01-8 Seite 30 und 96
2) veröffentlicht u.a. unter http://www.365motivation.de/motivationszitate/8269,
3) aus Hella Zahrada, EPHIDES, ein Dichter des Transzendenten, Bürger-Verlag, Hans Dienstknecht, Neuenstadt-Bürg, 2002, ISBN 3-980645-3-1, Seite 16
4) aus Peter Michael Dieckmann, veröffentlicht unter http://wegeinslicht.userboard.org/sonstiges-f43/vor-deiner-geburt-wurde-dir-gesagt-t1475.html
5) Alberto Villoldo und Burkhard Hickisch, Das geheime Wissen der Schamanen: Wie wir uns selbst und andere mit Energiemedizin heilen können, Goldmann Taschenbuchverlag 2001 ISBN 978-3-442-142163 GW 2475
6) aus Hella Zahrada, EPHIDES, ein Dichter des Transzendenten, Bürger-Verlag, Hans Dienstknecht, Neuenstadt-Bürg, 2002, ISBN 3-980645-3-1, Seite 38

7) Helen Schucmann, Ein Kurs in Wundern, Freiburg, 2006, ISBN 978-3-923662-18-0
8) Multiple Autors Das Urantia Buch, URANTIA FOUNDATION, Chicago, Illinois 60614 USA, www.urantia.org , 2005
9) Christian Morgenstern, veröffentlicht unter http://www.aphorismen.de/zitat/6657,
10) aus Hella Zahrada, Die Ephides-Gedichte, Graz 1978, ISBN 3 85005 061 0 Seite 149
11) Erasmus von Rotterdam, 1469-1536, veröffentlicht unter http://www.aphorismen.de/zitat/107805
12) aus Hella Zahrada, EPHIDES, ein Dichter des Transzendenten, Bürger-Verlag, Hans Dienstknecht, Neuenstadt-Bürg, 2002, ISBN 3-980645-3-1, Seite 30
13) Kyriakos C. Markides: „Der Magus von Strovolos - Die faszinierende Welt eines spirituellen Heilers“ Darmstadt, ISBN: 3-89767-417-3:
14) Tsültrim Allione, Den Dämonen Nahrung geben: Buddhistische Techniken zur Konfliktlösung, München, 2009, ISBN 978-3-442-33830-6
15) Robert Betz: http://robert-betz.com/gratis-angebote/
16) Helen Schucmann u.a. „Ein Kurs in Wundern“, 2006 ISBN: 978-3-923662-18-0
17) Ana Pogacnik, Die Erde liebt uns, Verlag Neue Erde, Saarbrücken, 2012
18) Hella Zahrada: Ephides, ein Dichter des Transzendenten, Bürger Verlag Hans Dienstknecht, Neuenstadt-Bürg, Juni 2002, Seite 35

Sämtliche Fotos und Zeichnungen von der Autorin.

Weitere Werke der Autorin

Alle meine Bücher sind in jeder Buchhandlung erhältlich, im Versandbuchhandel und beim epubli-Verlag: https://www.epubli.com>Home>Shop. Suchwort im Internet: Rosi Behringer Bücher

Alle Heilkraft liegt in dir Band I.- zurück zu unserem alten Wissen
ISBN 978-3741-8300-44 € 24,99
252 Seiten Buchformat „Wissenschaft" 07.07.2016
Spirituelle und schamanische Heilmethoden, modernes alternatives Heilwissen wie *Kosmotherapie, Healing Codes, Anleitungen zu Heilmeditationen.*

Ich bin bei euch alle Tage... Die Erforschung des Turiner Grabtuches und weiterer Spuren des historischen Jesus:
ISBN 978-3-7450-8901-9, € 35,99
384 Seiten, Buchformat „Wissenschaft", 08.05.2017
Historische Zeugnisse und teilweise Rekonstruktion des Lebens und Wirkens Jesu, geographisches und geschichtliches Umfeld

Heimat ist, wo Kinder lachen – Erinnerung an meine Kinderjahre in einem kleinen Weiler im Alpenvorland
ISBN 978-3-7418-3488-2 € 19,99
184 Seiten Format „Wissenschaft", 31.07.2016
Kindheitserinnerungen aus den frühen Nachkriegsjahren 1953-1967 und die Lebensweise der Landbevölkerung aus dem oberbayerischen Alpenvorland aus eigenem Erleben.

Erzählstund zwischen Tag und Traum – Märchen, Sagen und Geschichten, die das Leben schrieb

Band I: ISBN 978-3-753142-38-8 € 14,99
200 Seiten, Format DIN A 5, 03.01.2021

Band II: ISBN 978-3-753161-16-7 € 14,99
204 Seiten, Format DIN A 5, 10.02.2021

Feuersee und Rosenwolken – Roman nach einer wahren Geschichte
ISBN: 978-3-753161-17-4 € 12,99
164 Seiten Format DIN A 5, 10.02.2021
Erlebnisse eines bitterarmen Kleinbauernsohnes in den Jahren vor und während des Zweiten Weltkrieges, beinahe unglaublich und dennoch wahr, erzählt aus den Notizen der Autorin aus persönlichen Gesprächen mit demjenigen, der sie erlebte.

Ich werde abwischen all eure Tränen – Gedanken zu Tod und Auferstehung...Trostbuch für Trauernde
ISBN 978-3-7418-2626-9 € 7,99
80 Seiten, Format DIN A 5, 16.06. 2016
Aussagen zur Tod und Auferstehung, zum persönlichen Überleben des Sterbens und die Gewissheit eines Wiedersehens aus verschiedenen Kulturkreisen und Religionen und Literaturschätzen aus aller Welt.

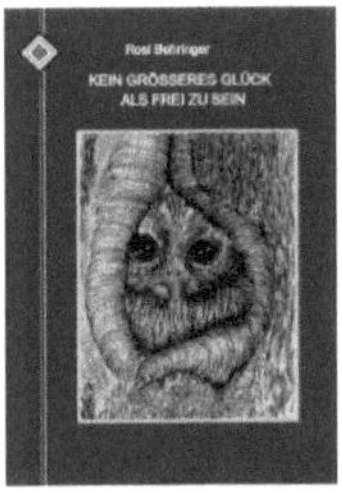

Kein größeres Glück, als frei zu sein
ISBN 978-3-748539-71-1 € 8,99
79 Seiten, Format DIN A 5, 04.05.20189
Die spannende Lebens- und Überlebensgeschichte eines Kanarienvogels, der dem Käfig entfliehen konnte und sich mit viel Mut und Mühe in seiner nun freien, aber auch gefahrvollen Welt zurechtfinden muss. Neben authentischen Details zum Überleben wildlebender Vögel erfährt der Leser tiefes spirituelles Wissen über sein Woher? Wohin? Warum?

Der Perlensee – Erzählungen aus dem indianischen Kulturkreis.
ISBN 978-3-7418-1227-9 € 8,99
92 Seiten, Format DIN A 5, 19.05.2016

Weihnacht der Tiere
ISBN 978-3-753125-79-4 € 9,99
92 Seiten, Format DIN A 5, 29.11.2020
Zauberhafte Tiergeschichten aus der Zeit des Winters und der Weihnacht.

Abenteuer am Wennasnock
ISBN 978-3-7418-3484-4 € 6,99
48 Seiten, Format DIN A 5, 30.07.2016
In dieser zauberhaften Liebesgeschichte werden die spannenden Erlebnisse eines jungen Paares erzählt, das in eine unheimliche Situation gerät und seine Lehren daraus zieht

ISBN 978-3-7575-8179-4
9 783757 581794 00016
www.epubli.com